Vom Dünenstrand

der

Nordsee und vom Wattenmeer.

Von **Christian Jensen.**

Mit 50 Illustrationen und Karten.

Motto:
„Die Heimat ist der Erde schönster Raum.“
Heinrich Kruse, Die Gräfin, I. 2.

Neudruck Kiel 1981
Verlag Bernd Schramm

ISBN 3-921361-21-4
Druck: Hain-Druck GmbH, Meisenheim/Glan

Inhaltsverzeichnis.

➤➤✦◄

Wanderungen am Meeresstrand.

„Es giebt zwei Dinge, welche im Universum schwerlich ihres gleichen finden werden — die Sonne am Himmel und die Nordsee auf der Erde", sagt Walter Scott mit Recht. Als ich vor 25 Jahren zum erstenmal die Dünen der nordfriesischen Inseln überstieg, lag das weite Meer sonnig und golden ausgebreitet, der weiße Schaum der auf den Strand hinaufrollenden oder an der Sandbank brandenden Woge säumte eine schwankende Grenze zwischen Meer und Strand; die Sonne tauchte am Horizont hinab, kreischend und beutesuchend flogen Möwen hin und her über der Wasserfläche, während in der Ferne Dampfer und flinke Segler den Blicken entschwanden. Die Luft, welche das Meer hauchte, war köstlich. In vollen Zügen genoß ich sie, indem ich der belebenden Frische entgegeneilte. Die Spitzen der Dünen und die Gehöfte der Nachbarinseln sowohl als die Hallighütten glühten im Abendschein, bis endlich das dunkeltönige Rot einem nebelhaften Graublau Platz machte. Ruhelos rauschten indessen die Wellen den Strand entlang, und von Hörnum her tönte die stärkere Brandung. Das göttlich-große Meer erfüllte ganz meine Gedanken, die einen Ausdruck fanden in dem Wort: „O gewaltiges und unergründliches Meer!" Seitdem habe ich es immer wieder aufgesucht: ob es sich friedlich um die Insellande legte, ob der Sturm es zur wilden Brandung aufrührte, ob Morgen, Mittag oder Abend war, wenn ich sein Rauschen hörte, der majestätisch erhabene Eindruck war immer neu und doch derselbe:

> „Unaufhaltsam kommt's herangezogen,
> Majestätisch rollt es seine Wogen
> Schaumgekrönt, das königliche Meer.
> Hinter seiner Hülle wohnt das Grauen,
> Doch gewaltig schön ist es zu schauen,
> Sein Gesang wie Donner, groß und hehr!"

I.

Prächtig warmes Wetter brachte uns der heutige Tag. Nur am Meeresstrand atmet es kühlend, und es ist hier mehr als anderswo Gelegenheit zu allerlei Kurzweil. Wie warm ist der Sand, den schaufelnde Kinderhände zum Wall aufwerfen, der ihre Burg gegen das Spiel der schäumend heranrollenden Wellen schützen soll! Die Kiesel, welche von der klaren Flut zurückgelassen werden, sind blank, sie glitzern im Sonnenstrahl und funkeln, so daß wir ihren Reizen nicht zu widerstehen vermögen. Unsere Hand greift darnach, als ob sie sich ausstreckt nach einem Edelstein. Die goldig gelbe Farbe und die gleichmäßige Form nötigen zur näheren Betrachtung. Das allzu große Gewicht belehrt uns, daß unser Fund kein Bernstein ist. Mittlerweile schäumen die Wellen, eine der andern nacheilend, den Strand entlang; dort scheint eine besonders keck das Haupt zu erheben: der Stein enteilt unsern Fingern ihr entgegen, und so werden wir Erwachsenen Kinder am Meeresstrand. Neue Kiesel, neue Wellen! Plötzlich hält unsere Hand inne, sie hat einen besonders leichten Stein zwischen schwarzen Brocken aufgelesen. Dem goldnen Glanz entspricht nicht das Gewicht! Versuche belehren uns, daß wir Bernstein fanden. So ist also bestätigt, was Dr. Meyn sagt, daß diese Küste seit den urältesten Zeiten als Bernsteinküste berühmt war. Der jährliche Ertrag war gleich Tausenden von Pfunden; er wird von Professor Forchhammer für den Anfang des 19. Jahrhunderts zu 3000 Pfund auf der Strecke von der Elbe bis Skagen angegeben. Aus der vor 100 Jahren erschienenen Beschreibung Eiderstedts geht folgendes hervor: „Doch hat man freilich Beispiele genug von Stücken, die mehrere Unzen, ja selbst Viertelpfunde schwer waren; und vor einigen Jahren ward sogar ein Stück gefunden, das über einen Fußbreit lang und beinahe 7 Zoll dick und breit war, so daß es gegen 2½ Pfund wog. Die Farbe des hier gefundenen Bernsteins ist fast beständig weißlichgelb, auch dunkelgelb; von Stücken, die blau oder grün gewesen wären, weiß sich niemand zu erinnern jemals etwas dem ähnliches gesehen zu haben, wovon man doch sonst Beispiele wissen will. Schwarze Stücke finden sich häufig genug; aber diese haben ihre Farbe von den beigemischten Unreinigkeiten, die aus einem Gemische von schlechtem Harz und Baumrinde zu bestehen scheinen, und sind so wenig verkäufliche Ware, daß manche arme Leute sie anzünden und sich ihrer als Licht bedienen, wenn sie von einem Orte zum andern gehen wollen. Solche Stücke, in denen Fliegen oder andere Insekten, größtenteils teilweise, eingeschlossen sind, werden gleichfalls nicht selten gefunden, aber man macht sich deswegen nichts aus ihnen, weil sie nicht als Seltenheiten, sondern ebenso gut nach dem Gewichte bezahlt werden, wie andere Stücke."

Nach C. P. Hansens Angaben und nach den in seiner Sammlung vorhandenen Stücken fand man am nördlichen Teile des Sylter Strandes, auf Röm und auf Fanö solche von 400—1000 Gramm, meist indessen nur kleine Brocken. Früher sollen Stücke von 2—6 Pfund nicht selten gewesen sein.

Die griechische Mythe erklärt die Entstehung des Bernsteins dahin, daß er aus den Thränen der Pappeln, in welche die Schwestern des Phaeton, des verwegenen Rosselenkers, verwandelt wurden, entstand. Nach neueren Untersuchungen ist er das fossile Harz eines vorweltlichen Nadelholzbaumes (Pinus succinifera G.). Es ist neuerdings die Vermutung ausgesprochen, daß das Bernsteinharz hervorgequollen sei, nachdem Spechte große Spaltlöcher in die Rinde der Fichten gemacht, und ich halte diese Annahme für wahrscheinlich, da ich ein Stück Bernstein besitze, welches mit Holz= und Rinden=, vielleicht auch Flechten= oder Schwammresten durchsetzt ist. Die Farbe ist hellgelb. Dasselbe wurde an der Küste von Föhr gefunden. Nach Dr. L. Meyns Ansicht über die Herkunft des Bernsteins an der schleswigschen Westküste kommt derselbe hier aus dritter, vierter oder fünfter Lagerstätte; er ist das Zeichen eines zerstörten Miocän=, Altdiluvium= oder Mitteldiluviumlandes, da in allen dreien das versprengte Material erscheint, während Jungdiluvium und Altalluvium dasselbe nicht enthalten. Wie wir es heute fanden, so findet man dasselbe gewöhnlich zwischen Torfbrocken= und Braunkohlenresten.

Bei dem früher häufigen Vorkommen brauchte man Bernstein als Licht und als Brennmaterial. Die Verarbeitung desselben zu Schmucksachen war hier außerdem früh bekannt. Man fand in den Hünengräbern, beispielsweise in dem 1868 von Dr. Wibel untersuchten Denghoog auf Sylt 7 Bernsteinperlen. „Sechs von ihnen hatten die gewöhnliche cylindrische Form mit halbkugelförmigen Ansätzen und runder Durchbohrung in der Mitte. Drei derselben, sehr gut erhalten, waren 25—40 mm lang, 12 bis 22 mm dick. Die siebente besaß die bekannte Amazonenartform, eine Länge von 24 mm, Breite von 7, resp. 15 mm und Dicke von 10 mm."[*] Die in der Abbildung (²/₃ nat. Größe) dargestellte Bernsteinfigur wurde von C. P. Hansen am roten Kliff

---

[*] Professor Dr. Olshausen, Berlin, veröffentlichte in den Verhandlungen zur Zeitschrift für Ethnologie 1890 interessante Mitteilungen über Bernstein aus Sylter und Amrumer Gräbern.

gefunden. Unſre handſchriftliche Quelle hebt hervor, daß noch im 19. Jahrhundert ſehr ſchöne Schmuck=
ſachen aus dieſem Mineral auf Fanö gemacht worden ſeien, während die Iliade von den aus Elektron
gefertigten köſtlichen Armbändern der Trojanerinnen ſpricht. Rudolf Brinkmann berichtet, daß die
Römer den Bernſtein Succinum, die Germanen denſelben Glesum nannten. Er ſagt: „Bei beiden
Schriftſtellern (Plinius und Tacitus) findet man ſehr anziehende Nachrichten über das Glees, bei
Plinius die ausführlichſten. Nach Plinius muß man annehmen, daß das Glees vorzüglich im Deutſchen
Meere, auf den weſtlichen Inſeln und an der weſtlichen Küſte des Feſtlandes der Cimbriſchen Halbinſel,
des jetzigen Schleswig und Holſtein iſt gefunden worden, während in gegenwärtiger Zeit der Bernſtein
am häufigſten in der Oſtſee an der preußiſchen Küſte mag angetroffen werden." Was uns bei ihm
beſonders intereſſiert, iſt der Name Glees, der bei den Nordfrieſen mit Glas gleichbedeutend iſt und
daher auch für den durchſichtigen, wenigſtens durchſcheinenden Bernſtein von ihnen angewandt worden
ſein mag.

Nach einer Schrift von Werlauff über den nordiſchen Bernſteinhandel blühte dieſer einſt ſo,
daß er den gottorfiſchen Herzog Chriſtian Albrecht veranlaßte, im Jahre 1681 einen ſtrengen Befehl
an ſeine Unterthanen zu erlaſſen: „allen gefundenen Bernſtein abzuliefern", doch ſollten ſie, beiſpielsweiſe
die Sylter, „dafür von dem fürſtlichen Amts= und Landſchreyber Friedrich Jürgenßen zu Tondern
eine billige Bezahlung zu erhalten gewärtig ſein". Schon Chriſtian Albrechts Vater, Herzog Friedrich III.,
hatte viele Kunſtſachen aus Bernſtein erworben; auch wird von ihm erzählt, er habe einſt eine Ge=
ſandtſchaft nach Perſien geſchickt, die neben anderen Kunſtwerken einen aus Bernſtein gefertigten Kron=
leuchter als Geſchenk dahin überbrachte. Zu Plinius' Zeiten ging der Haupthandel des von den
Römern hochgeſchätzten Bernſteins nach Pannonien bis zum Adriatiſchen Meere; im laufenden Jahr=
hundert finden die am Meeresſtrand aufgeleſenen Bernſteinſtücke nach Brinkmanns Angaben ihre Käufer
in der Türkei. Unſer Fund wandert, nachdem wir ihn gehörig betrachtet, in die Taſche und wird
wohl ſchwerlich jemals als Handelsobjekt nach der Türkei gelangen. Daß wir auf unſrer Wanderung
am Meeresſtrand Bernſtein fanden, iſt uns um ſo mehr intereſſant, als uns beſtätigt wird, daß man
ihn auch in der Marſch beim Auswerfen von Gruben gefunden hat. Wir haben es alſo mit einem
Mineral zu thun, das Aufſchluß über den Aufbau der heute teilweiſe durch das Meer zerſtörten
Marſch giebt: ſie wurde mit dem in ihr verſtreuten Bernſtein aus den Reſten einer weſtlich von der
gegenwärtigen Küſtenlinie liegenden äußeren Landkette, welche die Fluten zerſtörten, aufgebaut. So
reichen ſich am Meeresſtrand Entſtehen und Vergehen die Hand! Mittlerweile iſt auch der Tag
vergangen und wir kehren, unſre Beobachtung beim Scheine der ſinkenden Sonne überdenkend, heim
von unſrer erſten Wanderung am Meeresſtrand. —

II.

Aufs neue lockt herrliches Sommerwetter hinaus an den Nordſeeſtrand! Die Kornfelder
umher, teilweiſe noch grün, wogen mit ihren von Ähren beſchwerten Halmen dem Winde nach auf
und nieder, während dort auf den Wieſen die Mäher durch Senſengeklirr „das Heulied wirklich zum
Heulied machen" und die Weiden von bunten Herden erfüllt ſind. In der Ferne nahe dem Meeres=
ſtrand ſind dagegen fleißige Hände beſchäftigt, Torf zum Trocknen aufzuſtellen. Woher aber hier auf
der Nordſeeinſel, im Bereich des hohen Geeſtlandes, der Torf? Uns wird die Antwort: „Aus dem
Meer!" Auf dem zur Ebbezeit trocken gelegten Schlick grub man ihn heraus, wo er ſtellenweiſe von
keiner fußdicken Erdſchicht bedeckt dalag. Die Wagenſpur, auf welcher er hierher zur Zubereitung und
zum Trocknen gebracht wurde, führt uns gleich dahin und wir beeilen uns, die Beſtandteile des Torf=
lagers in Augenſchein zu nehmen. Sofort treten uns die Holz= und Pflanzenreſte deſſelben entgegen.
Es ſind ganze Stämme und Wurzeln von Eichen, Föhren, Fichten, Birken, Haſeln und Früchte dieſer
Bäume. Minder glücklich ſind wir, die Reſte von Tieren, die den verſunkenen Wäldern angehören,
zu finden. Doch hören wir, daß namentlich in den Seetorflagern in der Umgegend von Sylt Hirſch=
geweihe, Eberzähne, Pferdezähne und Knochen gefunden worden ſind. In der Hanſen'ſchen Sammlung
in Keitum ſind mehrere ſolche Fundſtücke aufbewahrt. Prof. Dr. R. v. Fiſcher=Benzon ſpricht ſich in
ſeiner Unterſuchung: „Die Moore der Provinz Schleswig=Holſtein" (Hamburg 1891) im 15. Abſchnitt

1*

über die mit Marschthon bedeckten und inundierten Moore aus und hebt namentlich interessante Beobachtungen, die im Jahre 1840 bei Austiefung des Oberhafens am Grasbrook, wo man große Mengen Haselnüsse und Eicheln fand, und solche, die 1840—1841 bei Hafenbauten in Husum gemacht wurden, hervor. Nach Forchhammer war dieses Wattentorfmoor über einem Birkenwald aufgewachsen, dessen liegende Stämme den tiefsten Teil desselben ausmachten; sie wurzelten im Strandsand, der Cardium edule enthielt. Im Moor fand sich ein Grabhügel, der Flintmesser in großer Zahl umschloß. Unter einer meterhohen Kleischicht lagen im Moor, gleichfalls jede Schicht meterdick, schwammiger Torf und Baumstämme, besonders von Birken. Ernst Friedel, der 1869 die teilweise am Strande zu Tage tretenden Sylter Moore von Hörnum untersuchte, beobachtete außer den oben genannten Pflanzenresten: Weiden, Zweige von der Espe, Erlenfrüchte, Weißdornzweige, Farnwedel, Binsen, Rohr, Schilf; an Tierresten ergaben sich: Hecht, Eber, Hirsch und Elch. Eichenstubben findet man an sehr vielen Stellen des Wattenmeeres, teilweise im Sandstein wurzelnd, so bei Oland, Hörnum, Röm 2c. Ein Bauer in Midlum auf Föhr fand beim Torfgraben in der Marsch, nachdem er eine Kleischicht von 1½ m und eine Torfschicht von 2 m durchgraben hatte, eine anscheinend auf dem Neste in der Sandschicht sitzende graue Ente, die bei der leisesten Berührung zu Staub zerfiel. Auf unsrer Wanderung am Meeresstrand suchen wir heute vergeblich nach den sogenannten Tuulgräbern der alten Zeit, weil der Brauch im Laufe der Jahre fast aufhörte, Seetorf, Tuul oder Terrig, wie ihn der Volksmund nennt, als Feuerung zu benutzen. Die Bereitung von Salz aus Seetorf ging bereits am Anfang des 19. Jahrhunderts zu Ende. Wer aber heute das Wattenmeer der schleswigschen Westküste und die in ihm ruhenden Torflager erforscht, findet noch die Spuren jener Tuulgräber, denn die viereckigen Torfgruben inmitten der Torfreste wurden seitdem mit Marscherde gefüllt.

Sobald die Tuulgräber ihre Grube zur Ebbezeit soweit erschöpft hatten, als es in fünf bis sechs Stunden geschehen konnte, beeilten sie sich, ihre Beute vermittelst eines Troges oder eines Bootes entweder ans Land zu schleifen oder, von der Flut getragen, dahin zu führen. Doch, die Armen! Nicht selten hatte emsige Arbeit ihre ganze Aufmerksamkeit beansprucht und die allzufrüh zurückkehrende Flut hatten sie nicht bemerkt. Vielleicht wehrten ihnen Nebel und Schneeflocken die Aussicht; vielleicht war der Sturm im Anzuge. Die Wände ihrer Grube stürzten zusammen, aus der Tiefe derselben sprudelte plötzlich eine Quelle — und Boot und Beute fahren lassend, suchten sie Rettung des nackten Lebens am nahen Strand — häufig vergebens. Als Brennmaterial freilich lohnte der Torf kaum solche Mühe. Durch Eintrocknen an Masse erheblich verlierend, war er salzig und schwefelhaltig, so daß er kupfernes Geschirr, welches viel gebraucht wurde, beim Verbrennen beschädigte; zumeist war er daher Ofenfeuerung. Für die Salzgewinnung indessen war er von entschieden größerer Bedeutung, hat sich doch an der ganzen schleswigschen Westküste eine Jahrhunderte alte Industrie der Salzbereitung aus der Asche des Seetorfs, der ohne Ausnahme aus Süßwasserpflanzen gebildet, aber vom Meerwasser durchsalzt wurde, entwickelt. Die Chroniken berichten, daß Störungen dieses Erwerbszweiges durch Witterungsverhältnisse als eine Landeskalamität empfunden wurden. Die letzte Station der Zweig= bahn Niebüll=Dagebüll ist im sogenannten Salzkoog Dagebüll, welches als Hallig neben der 1825 verschwundenen Hallig Galmsbüll und der nun gleichfalls landfest gewordenen Hallig Fahretoft, dem alten verschwundenen Nordstrand und der jetzigen Halbinsel Eiderstedt einst blühende Salzsiedereien besaß. Ein solcher Salzkoog war, um vor geringeren Sturmfluten geschützt zu sein, mit einem Sommerdeiche umgeben. Regensommer brachten wie Sturmfluten den Salzsiedern Not und Elend, so 1338.

Hatten die Tuulgräber auf dem Schlick ein ergiebiges Torflager gefunden, so bezeichneten sie es, um zur Flutzeit dasselbe mit dem Boot erreichen zu können, mit einer Bake, wie man heutzutage dem Schiffer auf den unwegsamen Watten die Fahrrinne bezeichnet. Man brachte den Torf mit der neuen Flut ans Ufer, breitete ihn im Salzkooge zu einer dünnen Schicht aus, daß er von der Sonne und dem Winde getrocknet wurde. Nachher legte man ihn in kleine Haufen zusammen, die man nun auf freiem Felde anzündete. Der Rauch davon zog, wie Dr. L. Meyn berichtet, übelriechend meilenweit ins Land hinein und gab zu ähnlichen Klagen Anlaß, wie gegenwärtig das Moorbrennen in Ostfriesland. Bei den äußerst wenig seewärts gerichteten Winden ist das erklärlich. Die verhältnis= mäßig große Menge Asche wurde zu großen Haufen zusammengeschaufelt und mit Seewasser angefeuchtet, damit der Wind nicht zu viel davon entführen konnte. Von Mai bis Jakobi gewann man die erforderliche Asche, die später in die Salzkaten oder Sülzbuden geschafft wurde, um im Winter zu Salz versotten zu werden. Die Asche wurde hier in die oberste von zwei übereinander gestellten Kufen oder Baljen gelegt. Der Boden dieser obersten Kufe war nicht dicht, seine Öffnungen waren mit grünen, vom Außenbeichs= oder Halliglande abgelösten Rasenstücken überdeckt. Nun goß man Salzwasser über die Asche; dasselbe sickerte hindurch und löste die Salzteile derselben auf, die es nun in die untere Kufe hinabführte. So war das Seewasser zu einer stark gesättigten Soole, die man Pekel oder Sael nannte, geworden, die mit Röhren in eine eiserne Siedpfanne geleitet wurde. Eine solche Pfanne Lauge ergab anderthalb Tonnen Salz, „schön witt und klein gekörnt, zum täglichen Gebrauch nützlich und gut,“ wie der Chronist bezeugt. Aus 800 Pfund Asche gewann man 300 Pfund Salz. Torf diente dabei als Feuerung, ein Umstand, der eiserne Pfannen nötig machte. Das „friesische“ Salz war wegen seiner „Weiße“ und „Schärfe“ berühmt und lange Zeit ein bedeutender Handels= artikel. Es wurde gewöhnlich in den Städten der Ostküste gegen Roggen umgetauscht. Die bedeutendsten Sendungen scheinen über Schleswig nach den Inseln der Ostsee gegangen zu sein. Der Bischof in Schleswig sowohl als der König von Dänemark zogen vom Salzhandel Revenüen. Nach dem schleswigschen Stadtrecht zahlten um 1200 die Friesen mit friesischem Recht doppelt so viel Zoll als diejenigen mit dänischem. Die Bewohner der Bökingharde versprachen am 1. August 1344 dem König eine jährliche Salzabgabe. Den Salztransport besorgten gewöhnlich die Halligschiffe. Es waren im Anfang des 18. Jahrhunderts auf der kleinen Hallig Galmsbüll noch 16 Schiffe dabei thätig, während dort noch 84 Menschen bei der Salzsiederei beschäftigt waren. Der Minister Görz beunruhigte in der Folge durch sein Salzmonopol die althergebrachte Industrie, so daß unter Mitwirkung anderer Umstände die verschiedenen Siedereien mit dem Ende des Jahrhunderts nur noch vereinzelt lebensfähig waren, nachdem man 1794 eine Neubelebung des Erwerbszweigs vergeblich versucht hatte. Fast gleichzeitig ging den Galmsbüllern der heimatliche Boden unter den Füßen verloren, die letzten Bewohner mußten vor den habgierigen Fluten nach dem neueingedeichten Marienkooge flüchten.

Die ein Jahrtausend lang von den Meeranwohnern betriebene Salzgewinnung und die Ausbeutung der untermeerischen Moore zur Gewinnung von Brennmaterial läßt auf eine weite Aus= dehnung der Torflager schließen. Prof. G. Forchhammer nimmt an, „daß ein bei einem starken Sturm entstandener Strandwall einen Theil des Meeres abgeschnitten habe, der dann durch Regenwasser ausgesüßt worden sei; in dieser Lagune sei dann die Torfbildung vor sich gegangen.“*) Bei einer folgenden Senkung habe das Meer diese Lagunenmoore mit Sand und Thon bedeckt; mit geringen Unterbrechungen erstrecke sich dies mit Marschthon bedeckte Lagunenmoor von Tondern in Schleswig bis an die Nordküste von Frankreich. Nach Dr. L. Meyns Untersuchungen ist wahrscheinlich gleich= zeitig mit der cimbrischen Halbinsel weiter westlich ein ähnliches Hügelland aus dem Meere gehoben, das im Laufe der Jahrtausende vom Meere zertrümmert und zuletzt zur Dünenkette wurde, nachdem durch eine Senkung der ganzen Gegend das Meerwasser eintrat und die zwischen den ursprünglichen Hügelländern entstandenen Moore und Waldvegetationen mit Marscherde überdeckte; diese ward im Laufe des letzten Jahrtausends teilweise zerstört und in Wattenwüsten verwandelt, zu deren Produkten der Seetorf gehört, der heute unsere Aufmerksamkeit beansprucht. Das vor uns liegende Lagunenmoor ist eine Süßwasserbildung, „welche mit diesen ihren Eigenschaften nur entstehen konnte in einem wesentlich über der See erhabenen, hügeligen Terrain und unter einem Klima, das der natürlichen ungepflegten Baumvegetation mehr hold ist, als das gegenwärtige Klima unser Westseeküste mit ihren ungebrochenen Sturmwinden.“ Nach der Senkung erst empfing es durch das täglich aus= und einströmende Meer= wasser seinen Salzgehalt, der die einst blühende altgermanische Industrie der Salzgewinnung begründete.

Heute freilich zieht nicht mehr der unangenehme Rauch verbrannten Seetorfs vom Meere her landeinwärts, aber er läßt uns die Meeresfrische um so köstlicher erscheinen, welche uns umwettet, wenn wir uns gegenwärtig den Hafenorten des schleswigschen Festlandes nähern. Die Torflager aber, welche bei der Wanderung am Meeresstrande vor uns liegen, versetzen uns zurück in jene Zeit und zeigen uns ein neues Bild von dem Werden und Vergehen im Bereiche des ruhelosen Wattenmeeres.

---

*) v. Fischer=Benzon a. a. O. S. 28.

III.

Nachdem ein langersehnter Regen Feld und Flur erquickt, ist eine Wanderung zwischen wogenden Korn- und buntblumigen Grasfeldern noch angenehmer als vorhin. Sie allein erfrischt schon Körper und Geist. In unsrer Umgebung ist aber das im Sonnenglanz sich spiegelnde blaue Meer dennoch wieder das Ziel unsres Ausfluges. Gehen wir über die Heide dahin, deren Grabhügel uns um Jahrtausende in der Erinnerung zurückversetzen, so umweht uns die frische Seeluft und flüstert uns die sagenhaften Erzählungen vergangener Zeit ins Ohr. Von Zwergen bewohnt, die in fröhlicher Geschäftigkeit dem Treiben der Menschenkinder oft feindlich gesinnt waren, wurde sie zum Kampfplatz der kleinen Leute mit den Riesen, wobei die ersteren, die die großen häufig neckten, unterliegen mußten. Ueber die stille blütenerfüllte Heide hin hören wir das Summen von tausend Bienen und sehen die Hast der Käfer, die durchs Gesträuch eilen — aber lieblicher klingt dort vom Hügel her der fernher hallende Wiegensang der Zwergkönigin: „Heia, hei!" und gleich hier in der Nähe das fröhliche Gelag einer Hochzeitsgesellschaft der Zwerge mit dem Reihentanz ist gar zu schön. Doch wie heute die Alltäglichkeit uns solche Bilder verscheucht, so vertrieb einst ein gewaltiger blutiger Kampf*) das Zwerggeschlecht von seinen Hügeln und von seiner braunen Heide, und über seinen Wohnplatz braust heute das Dampfroß. Also auch hier Veränderung und Umwälzung, wenn auch anderer Art als diejenige, welche uns kürzlich am Seetorflager entgegentrat. Es verlohnt sich, den dort erwähnten Erdhebungen und Senkungen noch etwas weiter nachzuspüren, wie sie namentlich an den steil abfallenden Kliffen der Insel Sylt erkennbar sind. „Es giebt nämlich ganz gewiß in Deutschland", wie Dr. Meyn hervorhebt, „wahrscheinlich aber in ganz Europa, kein Gebiet, in welchem so wie hier, in den Umgebungen von Sylt, gleichzeitig die zerstörende und die umbildende, schaffende Kraft des Meeres als geologisches Agens beobachtet werden kann." Gerade durch das Morsumkliff, zu welchem wir heute geführt werden, genießt Sylt in geologischer Beziehung einen Vorrang vor allen anderen friesischen Inseln, da sich hier das Tertiärgebirge in der größten Entwicklung zeigt und somit von Zeiten kündet, die noch weiter zurückliegen als diejenigen, in denen das sagenhafte Zwergvolk mit den Riesen kämpfte. Auf der geologischen Karte der Insel erscheinen deutlich zwei insulare Körper älteren Festlandes, die in der Oberfläche diluvial, in der Tiefe tertiär sind, vom heutigen Meeresalluvium des Marschbodens umzingelt, an welche sich nach Norden und Süden hin die Dünenhalbinseln List und Hörnum anlehnen. Die Ränder der älteren Inselkörper sind steil gegen das Meer abgebrochen; das Morsumkliff bildet den Nordabhang der südöstlichen Diluvialinsel, die in der Morsumheide 22 Meter über den Meeresspiegel aufsteigt. Das ganze Kliff hat nach Meyn**) eine Länge von 2500 Schritten; mit Ausnahme einer kurzen Unterbrechung treten auf der ganzen Länge die mit 30 bis 40 Grad Neigung gegen den Horizont übereinander gestürzten Schichten, welche nach Nordosten fallen, zu Tage. Die Mächtigkeit der entblößten Schichten muß darnach etwa 1250 Meter betragen. Besonders sind bereits aus der Ferne vier Gebirgsarten, nämlich Glimmerthon, Kaolinsand, Alaunerde und Limonitsandstein zu unterscheiden, da diese Thon- und Sandgruppen auch in der Färbung verschieden sind. Die Sonne beleuchtet eben mit freundlichem Glanze jene Schichten, welche wir dort, einen Gesamteindruck gewinnend, vor uns sehen. Erst jetzt wird es uns klar, daß diese merkwürdige schroff und steil abfallende Küste am ruhelosen Meer wiederholt bedeutenden Landschaftsmalern, wie Wrage (Gremsmühlen) und Adolf Lohse in Kiel zum willkommenen und dankbaren Vorwurf dienen konnte. Die westlichen Teile des Kliffs bilden schöne bemooste Ecken, dazwischen erscheinen im Hinter- und Vordergrund grüne Wiesen, belebt von Herden und von schreienden Seevögeln. Der mehr steile Sandabhang des Tertiärgebirges hat dagegen eine bräunlich gelbe Farbe, dunkelrote Sandsteinmassen folgen. Die weiter östlich gelegene Gruppe ist stellenweise von Hügeln überragt, streifenweise erscheint dagegen am Abhang die gelb, hochrot oder violett gefärbte nackte Erde, rauher und wilder treten die schroffen und mehr überhängenden braunen Sandsteinwände vor das Auge. Wir sind jetzt am Fuße dieser Höhen angelangt. Rieselndes Quellwasser sprudelt in den Spalten, während das Meerwasser der letzten Flut dort eine Höhlung in das lose Gestein gewühlt. Von Osten an gerechnet, finden wir bei näherer Betrachtung folgende

---

*) Vergleiche Abschnitt 6.
**) Geognostische Beschreibung der Insel Sylt und ihrer Umgebung. Berlin 1876.

Bestandteile: Glimmerthon, eisenschüssiges Quarzkonglomerat, Alaunerde, Limonitsandstein, Kaolinsand, Limonitsandstein; Alaunerde, Glimmerthon, Alaunerde, eisenschüssiges Quarzkonglomerat, Kaolinsand, Limonitsandstein, Kaolinsand; westlich der Lücke giebt es dann noch Alaunerde, Glimmerthon, Konglomerat und Kaolinsand. Einzelne kleine Partien Braunkohle ziehen uns heute besonders an, die wir hier im Limonitsandstein gebettet und mit lehmhaltigem Sand bedeckt finden. Sie erinnern nämlich an die Torfmoore, welche wir jüngst betrachteten. Der strömende Regen, welcher kurz vor unsrer Untersuchung niederging, erleichtert unser Vorhaben — wir können deutlich erkennbare Holzstücke herausbrechen. Dieselben sind ganz dunkelbraun und sehr fest. Die mikroskopische Untersuchung ergiebt Cypressenholz. Kundige Leute erzählen, daß man Braunkohlenlager weit hinaus im südlichen Haff, wo einst der Schierwald versunken sei, sowie unter der Morsumheide und der Kamper Landhöhe verfolgen könne. Thatsächlich hat man am Strande von Westerland und im roten Kliff, der nach Westen steil abgebrochenen Uferhöhe des nordwestlich gelegenen zweiten älteren Inselkörpers von Sylt, verkohlte und versteinerte andere Pflanzenreste, wie Blattabdrücke und Tierreste, wenn auch nicht gerade häufig, aber doch einzeln gefunden. Wir stehen also heute an den Kohlengruben des wunderbaren Wattenmeeres, die zur Ausbeutung für Brennmaterialbedarf indessen nicht ertragreich genug, uns aber doch hinreichend interessant erscheinen, betrachtet zu werden, wenn es gilt, Zerstreuung und Unterhaltung suchend am Meeresstrand zu wandern. Doch möchten wir gern auch andere Fundstücke von unsrer Wanderung heimbringen, wir wenden uns deshalb den Schichten zu, die Petrefakten führen. Kaolinsand und Alaunerde sind versteinerungsleer. Der Glimmerthon dagegen enthält, meist schön erhalten, nicht wenige Konchylien, während der Limonitsandstein in einzelnen Partien scharfe Abdrücke, besonders von Schnecken, aufweist. Vor etwa 50 Jahren allerdings hätten wir hier wie dort wohl reichere Beute gemacht, zumal seitdem man nach jeder Auswaschung der Massen des Glimmerthons durch Flut und Regen das Feld sogleich leerzusammeln pflegt, um die Fundobjekte später zu verkaufen.

Nach einem ziemlich vollständigen Verzeichnis des Herrn Dr. v. Koenen in Marburg und des Herrn Dr. Mörch in Kopenhagen sind im ganzen reichlich hundert verschiedene Petrefakten des Sylter Glimmerthons bekannt. In dem schönen Werk des verstorbenen Dr. Beyrich*) „Die Conchylien des norddeutschen Tertiärgebirges" sind auch auf Sylt gefundene Exemplare beschrieben und abgebildet. Um die Fundstücke nicht zu beschädigen, durchwühlen wir die Thonmassen mit den Fingern. Zunächst fällt uns eine Muschel in die Hand. Es ist ein Exemplar des „gemeinen Ochsenherz", Isocardia, mit gut erhaltener Schale. Die Farben derselben sind freilich nicht mehr erkennbar, doch erscheint dieser bereits im 17. Jahrhundert deutlich abgebildete Zweischaler als eine im Sylter Glimmerthon vorherrschende Versteinerung. Außer einigen Bruchstücken der Isocardia haben wir gleichzeitig eine Kegelschnecke, Conus antediluvianus, erwischt, obwohl dieselbe hier wie die großen Haifischzähne weniger häufig vorkommen soll. Unter den Schnecken des Glimmerthons nehmen die Sturmhaube (Cassidaria echinophora), die Spindel (Fusus) und die Nabelschnecke (Natica) den ersten Platz ein, doch gelingt es uns nicht, ganze Stücke derselben zu erhalten. Jedenfalls aber ist es uns angenehm, Bruchstücke an derselben Stelle aufzulesen, wo C. P. Hansen die schön erhaltenen Exemplare tertiärer Konchylien seiner durch sie besonders wertvollen Sammlung in Keitum gewinnen konnte. Interessant ist es uns, ein Wirbelstück eines Haifisches aufzufinden, wenn dasselbe auch nur von einem kleineren Tiere herrührt, als die Zwischenwirbelstücke und Wirbel, die Dr. Meyn 1846 beobachtete und die ihn zu dem Schlusse berechtigten, daß nicht nur die Formation des Glimmerthones marinen Charakters sei, sondern daß auch das Meer, in welchem sie einst entstanden, von riesengroßen Haifischen bewohnt gewesen sei. Die hier gefundenen Wirbel derselben haben 12 cm Durchmesser. Cetaceenknochen sind anderswo im Glimmerthon häufiger als auf Sylt; das schöne und seltene Stück eines Cetaceenwirbels mit aufsitzenden Balanen, welches das Museum Hansens birgt, entstammt dem Limonitsandstein, zu welchem es uns führen mag, daß wir auch ihm, seinen Bildungen und Abdrücken von Schnecken 2c. unsre Aufmerksamkeit schenken. Jedem Besucher des Morsumkliffs fallen die merkwürdigen Bildungen, gegliederte Brauneisensteinröhren, auf, welche uns zunächst entgegentreten, wo die schneeweißen Abhänge

*) Berlin 1854.

des aus feinem Glimmer= und grobem Kaolinsand bestehenden Kliffes in die Schichten des Limonit=
sandsteins übergehen. Wir können hier die Eisensteinnierenbildung auf ursprünglicher Lagerstätte
beobachten, wobei der vollständige Eisengehalt aus dem Sande nach außen hin zur Schale wandert
und so jene Röhren verschiedener Länge mit Einschnürungen und von Finger= bis Armesdicke hervor=
bringt. Unter unsern Füßen zerbrechen sie klingend wie Porzellanschalen, aus welchen wir den weißen
Sand herausschütten, und nicht mit Unrecht nennt sie der Volksmund „das Topfgeschirr der Unterirdischen".
An einer andern Lagerstätte des Limonits dagegen finden wir zerstreute, fast ganz in Brauneisenstein
verwandelte Petrefakten, daneben gewundene und geflochtene fingerdicke Wurmgestalten, ähnlich den
Koprolithen, lose im Sande liegend, der mit Porzellanerde untermischt ist. Die Artzahl der
Versteinerungen im Limonitsandstein ist freilich kleiner als die derjenigen des Glimmerthons; außerdem
finden wir kein einziges Exemplar so gut erhalten wie diejenigen unsrer früheren Beute. Die Schale
fehlt fast immer, von Farben ist gar nicht die Rede; nur der innere Kern oder der scharfe Abdruck
lassen eine Deutung zu, welche nicht in allen Fällen zur sicheren Artbestimmung führt. Besonders sind
es Dr. L. Meyn und C. P. Hansen, welche die Versteinerungen des Limonitsandsteins auf Sylt
beobachteten. Nach den Berichten Joh. O. Sempers ergiebt das Verzeichnis beider sechzehn Arten.
Muscheln sind hier eine große Seltenheit; die Nabelschneckenarten (Natica) nehmen dem Glimmerthon
gegenüber an Zahl und an Häufigkeit des Vorkommens zu. Kegelschnecken giebt es nur eine Art.
Nabelschnecke und Wellhorn (Buccinum) überwiegen, so daß Semper die Anzahl der Exemplare für
Buccinum auf 60, für Natica auf über 30 und für alle übrigen Gastropoden und Konchylien auf
8 Prozent schätzt. Die von uns erbeuteten Fundstücke bestätigen diese Schätzung. Ein schönes Stück
Buccinum Syltense und Abdrücke einiger Natica=Arten sind unsre ganze Beute. Aus dem Umstande,
daß im Limonit die Schnecken den Muscheln gegenüber als allein herrschend auftreten, hat man geschlossen,
daß das Meer, in welchem die Tiere des Limonitgesteins einst lebten, eine geringere, der Nordsee sich
mehr nähernde Temperatur hatte, als das Meer des Glimmerthons, und daß daher der Limonitsandstein
die jüngste Tertiärschicht unsres Landes sei. Die Sage versetzt auch hierher das Zwergvolk. Hier
war ihre Werkstatt, deren Töpferware in Röhren, Dosen, Kugeln 2c. zu unsern Füßen liegt. Und in
der That, sie erscheinen uns ganz passend, diese buntfarbigen, zerklüfteten und schluchtenreichen Abhänge
des Morsumkliffs zu bevölkern. Nicht jedem waren sie sichtbar, aber wem sie erschienen, diese kleinen
Männlein mit ihren roten Mützen und roten Jacken, ihren großen Köpfen und krummen Beinen,
eilend, kletternd, tanzend oder singend, dem bot sich ein liebliches, unvergeßliches Bild. Nach dem
großen Vernichtungskampf vertrugen sie sich wieder mit ihren Feinden und lebten friedlich mit ihnen
als Pucke in den Häusern und Scheunen, als Klabautermännchen auf den Schiffen. Flut und
Verwitterung und Regen und Menschenhand aber waren seitdem vereint geschäftig, die Schätze des
Morsumkliffs bloßzulegen und zu verwerten, wenn es auch bisher nicht gelang, das Eisen des Sandsteins,
wie Dr. Meyn es beabsichtigte, auszuschmelzen und die freigelegten und gewonnenen übrigen Teile für
einen Dammbau Ostspitze=Sylt=Festland, von dem später ausführlich die Rede sein soll, zu verwenden.
Namentlich für diesen letzten Zweck verbraucht, würden die Bestandteile des Morsumkliffs, von dem
wir jetzt Abschied nehmen, in dem dadurch herbeigeführten Landgewinn reichen Segen stiften können.

IV.

Bei unsern bisherigen Wanderungen am oder zum Meeresstrande waren uns die häufig
vorkommenden Feuer= oder Flintsteine bereits auffällig. Man findet sie namentlich an fast allen
Ufern und Kliffen der nordfriesischen Inseln, besonders da, wo die Ufer abbrüchig sind, wie am
Braderupkliff, am roten Kliff, am südlichen Ufer von Sylt, am südlichen Ufer der Insel Föhr, wo
die Fluten des Jahres 1894 große Massen Geröll bloßlegten, und auf Amrum. Auf den drei
genannten Inseln bestanden einst Sammlungen der Feuersteinversteinerungen, und noch bestehen sie auf
Föhr und Sylt. Letztere Insel bietet außerdem eine interessante Reihe von Versteinerungen aus Kreide
und Grauwacke, die in der Grandgrube bei Keitum gewonnen wurde. Viele Stücke der Feuerstein=
petrefakten finden sich neben den Korallen auf den chaussierten Wegen der Inseln, denen die Geröllmassen

vom Strande her oder von der Lagerstätte zugeführt wurden. Mögen daher heute der Feuerstein und die uns entgegentretenden in ihm eingeschlossenen Tierreste, sowie die vorkommenden Fundobjekte der Kreide und Grauwacke Gegenstand unsrer Betrachtung sein.

Ehe wir indessen an den Strand gelangen, sei daran erinnert, daß sich dieser bekannte Stein am reinsten in der weißen Kreide findet, deren Zerstörung also vorausgesetzt werden muß, wenn wir ihn hier allein, und wahrscheinlich von ferner Lagerstatt hergekommen, antreffen. In Kreide eingeschlossen, erscheint der Flint in kugelrunden oder eiförmigen Knollen, die durch Druck und Lage oft verzerrte Gestalt gewannen. Einst bot der Feuerstein den alten Bewohnern willkommenes Material für ihre Waffen, wie diese auch nicht nur in den Hünengräbern der friesischen Inseln vorkommen und vorgekommen, sondern in eigenen Werkstätten wie auf Amrum in der Dünengegend „a Siatlar", wo man einst 67 unvollendete Messer= und Pfeilspitzen auflas, bearbeitet worden sind. Splitter und Spähne gab es dort verhältnismäßig viel. Erst in neuerer Zeit ist man wieder hinter das Geheimnis gekommen, daß frisch aus dem Kalk herausgegrabene Blöcke genau dem Schlage entsprechend spalten. Die in Pfahlbauten und in deutschen, auch in den Inselgräbern aufgefundenen Keile lassen klar die verschiedenen Stadien der Herstellung erkennen: die ältesten sind bloß abgespalten, die jüngeren bereits scharf geschliffen; an späteren ist auch das Stielloch durchgeführt. Es würde für uns eine Geduldprobe sein, mit Hülfe eines in drehende Bewegung versetzten Röhrenknochens eine glattwandige Öffnung herzustellen, wie sie die Keile der Museen aufzeigen (vergl. C. P. Hansens Museum). Diente hier der Feuerstein, zwischen Holzteilen eingeklemmt oder über dieselben geschoben, als untrügliche Waffe, so wurde er auch, nachdem seine scharf abgesplitterte Kante zuerst aufgefallen, Opfermesser und Handwerks= zeug. Die Beschneidung geschah nach biblischem Zeugnis mit steinernen Messern, noch von Josua nach göttlichem Befehl gemacht. Krumme Opfermesser aus Flintstein sind auf den Westseeinseln wiederholt gefunden. Im Laufe des vorigen Jahrhunderts sind erst Feuerstahl, Flintstein und Zunderbüchse außer Gebrauch gekommen; Phosphorzündhölzer verdrängten sie, wie einst die Perkussionszündung den Flintstein der Handfeuerwaffe außer Brauch kommen ließ. Noch zu Anfang des 19. Jahrhunderts band man auf Sylt an der Thür oder dem Schornstein der Wohnung eines Mädchens, dem der Liebhaber untreu geworden war, einen Beutel mit Flintsteinen fest, damit es mit den scharfen Steinen die Thränen trockne.*)

Mittlerweile haben wir den Meeresstrand erreicht, der in seiner ganzen Länge im Bereiche der täglichen Flutgrenze einen Wall verschieden gefärbter Feuersteine birgt. Manche Stücke, die wir aufheben, sind an ihrer ganzen Oberfläche von röhrenförmigen Gebilden (Bryozoen) einer Mooskoralle überdeckt, andere enthalten ganze Korallen, wie die schöne Turbinolia, die aber seltener als die ersten vorkommt und zu den Tierkorallen gehört. Auf den ersten Blick erkennt man indessen, daß besonders die Klasse der Stachelhäuter zahlreich vertreten ist. Bald kommt uns einer der in vielen Arten vertretenen Echiniten in die Hand; seine ursprüngliche Schale mit den Stacheln freilich blieb in der abgesprengten Umhüllung sitzen, während die Warzen und Fühlergänge, sowie After und Mundöffnung am Steinkern deutlich unterscheidbar sind. Wie prächtige Stachel= und Schilderabdrücke der Cidariten dieser neue Stein birgt! Einige erscheinen walzig und fein gerippt, während andere muldenförmig vertieft sind, mit der Spitze der Stacheln hervorragen oder gekreuzt erscheinen. Ebenso mannigfaltig ist die Form der Echiniten, hier der kugelförmige Bischofsknopf (Galerites), dort der eirund hoch= gewölbte Ananchytes, den man häufig auf Rügen findet, der übrigens an unsern Küsten in vier verschiedenen Spezies vorkommt, hier Coronula, dort Diadema, vielleicht einst die Krone der Frau des Zwergkönigs Finn, der auf der Braderuper Heide fröhliche Hochzeit feierte. Der Volksmund nennt die Seeigel Glückssteine, auch Donnersteine, die einst, von Thor geschleudert, was sie trafen, zerschmetterten. Als Glückssteine schützen sie gegen Blitzschlag. Aber auch Stachelhäuter, deren Leib in mehrere Hauptstrahlen geteilt ist, sind hier fossil vertreten, besonders die Pentakriniten, deren fünfstrahlige Sterne öfter bemerkt werden, als die ganze Säule, welche sehr oft teilweise aus der Höhlung herausgebrochen ist. Zu den Seltenheiten gehört hier der auf Helgoland häufigere Belemnit oder Donnerkeil, dessen Bestimmung vielen Naturforschern Schwierigkeit bereitet hat. Einzelne hielten

---

*) Vergleiche meine nordfr. Inseln 2c. (Hamburg 1899), Seite 275 ff.

ihn für einen Walfischzahn, andere erklärten ihn als Echinitenstachel, andere als Fischstachel, bis Linné ihm seine Stellung in der Nähe der Dintenfische, mit denen er in der That große Ähnlichkeit besitzt, anwies und ihn zu den Kopffüßern rechnete. An den hier gefundenen fingerförmigen Stücken lassen sich indessen die Schalen der Alveole unterscheiden. Unter den versteinerten Muscheln und Muschel= abdrücken sind diejenigen der Kammmuschel (Pecten) in mindestens neun Arten vertreten, namentlich schön erhalten pflegt die fünfrippige (P. quinquecostatus) zu sein, während die übrigen Arten in sehr klarer Zeichnung abgedrückt sind; haben wir doch auch heute schon mehrere solcher Abdrücke gefunden. Die Lamarck'sche Fasermuschel ist dagegen selten; die Leitmuschel der weißen Kreide, Spondylus, ist ebenfalls nicht häufig. Die Terebratulen kommen, wie die meist gut erhaltenen Lima=Arten, ziemlich häufig vor; versteinerte Austern sind dagegen selten. Wem es an Zeit und Muße nicht gebricht, der hat ein weites Sammelfeld vor sich. Auch muß, ehe wir uns zu den Fundstücken aus der Kreide und Grauwacke der Keitumer Grandgrube wenden, der Feuersteinblöcke gedacht werden, die man am West= strande von Sylt, am Fuße des roten Kliffes, findet. Diese, meist aus dem Flutwasser aufgefischten Steine spalten sich nach glücklichen Hammerschlägen in ebenen Flächen, auf denen die wunderbarsten Zeichnungen — vom hellen Braun bis zu den dunkelsten Tönen und auf verschieden gefärbter Masse — wahrzunehmen sind, die von jedem Beschauer mit Interesse betrachtet werden; es sind Dendriten= Landschaften, die dadurch in den Spalten des Flintsteines entstanden sind, daß einst Mangan hinein= sickerte und jene baumförmigen Zeichnungen veranlaßte. In kleineren Stücken und selten kommen sie auch auf den übrigen Inseln vor. Die hiesigen Versteinerungen der Kreide und Grauwacke haben, wie die des Tertiärgebirges, bereits die Aufmerksamkeit bedeutender Forscher auf sich gelenkt. Herr Professor Dr. G. Karsten in Kiel beschrieb und gab mehrere schöne Sylter Fundstücke in der Abbildung wieder in seinem ausgezeichneten Werke: „Beiträge zur Landeskunde der Herzogtümer Schleswig und Holstein, I. Reihe, mineralogischen Inhalts, Kiel 1869." Vorzüglich vertreten sind Schwammkorallen, Mooskorallen, Blumentiere, außerdem Schnecken und Trilobiten. Doch leider ist heute die Ausbeute im Keitumkliff nur noch gering, weil die Grandmassen zur Wegeverbesserung benutzt worden sind, und nur hin und wieder bekommen wir ein der Zerstörung entgangenes Exemplar zu Gesicht. Die Sammlung Hansens dagegen besitzt sehr schöne Stücke, die wir hier ebenfalls am Strande des Wattenmeeres auf dem Keitumkliff durchmustern, um gleichzeitig unsre an Ort und Stelle gewonnenen Eindrücke von den Bestandteilen des Morsumkliffs, überhaupt von den in diesen Bildern betrachteten Dingen zu beleben und zu vertiefen. Achtunddreißig Jahre regen Sammelfleißes brachten hier die naturhistorischen Dinge der Vorwelt Sylts und seiner Umgebung in einer sonst nicht mehr vorhandenen Vollständigkeit zusammen, wissenschaftlich geordnet liegen sie vor uns. Unsre verhältnismäßig geringe Ausbeute auf den Wanderungen läßt ahnen, wie viel Mühe und Sorgfalt nötig war, die uns hier vorliegenden schönen Exemplare zu erbeuten.

Unter den Korallen fallen die wallnußgroßen und kugeligen Schwämme auf, welche auf der ganzen Oberfläche mit regellos zerstreuten rauhen Höckern bedeckt sind, die, wie ein nebenliegendes zerbrochenes Exemplar zeigt, auch im Innern die Struktur des Schwammgewebes haben. Die kieselige Versteinerungsmasse ist meist von aschgrauer Farbe. Von bedeutender Größe ist das Aulocopium, dessen obere Seite grob porös erscheint, während die untere eine runzliche, faltenreiche Oberfläche besitzt. Vor Jahren kam ein Professor aus Italien eigens nach Sylt, das Aulocopium hier zu suchen; ein Umstand, der uns schließen läßt, daß diese Schwammkoralle des Sylter Gesteins besonders wertvoll sein muß. Die Polypen sind in den Mooskorallen besonders mit Stromatopora, in den Blumentieren (Anthozoen) mit zahlreichen Arten vertreten. Besonders interessant ist unter diesen Calamopora, deren Polypenstock knollige oder baumförmige Masse, die aus prismatischen Polypen= zellen zusammengesetzt sind, bildet. Wie Basaltsäulen liegen die Zellen aneinander, in blaugrauer Kalkmasse, den Polypenstock teilweise in seine körnige Kieselmasse verwandelt. An Form und Größe sind die verschiedenen Arten jede besonders betrachtenswert. Im ganzen erscheint jedes weitere Stück der Blumentiere äußerst interessant, die Zeit erlaubt indessen nähere Betrachtung nicht, weil noch andere Dinge unsre Aufmerksamkeit erfordern. Dort jene Schnecke erinnert an die Fundstücke des Morsumkliffs. Es ist eine Pleurotomaria, die hier als Bruchstück in dem blaugrauen Kalk vorliegt. In mehr weißgelblicher Masse tritt uns dagegen der Trilobit entgegen, der in so schön ausgeprägtem Abdruck selten gewonnen wird. Zu den Krustaceen gehörig, mit dreilappigem, in der Kalkmasse leicht zerbrechlichem Körper, kommen sie in großer Menge vor; aber es ist, wie dies schon hieraus folgt, das Sammeln derselben mit großen Schwierigkeiten verknüpft. Es gehört viel Uebung dazu, bei der Herausarbeitung aus dem Gestein brauchbare Stücke zu gewinnen. Die vorliegende Masse enthält neben dem Trilobiten Muscheln, uns daran erinnernd, daß auch diese in Grauwacke und Kreide sich finden.

Die Meerbewohner einer weit zurückliegenden Zeit haben wir vor uns — sie gestatten es uns mit Hülfe unserer Phantasie ein Bild von dem damaligen Leben des Meeres zu entwerfen, von dem Leben des Meeres, das hier nach Schleidens schönem Wort „als die Mutter und die Wiege alles Lebendigen" erscheint. Und wie wir zurückkehren über die Heide, wo wir den Blick frei haben über das Meer, grüßen wir es mit dem Dichter:

„Unermeßlich und unendlich,
Glänzend, ruhig, ahnungsschwer
Liegst Du vor mir ausgebreitet,
Altes, heil'ges, ew'ges Meer!" —

V.

Es hat arg geweht in der vorigen Nacht. Hinter den Dünen hörten wir das Rauschen und Brausen der Flut, welche die unbedeichten Marschufer der Inseln und Halligen überstieg und das weite Grasfeld überschwemmte, auf dem kürzlich die Heuernte glücklich vollendet wurde. Jetzt ist das Wasser zurückgetreten, eine tiefe Ebbe hat das Watt in der Umgebung der Inseln bis zu den größeren Stromrinnen bloßgelegt. Diese scheinbar „öden und grauen" Thonmassen können wir heute wie den Strand bis zum Steigen der nächsten Flut beschreiten. Was das zurückgetretene Meer an Tieren und Pflanzen zurückließ, wird uns zeigen, daß das Meer auch heute noch ein vielgestaltiges Leben in seinem Schoße birgt. Außer den Steinchen und Kieseln treten diese Dinge uns sofort entgegen, wo bei der gewöhnlichen Flut der Treibwall zu liegen pflegt. Da ist gleich eine Miesmuschel, durch ihren Byssus an den festliegenden Stein gekettet. Sie fällt in unsere Hand, die andere führt das Messer, und wir suchen gute Perlen! Überdies erinnert sie uns daran, daß diese Tiere in wirtschaftlicher Hinsicht wie die Austern Beachtung verdienen. Die Miesmuschelzucht in der Bucht von Aiguillon, die vor 660 Jahren ins Leben gerufen wurde, blüht wie die in Italien; vielleicht dürfte sie auch in dem Wattenmeere gedeihen, wo arme Familien zu Zeiten eine Menge der Muscheln zur Nahrung auflesen. Interessant ist es, im Winter dem Treiben der hungrigen Krähen zur Zeit tiefer Ebbe zuzusehen. Sie erhaschen eine Muschel, erheben sich zur Höhe, aus welcher sie die Beute auf einen Stein fallen lassen, um nun der zertrümmerten Schale leicht das Tier entnehmen zu können. In einer nahen Vertiefung des Sandes ist etwas Wasser geblieben. Garneelen und Taschenkrebse werden nun die Beute unserer natürlichen Gabel. Das sind die Verwandten des Hummers, der in der Nordsee fast nur in der Umgebung von Helgoland — und zwar jährlich 20—30,000 Stück — gefangen wird, während namentlich die Halligbewohner durch den Fang der Garneele, der mit Schiebhamen oder Schleppnetz geschieht, lohnende Beschäftigung haben und ein Nahrungsmittel für den Winter gewinnen. Feinschmecker lieben diese kleinen Krebstiere mehr als die Taschenkrebse, deren einer sich gewaltig anstrengt, uns mit Hülfe seiner Scheren den Finger wund zu kneifen. Zaghafter erscheint sein Nachbar, der Bein und Schere aus einem Schneckengehäuse uns entgegenstreckt. Sehen wir uns den Gesellen etwas näher an. Es ist der Einsiedler= oder Bernhardskrebs (Pagurus Bernhardus), der sich ein Wellhorngehäuse, welches mit Polypen und Wurmröhren übersponnen ist, zur Wohnung wählte. Es dient ihm statt des Panzers, der den Hinterleib der andern Krebse schützt. Ein noch größeres Wellhorn heben wir auf. Die Schnecke steckt darin, doch will sie nicht hervorkommen, wie sehr wir uns auch bemühen, unsern Reim herzusagen:

„Snäk, Snäk, komm herut,
Sonst tobräk ick di din Hus!"

Die Möwe hat unsre Geduld nicht, die vielen am Strande zerhackt liegenden Gehäuse geben davon Zeugnis. Die Schnecke selbst indessen ist ein ebenso gefährlicher Räuber. Hat sie sich eine

Muschel zur Beute ausersehen, so kriecht sie an den Schalen derselben hinauf, bis sie die Stelle erreicht hat, unter welcher die Fleischteile des Tieres liegen. Mit der hakenscharfen Zunge bohrt sie ein Loch in die Schale, um die Fleischteile herauszuziehen. Wir heben eben eine kreisrund durchbohrte Auster= schale, Ostrea edulis, auf, die uns sagt, daß Buccinum undatum zu den Feinden dieser beliebten Delikatesse gehört, die früher alljährlich auf den in den Umgebungen der nordfriesischen Inseln liegenden 51 Austernbänken gefangen wurde und als beliebte „holsteinische Auster" in den Handel kam. Die Austernfischerei hat jetzt mit geringen Ausnahmen seit 1882 geruht; seitdem ist die königliche Regierung eifrig bemüht, die Austernbestände der Bänke zu verbessern; erhielt sie doch im Laufe der Jahre 1895 und 1896 bedeutende Sendungen aus Frankreich, wo im Busen von Arcachon die Flut= und Strom= verhältnisse den hiesigen ähnlich sind. Die schlimmsten Feinde der an den Stromrinnen, die wir vor uns sehen, liegenden Bänke sind der bewegliche Sand und die Verschlickung, dann aber auch neben der Wellhornschnecke die Miesmuschel, die Seehand, der Seeigel und die Seepocken oder Balanen. Von diesem Schmarotzer, der sich auf Holz, Steinen, Muscheln ꝛc. ansiedelt, tritt uns auf den Steinen zu unseren Füßen ein Exemplar entgegen, das allerdings nicht die sonst oft vorkommende Größe erreicht hat. Auch der Seeigel, dessen stachelbesetzte Schale dort zurückgelassen wurde und der ganz die Form einer im Feuerstein fossil vorkommenden Art besitzt, ist nicht so groß wie der auf den Austernbänken lebende, der nicht selten einen Durchmesser von 10 Centimeter aufweist. Schlimmer noch als dieser schadet der Seestern, den die letzte Flut in Menge an den Strand warf, dem wohlschmeckenden Muschel= tier. Es mundet ihm gut, wenn er nach wenig zarter Umschlingung durch scharfe Flüssigkeit eine Lähmung der Schließmuskeln herbeigeführt hat, das geöffnete Tier auszusaugen. Hier am Strande umklammerte der Stern mit seinen Fangarmen einen kalten Stein, um nun unsere Beute zu werden. Angenehmer möchte es ihm gewesen sein, jenen schwammartigen Körper, der neben dem Stein liegt, zu umarmen, der in auffallender Häufigkeit vorhanden ist. Leere Eihülsen des eben besprochenen Well= horns haben wir vor uns. Wie hübsch die Muscheln gefärbt sind, die hier zahlreich zurückblieben! Einige rot, andere gelb, noch andere blaugrün, dabei glatt und von schöner Form — es sind Tell= muscheln, während die große weiße Klaffmuschel (Mya), von kleinen unansehnlichen Uferschnecken um= geben, das Auge weniger erfreut. Seltener schon und uns willkommen sind dagegen die isländische Venusmuschel, die Venusmuschel und die Messerscheide (Solen), die wir im Sande des offenen Nord= seestrandes soeben glücklich erhaschen. Die letzte Flut muß eine tiefgehende Bewegung des Meeres herbeigeführt haben, denn hier ist ein Stück Wrackholz angeschwemmt, an welchem sehr schöne Exem= plare der Entenmuschel (Anatifera) haften, die zuerst wie die Balanen zu den Mollusken gerechnet wurden, aber sogen. Rankenfüßer sind und einst zu der Sage Anlaß gaben, die Bernikelenten seien aus ihnen entstanden. Sich an den Schiffsboden anheftend, hindern sie die Fortbewegung des Fahr= zeugs, während die Rankenfüße, aus der aus fünf bläulich weißen Stücken dreieckig zusammengesetzten Schale hervorschauend, im Wasser rudernd dem Tiere Nahrung zuführen. Nähere Untersuchung des Holzstückes ergiebt, daß es die Wohnung der Bohrmuschel (Pholas) war, die auch im Seetorf sich findet und selbst weiches Gestein durchbohrt. Es müßte interessant sein, dieses Tier arbeiten zu sehen, erscheinen doch schon die Schalen scharf wie eine Raspel, die den meist in Anspruch genommenen Fuß wirksam unterstützen können. In besonders schönen Exemplaren hat die Flut große und kleine Schalen der eßbaren Herzmuschel ausgeworfen. die uns aufs neue daran erinnern, daß das Meerwasser be= deutenden Kalkgehalt hergeben muß, damit die Muscheln und Schnecken, welche, obwohl nicht reich an Arten, aber unerschöpflich an Individuen, das Meer bevölkern, diese Schalen und Gehäuse absondern können. Durch Strom und Bach demselben von allen Richtungen zugeführt, bringt Menschenhand die kalkhaltigen Bestandteile der sich an den Stromscheiden des Wattenmeeres häufenden Muschelbänke in die Häfen des Festlandes, wo sie zur Kalkgewinnung oder direkt zur Verbesserung des Ackerbodens Verwendung finden. Den Kalköfen Schleswig=Holsteins wurden 1885 allein 36,000 Tonnen Schnecken= und Muschelreste von den Watten her zugeführt. Die Herzmuschel mit ihrer gerippten Schale pflegt dabei am häufigsten vorzukommen. Nach heftigen Stürmen sind nicht selten am Meeresstrande auch Dinten= fische gefunden worden, ja man hat sogar an der Ostseite von Sylt nur erst wenig entwickelten Nach= wuchs dieser sonst in der Nordsee seltenen Tiere, die wegen ihrer Rückenschulpe den Wirbeltieren nahe=

stehen, wenn sie auch noch zu den Mollusken gerechnet werden, aufgehoben. An diesen in der Hansen'schen Sammlung aufbewahrten kleinen Tierchen ist sehr deutlich erkennbar, daß die oben erwähnten versteinerten Belemniten ein ähnliches Tier einschließen. Heute erbeuten wir nur den Rückenschild des Dintenfisches, als Sepienknochen bekannt und aus kohlensaurem Kalk bestehend. Um unsere Bürde an aufgelesenen Seetieren voll zu machen, legte uns die Flutwelle auch noch eine Seemaus, die Aphrodite, welche im schlickigen Grund des 30 bis 36 Meter tiefen Wassers lebt, in den Weg. Das 15 Centimeter lange Tier ist nach beiden Enden hin zugespitzt. Der nackte, sohlenartige Bauch, der filzartig bedeckte Rücken, die behaarten goldgrün glänzenden Seiten, die in allen Regenbogenfarben schillern, machen die Goldraupe in ihrer ganzen Erscheinung der Maus nicht unähnlich; sie ist ein ebenso gefräßiges Raubtier im Meere wie diese auf dem Lande.

Da indessen mittlerweile die Flut im Steigen begriffen ist, eilen wir vor ihr her dem Ufer zu, um hier an dem Treibwall der früheren noch einzelne interessante Produkte des Meeres zu betrachten. Den Hauptbestandteil desselben bildet der bekannte Blasentang, dessen mit Luft gefüllte Blasen die schwere Pflanze im Wasser aufrecht erhalten; ihm verwandt ist der Knotentang, der neben dem gesägten Tang, dessen bandförmiges Laub stark gezähnt ist, ziemlich häufig vorkommt, während der Schotentang seltener ist. Manche andere Tange sind bindfadenartig, teilweise prächtig rot gefärbt. Wir heben sie auf, um sie später im frischen Wasser ausgebreitet auf ein Blatt Papier zu legen, daß sie daran festkleben. Eine Reihe hübscher Exemplare sind bei Dr. Ernst Hallier: „Die Vegetation auf Helgoland, Hamburg 1861", abgebildet. Eine besondere Freude bereitet uns eine zierliche Polypenart, die, moosähnlich und baumartig verzweigt, gleichfalls zur Mitnahme aufgehoben wird, gleich jener blattartigen Seerinde, die „mit schmaler Basis beginnend, am breiten Ende fingerartig in gerundete Lappen zerschlitzt" ist. Seltene Erscheinungen sind am Strande das Seepferdchen, der Seeteufel und die Seenadel (Syngnathus); auch die letztere läßt sich heute nicht blicken, so daß wir nicht versucht sind, sie, wie es wohl häufig geschieht, für die endlich gefundene Seeschlange zu halten. Manche Fischreste erinnern uns an den Fischreichtum des Meeres; besonders beachtenswert sind für diese Gegenden indessen jene merkwürdigen im Tang haftenden Gebilde, die wir, obwohl sie in der Form und Größe ähnlich sind, als die Eihülsen vom Stachelrochen und vom Katzenhai unterscheiden. Nur die Farbe — beim Rochenei dunkel — und die an den vier Ecken der Hülse haftenden Anhängsel sind verschieden. Der Rochenfang war einst für die Bewohner der Inseln der Hauptnahrungszweig. Seit 1600 bezahlte man einen Teil der Abgaben für die zum Rochenfang vom Amthause gelieferten Pfähle mit 30 Bund getrockneter Rochen. Damals und bis zum Anfang des 19. Jahrhunderts betrieb man an der Westseite der Inseln den Fang dieser ungestalten Fische auf folgende interessante Weise: Schiffartig zusammengenagelte, mit einem Mast versehene Bretter, von kleinen Segeln fortbewegt, ließ man bei Ostwind, durch ein Haupttau mit dem Ufer befestigt, etwa 200 Faden ins Meer hinaustreiben. Dieselben zogen Leinen mit Angelhaken hinter sich her. Ohne Mannschaft segelten so abends ganze Flotten dieser kleinen Schiffe hinaus, um am Morgen mit Hülfe des Haupttaus fangbeladen ans Land gezogen zu werden. Die Rochenschüssel stand damals auf den Westseeinseln wie in Irland den ganzen Tag auf dem Tisch. Seitdem hat nicht nur der Rochenfang, sondern der gewerbsmäßig betriebene Fischfang bei den Insulanern fast ganz aufgehört.

Aber täglich bringt, wie ehemals, die steigende Flut Produkte des Meeres an den Strand, die schon, wie wir es heute gesehen, auch ohne die nur mit bewaffnetem Auge deutlich zu beobachtenden Geschöpfe und ohne alle zurückgelassenen Dinge in Betracht zu ziehen, hinreichend Zeugnis von der „Üppigkeit und Fülle" des Lebens im Meere abgeben. Auch die scheinbar „öden und toten" Watten der schleswig'schen Westküste sind von diesem Leben erfüllt, das uns in noch hellerem Lichte erscheint, wenn wir in einer folgenden Wanderung das Leben an und auf dem Meere näher ins Auge fassen. —

VI.

Die letzten Tage haben die Erntearbeit auf dem Felde erheblich gefördert. Heute dem Strande zueilend, schreiten wir zwischen Garbenreihen und geschäftigen Schnittern dahin, und es ist uns fast unerklärbar, wie so schnell doch die vollen Ähren der Sense zum Opfer gefallen sind. So ist es heute, so war es früher. Hier heimst der Landmann den Ertrag des Bodens ein, dort sucht der Mensch auf dem Meere eine Beute und seinen Unterhalt.

Wir erreichen den Strand und sehen Dampfer und flinke Segler dasselbe Meer durchschneiden, das zur Ebbezeit trocken vor uns lag. Jenes Schiff dort legt sich vor Anker an einer Muschelbank, das Boot hier unfern der Brandung an der Sandbank trägt den Seehundsjäger, ein anderes streicht, „von Melodie gewieget", der fernen Halligküste zu. Aber flinker noch als diese Segler sind die gefiederten Bewohner der Lüfte, die unsre Watten fast zu allen Jahreszeiten bevölkern. Zur Zeit der Ebbe gehen sie dort ihrer Nahrung nach, um zur Flutzeit den Strand und seine nächste Umgebung malerisch zu beleben. Sei es, daß sie zur Sommerzeit im Ufersande, in den Dünen oder im Grün der Halligwiese ihre Brutstätte aufsuchen, oder daß sie erst nach beendetem Brutgeschäft besonders zahlreich daselbst vorkommen. Die Seeschwalben und Möwen, welche dort über der blauen Flut schweben, und die Wassertreter und Strandläufer vor uns sind die Hauptvertreter der hier nistenden Vögel, während die Enten meist erst zur Erntezeit eintreffen, um mit Eintritt des Frostes zu verschwinden. Die Flut ist noch im Steigen begriffen, denn eine nahe Sandbank taucht noch teilweise aus dem Wasser auf, belebt von einer Menge Silbermöwen (Larus argentatus), die mit ihrem schneeweißen Gefieder hin- und herschreiten. Sie suchen heute, wie wir gestern, auf, was das Meer zurückgelassen. Die zappelnden Fischlein werden wie die Krebse, die sich mit ihren Scheren vergeblich zu wehren suchen, ihre Beute, und, wenn's nichts anderes giebt, wird auch mit einem Wurm, einer Schnecke oder einer Muschel vorlieb genommen. Sieh, dort erhascht diese große Möwe ein Fischlein, und jene andere an ihrer Seite macht sich bequemer, indem sie das von der Nachbarin erbeutete Tier derselben entwendet, es im Fluge verzehrend, wenn sie das Weite sucht! Die Sandbank verschwindet jetzt allmählich und ein anderes Bild entrollt sich vor den Augen des Beschauers. Die Möwen erheben sich im Fluge und ziehen über das Meer dahin, immer noch nach Beute spähend. Während hie und da eine schnell und behende untertaucht, um ein Fischlein zu erhaschen, kommt eine andere größere und schwarzrückige Möwe in langsamem Fluge heran, sich auf der bewegten Wasserfläche niederlassend. So frei und leicht kann sich nicht jeder auf der blauen Flut schaukeln lassen! Jede neue Flut deckt den Vögeln auf den Watten den Tisch. Und doch sind dieselben manchmal zu bequem, von dem Aufgetragenen zu speisen, namentlich seitdem die Badegäste sich damit unterhalten, den gefräßigen Tieren Nahrung zu reichen. In den Dünen findet man die Brutplätze der Silbermöwe und der Mantelmöwe (Larus marinus). Wenn man zur Brütezeit die Dünen besucht, erheben sich die Möwen mit einem „Ha! ha!" als wollten sie sagen: „Unser Gelege findet ihr doch nicht!" Andere aber schreien, wenn wir es dennoch gefunden, in langgezogenen Tönen: „Auu, Auu!" — die Eier liegen in einer kleinen Vertiefung im Sande, die mit trocknem Seegras oder mit Halmen ausgepolstert wurde. Von schmutzig grau-grünlicher Grundfarbe, sind sie mit dunklen Flecken überstreut. Das Ausnehmen der Eier ist leider seit 1870 verboten, obwohl man bei weiser Schonung des dritten Geleges früher eine Eierlese halten konnte, die in den Lister Dünen allein jährlich fünfzig- bis sechzigtausend Stück nahrhafter Eier und keinen geringen Erlös ergab. Trotz des Verbots bemerkt man doch eine Abnahme der Vögel, weil das oft übertretene Gesetz sich nicht so gut bewährte wie der das dritte Gelege überwachende „Eierkönig", der seine Hütte am Königshafen aufgeschlagen hatte.

In den Wiesen und an den flachen Marschufern der Inseln und Halligen findet man dann die Nester von dem Austernfischer und dem rotfüßigen Wassertreter, die wir heute durch unser Erscheinen vor uns her aufscheuchen. Der Austernfischer schreit davonfliegend: „De Wiep! de Wiep!" Der Volksmund meint, daß er damit sage: „Der Kiebitz hat, nicht ich habe Eier!" Hin und wieder wendet er, wie wir sehen, eine Muschel um, die sich darunter aufhaltenden Meertiere zu fassen und zu verspeisen. Sein Geschrei hat die wachsamen Regenpfeifer von unsrer Nähe unterrichtet, die „Tüt! Tüt!" schreiend davoneilen. Der rotfüßige Wassertreter ruft auffliegend uns seinen friesischen Namen: „Kliire, Kliire!" zu. Zahlreicher als diese letztgenannten Vögel sind die Seeschwalben in den Wiesen und am Strande vertreten, eine wahre Zierde der umrauschten Ufergegenden. Gewandten Fluges, den Tauben und Schwalben ähnlich, zeigen sie uns ihre Flugkünste, schreiend, lärmend, behende ins Wasser tauchend, beutehaschend. Heute erscheinen sie friedlicher als zur Brütezeit; denn dann würden sie alle Hebel ansetzen, uns Störenfriede zu verscheuchen. Niederpickend treffen sie ihre Feinde mit scharfem Schnabelhieb: selbst einen Raubvogel verfolgen sie, zur Menge geschart, mit ohrbetäubendem Geschrei, bis er verschwindet. Die größte unter ihnen, welche wir dort auf einer Düne erblicken, die Sterna caspia, nistet nur am Kaspischen Meer und in den Lister Dünen; die übrigen, unter denen die kleinste am ärgsten schreit, auf den Wiesen und besonders gern auf den Halligen, die die Menschen als Wohnplatz verlassen mußten.

Mannigfaltig und sehr verschieden an Größe, Farbe und Gestalt sind die Entenarten, welche auf und an den Watten vorkommen. Das prächtigste Gefieder hat unter ihnen die Brand- oder Bergente (Anas tadorna), so daß sie als die schönste unsrer deutschen Enten bezeichnet werden kann. Auf weißem Grunde zeigt das Gefieder auf den Schultern zwei große, dunkle Flecke, die Schwingen und die Schwanzspitze sind schwarz, während sich über die Brust eine breite, roftrote Binde zieht. Kopf, Oberhals und der Spiegel auf den Flügeln glänzen metallisch grün. Wenn diese Tiere mit ihren Jungen, den tieferen Wasserrinnen des Watts zur Zeit der Ebbe nachgehend, dahinziehen, von watenden Möwen und Austernfischern umgeben, ist es gar lieblich, ihnen zuzuschauen. Die kleinen Entchen tauchen so geschickt, daß es den sie verfolgenden Möwen schwer wird, sie zu ergreifen, obwohl diese gefährliche Räuber sind. Auf Sylt, Föhr und Amrum, wo man diesen Enten Nester baut, um einen Ertrag an Dunen und Eiern zu erzielen, möchte man solchen raubgierigen Möwen gern den Garaus machen, da man die Brut des letzten Geleges der Ente bis dahin glücklich vor Feinden be-schützte. Auch die alten Brandenten wissen geschickt zu tauchen. Der einmal verfolgte Fisch muß auch zur Beute werden. Doch sehen wir sie auch Schnecken und See-produkte verspeisen, die die Flut zurückgelassen. Die beliebte Eider-ente ist während der Zeit ihres Brutgeschäfts auf Sylt fast zahm, zur übrigen Zeit des Jahres geht sie indessen ihrer Nahrung auf offenem Meere nach und ist eher furchtsam. Über den Erntefeldern erheben sich während unsres Strand-aufenthaltes die zu großen Scharen vereinigten Stare; im August ver-sammeln sich ähnlich so die Strand-läufer, die dort davoneilen, während die Regenpfeifer sich später mit den Kiebitzen vereinigen, um, mit ihnen nach dem Süden wandernd, fortzuziehen. Auf derselben Wande-rung nach dem schönen Süden be-griffen sind auch fast alle übrigen Enten, die von Mitte August an unsre Watten bevölkern, nachdem sie ihre ferne Brutstätte im nörd-lichen Asien verlassen haben. Aber

Eingang einer Pfeife (vom Teiche aus gesehen).

nicht so zahlreich, wie die Völker kamen, verlassen sie uns. Der Mensch stellt ihnen als Jäger oder als Kojenmann in den sogenannten Vogelkojen der Westseeinseln, deren es hier zehn giebt, nach. Die Einrichtung einer solchen Massenfanganstalt, um 1730 von Holland hierher verpflanzt, ist sinnreich und der Fang in derselben äußerst interessant. In einsamer Dünenwelt, wie auf Lift, Hörnum und Amrum, oder in der vom Treiben des Tags fernen Marsch hinter dem schützenden Seedeich belegen, sind es etwa 60 bis 80 Ar große, von angepflanzten Bäumen: Erlen, Ulmen, Weiden, Eschen, Pappeln, Fliederbüschen ꝛc. umstandene Süßwasserbehälter, die die wilden Enten gern aufsuchen, um in größter Ungestörtheit, wenn draußen die See brandet und braust, vereint mit den inzwischen gezähmten

Endmündung einer Pfeife im Gebüsch mit angehängter Reuse.

Verwandten, den Lockenten, im frischen Wasser baden und schnattern zu können. An den Ecken des meist in Quadratform angelegten Teiches führt je ein Kanal, allmählich seichter werdend, bogenförmig ins Gebüsch, wo er am kleinen Häuschen auf dem Trocknen endet. Der Kanal, Pfeife genannt, ist seiner ganzen Länge nach von einem auf die Kante überragenden Pfählen und wagrecht aufgelegten Latten ruhenden Netz überspannt, während an seiner einen Seite reichlich mannshohe Schilfwände koulissenartig aufgestellt sind, die den Mann, der den Fang leitet, dem aufmerksamen Auge und Ohr der den Teich bevölkernden Fremden entziehen, während er sie hier mit Hülfe seiner Lockenten in das Netz führt, welches auf dem Trocknen dem Kanalende angehängt ist. Wir hätten auf unsrer Wanderung gern die Einrichtung besehen, wir müssen

uns aber bescheiden, denn zur Fangzeit wird niemand zur Koje zugelassen, als diejenigen, welche täglich den Fang abholen. Hat sich der Teich mit wilden Enten bevölkert, so streut der Kojenmann aus sicherem Versteck Gerstenkörner in die Teichmündung der Pfeife. Die Lockenten kommen mit den wilden Gesellen im Gefolge herbei, treiben mit ihnen immer weiter in die Pfeife hinein, bis sich der Fänger hinter den Koulissen so zeigt, daß ihn die Enten hinter sich sehen. Sie eilen schnell weiter kanaleinwärts, während die meisten Lockenten, ihren Kornspender erblickend, umkehren. Bald sind die Fremden in den Netzsack gelangt, den der Kojenmann loslöst, worauf er Stück für Stück die Beute hervorlangt, jede Ente am Kopf faßt und ihr mit eigenartigem Griff gleichzeitig das Genick bricht. Wie hübsche Tiere das sind, diese Kriekenten (Anas crecca), die Pfeifenten (Anas Penelope), die Stockenten (Anas boschas), die Spießenten (Anas acuta)! Zusammen etwa 80 bis 100 Stück. Vereinzelt finden sich unter ihnen auch Löffelenten (Anas clypeata) und Sammetenten. Selbst der Reiher ging schon hier ins Netz! Frühere Jahre lieferten in einer Fanganstalt während der Fangzeit 25,000 bis 52,000 Tiere; jetzt wird ein Ertrag von 10,000 bis 15,000 für eine Koje schon als ein guter Fang angesehen. Die erbeuteten Vögel sind sehr schmackhaft und werden seit Einrichtung besserer Verkehrsmittel frisch oder präserviert in die weite Welt gesandt.

Wie dort auf dem Acker die Landleute, so ernten dann die an den kostspielig zu unterhaltenden Kojen beteiligten Insulaner von dem Meer, welches ihre Scholle umgiebt. Zu den Enten gesellen sich später Graugänse und Rottgänse, die sich mitunter in ausgestellten Netzen verstricken oder unvorsichtig genug sind, sich von dem Geschoß des Jägers erreichen zu lassen.

Mit ihnen und im Gefolge der Herbst= Tag= und Nachtgleiche kommen dann meistens Stürme und Fluten, welche uns an die Dünen und ihren flücht'gen Sand erinnern, die Welle und Wind gemeinsam geschaffen haben. Den Dünen gelte unsre nächste Wanderung.

VII.

Die Morgenstunde führt uns heute an den Meeresstrand. Ein weiter Weg liegt vor uns. Gilt es doch dem umfangreichen Dünengebirge am Westrande der Insel Sylt einen Besuch abzustatten, von dem A. Richter sagt:

„Dornen und Disteln wachsen auf Dünen wild,
Dörfer versinken im staubenden Sande von Sylt.“

Ob wir uns nach Norden oder Süden wenden, den ausgebreiteten Listerdünen, oder dem rätselhaften Hörnum zu, immer sind die Dünen ein beliebter Aufenthalt, und alle Besucher derselben sind ihres Lobes voll. Wie gern weilt der Chronist der Nordfriesen, C. P. Hansen, bei den Sagen und Geschichten der Halbinsel List, wie freut sich J. G. Kohl seiner Fahrt nach List, und wie schwer trennt er sich von diesem melancholischen, in seiner Art aber großartigen Erdfleck. Professor V. v. Ebner, der an einem sonnigen Tage diese Gegend besuchte, sagt: „Als ich den Gipfel der Düne erreicht hatte, war ich überrascht von der Großartigkeit dieser einsamen Welt. Von allem, was ich sonst gesehen, kann ich nur die mit Moränenblöcken überdeckten Hochplateaus am Rande der Gletscher unserer Zentralalpen als etwas nennen, was in mir ähnliche Empfindungen erregt hätte. Es ist die gewaltig wirkende Natur, die hier mit einfachen, großen, verständlichen Zügen zum Menschen spricht“. Ähnlich äußert sich Professor Dr. Buchenau aus Bremen: „Die anfangs schmale Landzunge“, sagt er, „verbreitert sich nach Norden hin und bildet hier, westlich von dem kleinen Dorfe List, eine Dünen= wildnis von etwa 10 Quadratkilometer Inhalt, von einer Großartigkeit der Formen und einer Wildheit des Charakters, wie sie sich ähnlich an den deutschen Küsten wohl nirgends wiederfindet.“ Von nahezu gleicher Ausdehnung erstrecken sich beide Halbinseln je etwa 18 Kilometer resp. nach Norden und nach

Dünenpartie von Sylt.

Süden. Der flüchtige und lose Sand freilich und die langen Gräser, Sandrohr (Psamma arenaria) und Sandhafer (Elymus arenarius), welche man seit Bestehen einer Dünenkultur im Laufe des letzten Jahrhunderts anpflanzte, machen dem Wanderer das Fortkommen beschwerlich; so haben die Dünen den Charakter weltferner Einsamkeit vor vielen andern Gegenden der Inseln bewahrt. Hier läßt es sich im Anschauen des ewig=unergründlichen, gewaltigen Meeres behaglich träumen. Heute ist Hörnum unser Ziel, dessen Südspitze H. Wrage so lebenswahr darstellte. Um aber die verheerenden Wirkungen des staubenden Dünensandes, der dem vorherrschenden Westwinde folgend, landeinwärts fortrückt und so die gefürchtete Dünenwanderung bewirkt, an Ort und Stelle zu beobachten, besuchen wir zunächst das kleine aus 6 Häusern bestehende Rantum am Ostfuße des Dünengebirges, das uns als Rest eines ehemals großen Dorfes die Geschichte der untergegangenen Hörnumer Dörfer Wardyn, Blidum, Stinum, Niebolum, Eidum, Alt=Rantum 2c., die alle versandeten, lebensvoll erzählen kann. Nahezu bis zum äußersten Ostrande der Halbinsel ist es geflüchtet, nachdem seine Ackerfelder und

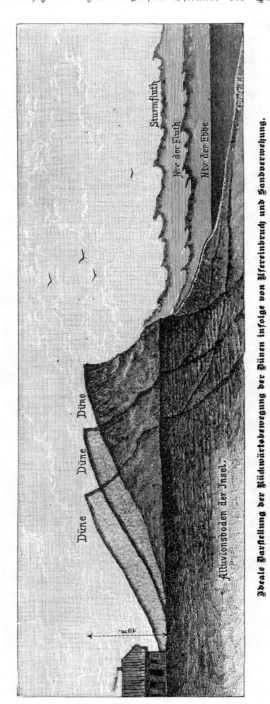

die meisten seiner Wiesen= und Weideländereien durch Sandflug verwüstet sind. Alt = Rantum, aus dem es hervorging, lag mehr als 2000 Schritt nordwestlich von dem jetzigen Dorf. Dasselbe war um die Mitte des achtzehnten Jahrhunderts wohlhabend, sodaß die Bewohner anderer Sylter Dörfer daselbst Geld liehen; 1709 hatte es 34, 1757 40, 1780 26 Häuser. Das letzte derselben mußte 1821 abgebrochen werden, weil es ganz von Dünen umgeben war. Um 1725 stand die vorletzte Kirche noch soweit von den Dünen, daß vom westlichen Kirchhofswall bis zur östlichen Grenze des Dünenhalms 100 Schritte über schönes Grasland, das damals Ballspielplatz der Rantumer Jugend war, zurückgelegt wurden. Der am 6. April 1757 geborene Strandvogt Taken ist der letzte Rantumer, welcher in dieser Kirche getauft wurde. Wegen Sandflug mußte man sie abbrechen; die Dünen waren also in 32 Jahren 75 Meter nach Osten gewandert. Südöstlich von der alten erbaute man die neue Kirche, ein kleines mit Schilf gedecktes Gebäude, das 80 Kirchenstände enthielt. In einer schrecklichen Sturmflut im Januar 1794 büßten die Rantumer Dünen 27 Meter ihrer Breite ein, sodaß nur noch 24 Schritt Dünenbreite vorhanden waren. Mittlerweile waren sie soweit vorgerückt, daß das Westende der Kirche im Dünensande steckte. Der Kirchhof dieser Kirche war so versandet, daß man seit 1799 Rantumer Leichen auf dem Westerländer Fried= hofe bestatten mußte; nun liegt derselbe in den Dünen. Als 1801 auch der Eingang zur Kirche versandete, mußte man zum sonntäglichen Gottesdienst durchs Fenster steigen. Bald war auch das nicht mehr möglich und am 18. Juli, dem 7. Sonntage nach Trinitatis, wurde zum letzten Mal in dieser Kirche gepredigt; im August wurde sie abgebrochen.

Was so allmählich an der Ostseite der Dünen versandete, kam und kommt im Laufe der Jahre am Weststrande, von Sturm und Flut aufgewühlt und ent= blößt, wieder zum Vorschein. Der frühere Schiffs= kapitän und nachmalige Kirchspielsvogt und Chronik= schreiber Henning Rinken oder Hinrich Reinert Hinrichs, ein Sohn des alten Rantum, hat mit seltener Treue die Geschichte seines Geburtsortes mitgeteilt. Er schreibt u. a.: „Mit dem Sturm des 26. Januar 1794 kam der Kirchhof der 1757 niedergelegten Kirche zum Vorschein. Ein schauderhafter Anblick! Die Hälfte von der Länge der Gräber war über das sogenannte Kliff hinabgestürzt. Die Wellen hatten die Asche der Toten aus den Gräbern gespült, und so konnte man unter die gewölbten Grabeshügel von Westen hineinsehen, wo die Vorväter dereinst zur Ruhe hinabgesenkt waren. Der alte Schwibbogen der Kirche, aus Feldsteinen und Kalk gemauert, kam außer der obersten Rundung unter den Dünen hervor. Ich ging diesen Winter zur Konfirmation nach Westerland und hatte jeden Tag diesen Anblick.“

Es würde zu weit führen, die einzelnen Fluten, welche hier verderbenbringend waren, auch nur zu nennen; andererseits liegt der Untergang mancher Ortschaft der Halbinsel in einer Zeit, aus der sichere Nachrichten fehlen. Im allgemeinen aber nimmt man an, daß im 13. und 14. Jahrhundert viel verloren ging; immerhin aber war die südwestliche Halbinsel Sylts bis 1436 einer der fruchtbarsten Inselteile und sehr bevölkert, sodaß Hörnum noch nach der Flut von 1362 einige durch pestartige Krankheiten entvölkerte Gegenden Sylts bevölkern konnte. Als indessen nach der Flut von 1436 die abwesenden Seefahrer heimkehrten, fanden sie alles verwüstet, Freunde, Verwandte, Weiber und Kinder ertrunken. Der ebenfalls zurückgekehrte Chronist Hans Kielholt schreibt: „My wundert wegen des Sandes, dat anhier am Afer des Waters so sik hüpig sehen let, grote Humpels also Hou-Hopen.“ Wahrscheinlich sind also die Dünen damals erst als eine ununterbrochene Kette auf Hörnum aufgetreten. Wenden wir uns jetzt denselben zu. Von einer der Rantum nahe gelegenen hohen Dünen überblicken wir die etwa 12 Kilometer nach Süden sich erstreckende Halbinsel, die eine Breite von einem bis zwei Kilometer hat. Zunächst erscheinen die Dünen in einzelnen Zügen von geringer Breite, sodaß man bequem die Ost- und Westseite der Halbinsel überschaut. Wo sie im Süden breiter wird, erscheint sie uns mehr belebt. In doppelter und dreifacher Reihe treten die Dünen als sogenannte Längendünen auf. Abseits erfreut liebliches Grün das Auge, hier ein schmaler Streifen vom Flugsand noch unerreichten Marschlands, dort ein stilles Dünenthal, während auf den Dünenhügeln selbst nur Sandhafer und Dünenhalm die blendende Weiße des Sandes unterbrechen. Wie malerisch nimmt sich dort vor uns in dem sogenannten Burgthal die 1880 angelegte Vogelkoje aus! In ihrer Nähe lag einst die „Ratsburg“, in der die Friesen sich versammelten, Rat zu halten, wenn fremde Macht ihr Recht zu schmälern drohte. Die Stätte ist jetzt bestimmt, dem Meere, welchem die Burg zum Raube fiel, einen Teil seiner Beute abzugewinnen. Zahllose Möwen, welche in den Dünen ihre Nistplätze haben, umflattern uns, sie beleben mit den dort in den Thälern weidenden Schafen und den von uns aufgescheuchten Hasen die Scenerie. Wenn ihr ohrbetäubendes Geschrei hier fehlt, umgiebt den Wanderer eine Stille ohnegleichen, die nur zur Flutzeit von dem Rauschen der Wogen am nahen Strande unterbrochen wird. Die steigende Tageshitze wirkt in diesen von der Sonne erwärmten und windgeschützten Dünenthälern sehr ermüdend. Darum sind uns die kleinen Süßwassertümpel, wie wir sie beispielsweise im Klattigthale und im Kressenjakobsthale finden, zur Stillung unseres Durstes sehr willkommen. Während uns sonst stellenweise die Wildnis umgab, sind wir hier von grünen Hügeln umschlossen. Die graue, düstere Heide der Lister Dünen fehlt hier, nur kurze Pflanzen, die mit spärlichem Boden vorlieb nehmen, kommen fort. Im bunten Durcheinander stehen Hahnenfuß, Tausendgüldenkraut, Meerstrandswegerich, Gänsefingerkraut, Sonnentau, dagegen fehlt die unweit Rantum vorkommende Dünendistel. Außerdem kommen Zwergformen der Kriechweide und einige Gräser und Simsen und Binsen vor. Auf solchem Teppich lagert es sich gar schön, wenn von längerer Wanderung über Düne und Thal die Ermüdung eingetreten ist. So finden wir in sommerlichen Tagen nicht selten fröhliche Gesellschaft, wo sonst nur Seevögel hausen, und Reiher und Adler Beute suchen. Um einen wohlgefüllten Korb sitzen oder liegen auf grünem Rasen Damen und Herren in bunter Ordnung, während der Veranstalter dieses Picknicks vor den Augen der Teilnehmer Braten, Schinken, Brot, Butter und Weinflaschen dem Korbe entnimmt. Alle haben vorzüglichen Appetit im Dünensand erklettert, denn es beginnt jetzt eine Geschäftigkeit, die dem Wirt sichtliche Freude macht. Bald kreist auch der Becher im kleinen Kreise herum, und ein fröhliches Lied hallt wieder in der stillen Dünenwelt von Hörnum, wo einst die Söhne des Kressenjakobsthales Leben und Schrecken verbreiteten. Vielleicht erklang damals auf dem Schauplatz dieses Picknicks das Lied der Seeräuber:

„Fri is de Fischfang,
Fri is de Jagd,
Fri is de Strandgang,
Fri is de Nacht;
Unser is de See
Un de schöne Hörnumer Ree’!“

2*

Nach seiner Entvölkerung wurde Hörnum, namentlich im 17. Jahrhundert, mehr noch als früher den strandenden Schiffen verhängnisvoll. Die Menschenhülfe war den Schiffbrüchigen oft so fern, daß sie wohl den Strand, nicht aber belebte Dörfer lebend erreichten. Edeldenkende Menschenfreunde erbauten hier bereits 1765 ein Haus, welches Schiffbrüchigen Unterkommen gewähren sollte; doch erfüllte es seinen Zweck nur teilweise, da es auch Herberge der Eiersucher und Strandiebe und von diesen sogar abgebrochen wurde. Eine spätere Einrichtung fand ein ähnliches Ende. So sind im Laufe von 300 Jahren mehr als 300 Schiffbrüchige von strandenden Schiffen bei Hörnum umgekommen. Die lieblichen Dünenthäler waren dann von traurigen Scenen erfüllt. Wo man einen Erschlagenen oder einen von den Wellen ans menschenleere Land gewälzten Ettrunkenen fand, verscharrte man die Leiche im losen Sand, der nachher flüchtig wurde, sodaß die Totengebeine der Sonne Strahl bleichte. Was Wunder, wenn da die Sage Hörnum vor allen andern Gegenden der nordfriesischen Inselwelt mit Wiedergängern — friesisch: „Gonger" — und sonstigen gespensterhaften Wesen bevölkerte! Hier wandert nächtens der Dikjendälmann, Rache fordernd für eine straflos gebliebene Mordthat, und neben ihm der pflichtvergessene Strandvogt, der seinen Posten verlassen, als in der grausigen Sturmnacht Schiffe scheiterten; hier spukt das rätselhafte Dünenweib, die Stavenhüterin, die klagend an den Stätten weilt, wo Dörfer „im staubenden Sande" versanken, und Wache hält, „damit der Ort nicht durch Lug und Trug, durch Unrecht und Unterdrückung entweiht werde;" hier irren Meerweiber, und Thal- und Flutkälber zeigen sich. Ungestört sind hier noch die Zwerge, und vorspukende Flämmchen und Irrlichter zeigen an, wo ein Schiff stranden, eine Leiche landen wird. Um eine neue Dünenwanderung zu vermeiden, wenden wir uns dem Strande zu, der, nach Westen gekehrt, von den Wogen der freien Nordsee benetzt wird. Auf dem Hochstrande liegen flache Steine, welche die Flutwelle hinauftrug. Ehe wir Rantum erreichen, sind wir mit allerlei von dem Meere ausgeworfenen Produkten, die wir auf unsern früheren Wanderungen bereits näher betrachtet, beladen. Dieselben sollen in unserer naturhistorischen Sammlung einen Platz finden. Uns den Rantumer Dünen aufs neue zuwendend, treffen wir eine ebenfalls von der Dünenwanderung heimkehrende müde Gesellschaft, die eben als Andenken an die Dünen die Meerstranddistel oder Meerstrands-Männertreu (Eryngium maritimum) zu pflücken im Begriff ist. Diese charakteristische Dünenpflanze von zart weißlichgrauer Farbe, amethystfarben angehaucht, mit ihren stahlblauen Blüten soll sie in die Heimat begleiten.

Einst war Hörnum der Lieblingsaufenthalt des Meergottes Ekke oder Ägir, der nun, von Kaiserlicher Hand aufgeweckt, durch die Lande eilt. Während er freundlich über dieser Stätte waltete, blühten Felder und Dörfer, ihm und seiner Gemahlin Ran zu Ehren Eidum und Rantum benannt. Als er dann, auf Freiersfüßen gehend, Unglück hatte, zürnte er gewaltig. Sturm und Wellen mußten Hörnum zur Wüste machen. Sie machten es aber auch uns und zahlreichen Fremden zu einem Lieblingsausflugsort. Noch lange nach der genußreichen Wanderung, die uns spät abends und müde heimführte, weilen wir in Gedanken gern auf dem sagenreichen, rätselhaften und dünenerfüllten Hörnum.

VIII.

Während wir in einer früheren Wanderung nach einer Sturmflut den Dingen nachgingen, die von dem vielgestaltigen Leben der scheinbar öden und toten Watten beredtes Zeugnis ablegen, wollen wir heute unsere Aufmerksamkeit den Trümmern einst belebter Wohnstätten am Strande oder auf den Watten der Umgebung zuwenden, die namentlich nach der Sturmflut gut zu beobachten sind, und dabei auch noch anderer interessanter Dinge der Wattenwüsten gedenken, soweit wir dieselben nicht an anderer Stelle bereits berührt haben. Dem aufmerksamen Wanderer fallen nicht selten, wenn er nach den Herbst- und Winterstürmen den Strand beschreitet, die sonderbarsten Dinge in die Hand. Nach den Fluten vom 5. bis 7. Dezember 1895 trat in der Gegend des Damenbades bei Westerland ein Steinwall zutage, der sich deutlich als die Grundsteine eines Hauses auswies, da man innerhalb der Steinsetzung die Reste einer Feuerstätte fand. Ebenso waren von Südwest nach Nordost verlaufende Wagenspuren erkennbar. Henning Rinken sah hier fast nach jedem starken Sturme mehrere Stavenplätze von Wohnhäusern entblößt. „Man sieht," schreibt er, „die Grundsteine der Mauern, des Schornsteins und den ganzen Feuerherd mit Steinen belegt. Die Steine des ehemaligen Walles um den Kohlgarten liegen in einer Reihe. Neben den aus Rasenstücken aufgesetzten Brunnen stehen noch ein bis zwei Fuß hohe Reste von Brunnenpfählen. Ich sah 1806 allda nach einer hohen Wasserflut 13 alte Stavenplätze, teils im halben, teils im ganzen Umfange deutlich. Auf einem Feuerherd lag ein großes Messer, welches die Schmiede brauchen, die Pferdehufen abzuhauen. Ich bemerkte ebenfalls einen ehemaligen Siel (Wasserlauf) in der Richtung Südost und Nordwest. In dem durch das Hinüberwandern der Dünen hartgedrückten Marschklei waren die Fußstapfen von Pferd, Kuh, Kalb und Schaf, sowie der Eindruck vom rechten Fuß eines Menschen erkennbar."

Die Februarflut 1825 legte hier Ackerfurchen frei, die von Südsüdwest nach Nordost gerichtet waren. Die Rudera der Ortschaft Alt-Wenningstedt bemerkte man um 1650 600 Ruten vom damaligen Strande entfernt. Überhaupt sind an der Westküste von Sylt sowohl als an seiner Süd- und Ostküste so häufig Trümmer gesehen, daß der Name des Dorfes Eidum an sechs verschiedenen Stellen auf alten Karten vorkommt, sodaß Generalmajor Dr. Geerz, für dessen historische Karte, die bei seinem Ableben nicht vollendet war, ich Mitteilungen machte, zu der Bemerkung veranlaßt wurde: „Von Eidum mag ich garnicht reden!"

Am Buder auf Hörnum wurden im Laufe dieses Jahrhunderts öfter, einmal sogar mehr als hundert Fundamente von den Hütten der alten Hörnumer gezählt, am westlichen Fuße des Sandberges kamen sie zum Vorschein.

„Auf diesen Stavenplätzen der Altsylter Fischer und Seeräuber habe ich," schreibt C. P. Hansen, „viele Feuerherde mit Töpfen, viele Fischer- und andere Geräte, z. B. Angeln, Nägel, Schnallen, Messer, und Bruchstücke dicker filzartiger wollener Kleidung, sowie nicht wenige, sowohl silberne als kupferne Münzen gefunden, mehrenteils von hohem Alter, aber auch einzelne neuere, deren Jahreszahlen bis 1677 und gar 1695 reichten."

Außer Überresten von Begräbnisplätzen sah er im südlichen Haff bei Sylt um 1840, 600 Schritte vom Ufer entfernt, Brunnenreste des Dorfes Steidum, das 1362 unterging.

Dr. Meyn fand vor Hörnum aus Westen stammende Schollen zerstörten Marschlandes, während in der erwähnten Dezemberflut 1895 neben Rantum ein aus großen Felsblöcken gebildeter Keller, der Rest eines Hünengrabes, zum Vorschein kam.

C. P. Hansen pflegte, nach jeder größeren Sturmflut, besonders im Frühjahre nach den Zerstörungen durch Herbst- und Winterfluten, die Ufer und Kliffe der Insel zu beschreiten. Bei einer solchen Gelegenheit fand er auf dem Morsumkliff die in $^2/_3$ natürl. Größe abgebildete bronzene Figur, die im Kieler Museum einen Platz gefunden hat.

Nicht nur an der Westseite der Insel Föhr wurden vor 50 Jahren Spuren eines Kirchhofes und von Gebäuden gesehen, auch das alte Goting an der Südseite ist wiederholt beobachtet worden. So war um 1840 ein Borgsumer aufs Watt hinausgefahren, einige Steine zu holen. Als er südlich von Goting etwa 2000 Schritt ins Haff hinein zurückgelegt hatte, fand er einen Leichenstein so groß wie eine gewöhnliche Tischplatte. Die Inschrift konnte er nicht mehr entziffern, aber er las viele Ziegelsteine ungewöhnlicher Größe auf und bemerkte deutlich, daß hier früher mehrere Häuser gestanden. Um 1830 wurde auf Amrum eine alte Kirchstätte, man meint diejenige von Oddumskapell, gesehen. Lag der erwähnte bei Föhr beobachtete Leichenstein einst auf dem Kirchhof von St. Annen? Das weiß heute niemand. Anders ist es, wenn es sich um die Trümmer von Ortschaften handelt, die im Laufe des 17. Jahrhunderts und später ihren Untergang gefunden haben. So waren im Bereich der Hallig Nordmarsch noch um 1840 die einstigen menschlichen Wohnstätten auf dem Watt erkennbar, die 100 Jahre früher Pastor Lorenzen als bewohnt schildern konnte. Doch wurde auch ihm schon auf einer Wanderung am Strande der Hallig ein ähnlicher Anblick zu teil wie später dem Sylter H. Rinken. Die Fluten hatten den alten Kirchhof der Hallig erreicht, und sie warfen die Totengebeine durcheinander. Am Rande der höheren Wattpartien von Alt-Nordstrand sind die Grundsteine untergegangener Kirchen und Grabsteine verhältnismäßig oft gesehen worden. Südlich von der Hamburger Hallig beobachtete man beispielsweise das alte Königsbüll, aus dessen Kirche nach der Flut von 1634 ein schönes Epitaph „mit Consenz der hohen Obrigkeit" in die St. Johanniskirche auf Föhr gelangte. Westerwohld und Osterwohld sind ebenso häufig gesehen worden. Einst meinte man nach furchtbarem Sturme zwischen Pellworm und Nordstrand in einem tiefen Graben die Glocke von Rungholt, dem aus Jensens „Versunkene Welten" bekannten reichen Flecken Nordstrands, entdeckt zu haben. Aber es gelang denen, die sie suchten, nicht, sie zu heben, und nach wie vor klingt sie der Sage gemäß dem ahnungslosen Wanderer zu gelegener Zeit aus der Tiefe.

Fast jeder Sturm führt strandende Schiffe in den Bereich der Nordseeküsten. Schauplatz der Schiffbrüche an unsern Küsten sind zumeist die Sandbänke vor Amrum und der Strand von Sylt. Eine einzige Oktoberflut 1881 setzte beispielsweise gleichzeitig fünf Schiffe auf den Sylter Strand. Einige waren menschenleer, bei andern gelang es den Stationen der „Deutschen Gesellschaft zur Rettung Schiffbrüchiger", die Mannschaft zu retten. In einem Falle waren leider die Rettungsversuche erfolglos,

Rettungsgesellschaft Schiffbrüchiger.

Meer und Wind waren stärker als die Macht der Menschen und menschlicher Einrichtungen. Die Wellen werfen später als Beute auch manche Seemannsleiche an den Strand, die auf den Inselkirchhöfen oder auf der „Heimatstätte für Heimatlose" zu Westerland, die Carmen Sylva mit einem Denkstein schmückte, ein stilles Grab finden. Was sonst das Meer nach der Sturmflut zurückgiebt, sind außer „Kiel und Masten" Produkte aller Herren Länder. Vom Holze der skandinavischen Halbinsel bis zu den Früchten Afrikas, von den Reissäcken der Chinesen bis zu den Baumwollenballen des Mississippi und den Seidenstoffen und dem Tuch der Inder und Franzosen findet sich manches sonst nicht auf den Inseln gesehene Stück. War 1858 der Strand mit Südfrüchten bedeckt, so 1894 mit Körben voll der schönsten Birnen. Wertvolle Strandgüter faßten bereits die Vorfahren mit den Worten: „Gott segne unsern Strand!" ins Kirchengebet. Oftmals jedoch waren sie im Sand versunken, ehe man sie bergen konnte, um bei tiefen Ebben — meist nach voraufgegangenen Stürmen — dem Wanderer zu Gesicht zu kommen. Infolge niedrigen Wasserstandes sah man am 10. Januar 1897 am Herrenstrande von Sylt ein sonst im Sand versunkenes Wrack vollständig bloßgelegt. Bei Amrum wurden mehrere im Sand sitzende Wracks gesehen, von deren Strandung man auf der Insel nichts mehr wußte. Unter den in den Sturmtagen des September 1751 an den Sandbänken und Ufern der Insel Amrum und Sylt gestrandeten 21 Schiffen war ein besonders großes mit Holz, Eisen und Mühlsteinen beladenes holländisches Schiff, das nach Batavia bestimmt war, aber an der äußersten

Nordwestecke der Insel Sylt auf den Strand geworfen wurde. Zu Zeiten ragen hier die kolossalen Rippen des Schiffes noch jetzt nach reichlich 140 Jahren aus dem Sande — die Ecke der Insel aber heißt heute noch „Ostindienfahrershuk." — Anders erging es 1772 als bei Hörnum ein großes englisches nach Hamburg bestimmtes mit Manufakturwaren beladenes Fahrzeug auf eine Sandbank geriet, um dort zu versinken. Die Takelage hatte man später noch hervorragen sehen, als waghalsige Strand= bewohner versuchten, etwas von der kostbaren Ladung herauszufischen. Einzelne machten einen guten Fang. Andere wollten es ihnen nachthun. Der Chronist aber sagt: „Haben All nichts gefischet!" Das Schiff war eben allzuschnell im Sand versunken.

Wer aber am Strande der Inseln oder auf den Watten und Sandbänken solchen Schiffs= trümmern nachgeht oder sonst Wattenwanderungen unternimmt, hat dabei Gelegenheit, an verschiedenen Stellen klares Wasser aus dem Meeresboden hervorsprudeln zu sehen. Mitten im salzhaltigen Schlick kann er hier frisches Wasser schöpfen. Schon vor etwa 160 Jahren gab es unter einer Anhöhe am Ufer hart am Rande der täglichen Flut bei Morsum auf Sylt ein paar schöne Quellen, welche aus dem Sande am Ufer hervorsprudelten. Die stärkste derselben quoll in dem anhaltenden, sehr harten Winter 1740 so reichlich, daß sie in dem dicken Eise einen über eine halbe Meile langen Kanal offen hielt, obwohl man sonst im Laufe von 12 Wochen über das Eis nach Wiedingharde fahren konnte, selbst mit schwerbeladenem Gefährt. Bei Sturmfluten steht das Seewasser oft stundenlang über der Quelle, sobald die Flut abläuft, ist aber hier das Wasser ebenso frisch wie vorhin.*) Auch fand man damals einen Kanonenschuß weit vom Lande bei Ebbzeiten auf dem Seeboden frische Quellen. C. P. Hansen sagt sogar, daß man selbst auf Sandbänken, die weit vom Lande liegen, Quellen frischen Wassers in Menge bei Sylt finde. Wir erinnerten**) bereits daran, daß die Tuulgräber so plötzlich von Quellwasser, das in ihre Grube hineinströmte, überrascht wurden, daß sie sich oft nicht retten konnten. Bei meinen Wanderungen auf den Watten habe ich nicht selten Quellen frischen Wassers auch in der Nähe der andern Inseln gesehen. Für die Umgebung der Halligen ist folgende Aufzeichnung von 1749 wichtig***): „Noch etwas wunderswürdiges ist auf dem Schlick von Langeneß im Nordosten von Nordmarsch zu sehen; denn es quillt daselbst ein Brunn mit frischem Wasser mitten im salzen Meere hervor. Dieser Brunn ist mit Brettern dicht gemacht und vor Zeiten mit einer Pumpe, jetzt aber nur mit einem Schwengel versehen. Die Flut läuft alle sechs Stunden um denselben herum, und in der Ebbe wird das Vieh, zur Zeit der Not, häufig daraus getränket. Ob wir nun wohl auf Nord= marsch kein eigentümliches Recht an solchem Brunnen haben, so wird unser Vieh doch aus Mitleiden zugelassen und ist schon unterschiedliche Mal durch diesen Brunnen vom Durststerben errettet worden. Denn weil wir auf unserer Insel kein ander frisch Wasser haben als was auf den Warffen vom Regen aufgefangen wird, so trägt es sich zuweilen bei trockenem Sommer zu, daß Nichts mehr vor= handen, und das Vieh auf dem Felde vor Durst jämmerlich blöket und schreit. Da müssen die Ein= wohner mit Böten von Föhr oder Ockholm Wasser zuführen lassen, welches aber wegen der Fracht teuer zu stehen kommt, oder zweimal des Tages ihre Kühe nach obiger Quelle treiben, da sie denn wegen des vielen Hin= und Herjagens ihre Milch meistens verlieren, aber doch durch solches Wunder der Vorsehung ihr Leben erhalten. Es ist aber erbärmlich anzusehen, wenn das Vieh in der Ebbezeit, welche oft erst Nachts eintritt, nun einen so weiten Weg her an die Quelle gekommen, wie es vor Durst umherläuft und fast den Brunnen stürmen will, weil es oft eine Weile warten muß, bis andere, welche vorher angelangt, ihr Vieh getränkt haben. Wenn es nun geschieht, daß dieser Brunnen etwa erschöpft worden, so muß man etwas stille halten, und dann kommt etwa innerhalb Stundesfrist wieder Wasser genug hervor; denn die Quelle springt von der Seeseite her, fast armesdicke heraus, welches nicht nur etwas Besonderes, sondern fast wie ein Wunderwerk der Natur zu achten. Der Erfinder dieser Quelle war ein armer Mann, dem man für seine Entdeckung nur vier Thaler gab. Doch war die Freude über das Auffinden der Quelle so groß, daß sie in einem Gedicht des damaligen Pastors

---

*) Camerers Nachrichten, Band II., Seite 663.
**) Siehe Wanderung II.
***) J. F. Camerer, Vermischte Nachrichten, Band II, Seite 34.

ihren Ausdruck fand." Später ging die Quelle aus unbekannten Gründen verloren, die Sage behauptet durch Zank und Streit Derer, die sie benutzten. Weniger ergiebige Quellen fand man damals auch am westlichen Ufer von Nordmarsch, wo man tiefe Gruben machte, in denen sich Trinkwasser für das Vieh sammelte.

Das Vorhandensein dieser Süßwasserquellen gestattet nicht nur einen interessanten Einblick in die Natur der Watten und ihrer Unterlage, die Dr. L. Meyn mit Recht als ein mannigfaltig gegliedertes Geestland erkannte, sondern es hat auch zur Anlage von artesischen Brunnen auf den Halligen und Inseln, die keine Geestländereien mit guten Brunnen haben, geführt. Die Königliche Regierung hat auf den Halligen Nordstrandischmoor und Hamburger Hallig mit Erfolg solche Brunnen angelegt. Nach Durchbohrung der oberen Thon- und Moorschichten gelangte man zu fein- und grob- körnigem Sand und gewann aus einer Tiefe von 30 bis 40 m unter dem Meeresspiegel ein eisen- haltiges Wasser. Im Januar 1898 wurden ähnliche Versuche zur Erbohrung frischen Wassers auf der Hallig Oland gemacht.

Sobald der Winter mit stärkerem Frost eintritt, pflegen die Stürme und Sturmfluten seltener zu werden. Dann verhallt das Geschnatter der Rottgänse auf den Watten; die Enten eilen dem Süden zu, während nach Süden vorüberziehende Schwäne den Meeranwohnern den anhaltenden Winter verkündigen. Die Nebelkrähe und ihre Verwandten sind dann neben Meister Spatz die Haupt- repräsentanten der Vogelwelt des Wattenmeeres. Den Schauplatz unserer geschilderten Wanderungen decken dann Schnee und Eis. Wo Wanderer den Strand betreten oder die Watten, da sind es meist die Eisbootschiffer und die Botenposten zwischen Festland und Inselwelt. Erst wenn aufs neue der Frühling über das Meer zieht, lockt es zu neuer Wanderung hinaus an den Meeresstrand. Im Anschauen des Meeres gehen uns dann nach langer Winternacht die Worte des Dichters wieder durch den Sinn:

"Unaufhaltsam kommt's herangezogen,
Majestätisch rollt es seine Wogen
Schaumgekrönt, das königliche Meer.
Hinter seiner Hülle wohnt das Grauen,
Doch gewaltig schön ist es zu schauen.
Sein Gesang wie Donner, groß und hehr!"

Wattenfahrten etc.

Fahrt in die Halligwelt.

I.

Wenn der Mai ins Land zieht, treibt's mich hinaus aufs Meer, wo es rauscht und braust. Am letzten Pfingstfeste winkte ein lieblicher Morgen hinaus ins Freie. Der Sonne entgegenwandernd, erreichte ich den Flecken Wyk, von dessen Turm mir die erhebend festlich stimmende Weise des „Nun danket alle Gott!" entgegenklang. Im und am Hafen hatte sich bereits trotz der Frühe ein vielgestaltiges Leben entfaltet. Die auf- und abwandernden Menschen begrüßten einander mit dem fröhlichen Festgruß.

Von den segelfertigen Dampfschiffen „Viktoria" und „Wyk=Föhr" stieg eine Rauch= wolke auf, indeß die Dampfpfeife die Aus= flügler an Bord rief. „Glückliche Fahrt!" ging es her= und hinüber; während „Wyk= Föhr" schon über die sanftgewiegte Fläche dahinglitt, setzte sich auch die „Viktoria" in Bewegung. Hüteschwenken und Grüßen vom Lande her wurden vom Schiffe aus erwidert. „Wyk = Föhr", nach Husum bestimmt, schlug die Richtung nach Oland ein, „Viktoria" da= gegen hatte als Ziel der Reise die Hallig Hooge und die Insel Pellworm gewählt. Sie steuerte an der Ostküste der Insel Föhr entlang, um später in südwestlicher Richtung der Süd= ostecke Amrums vorbeizueilen. Blau und freundlich war das Meer, rechts vom Schiffe

Hafen von Wyk auf Föhr.

die Dörfer Föhrs wie die Figuren eines Schachbrettes aufgereiht, links Langeneß=Nordmarsch mit ihren Werftenhäusern. Rechts wieder zwischen Föhr und Amrum und aus der Ferne herüberschimmernd, die Dünen vom „geheimnisvollen Hörnum," der südlichen Halbinsel Sylts, dann die Düneninsel Amrum mit ihrem Kirchlein und den winzigen Dörfern und darüber hervorragend der Meerriese „Leuchtturm"; links immer noch die reichlich eine Meile lange Doppelhallig, weiter südlich Hooge und dahinter Pellworm mit dem stumpfen Turm der St. Salvatorkirche. Mittlerweile hat unser Schiff die Richtung nach Hooge eingeschlagen — die „Seesandbake", auf die es anfangs lossteuerte, ist rechts liegen geblieben.

In kurzer Zeit liegt es vor Anker. Eine Anzahl der Pfingstausflügler, darunter ich, besteigt das Boot, um ans Land gesetzt zu werden, das Halligleben aus eigener Anschauung kennen zu lernen oder aber Verwandte, Freunde und Bekannte zu besuchen, deren die Föhringer seit den für die Halligen so verderblichen Sturmfluten hier viele besitzen. Mich beschlich ein eigenes Gefühl des Mitleids für die Bewohner dieser dem sichtbaren Untergange geweihten Erdscholle, als ich die abbrüchigen Ränder der Hallig vor mir sah. Als ob die Welle meine Gedanken erraten, spritzte sie den Schaum hoch auf, als das Boot anlegte. Blank und klar war sie gekommen, trübe und grau kehrte sie zurück.

Wieder und wieder neue Wellen! Dasselbe Schauspiel! So hat das Meer Jahrhunderte lang gegen die Küste der Hallig angeschlagen, so hat es, langsam freilich, aber sicher, Land und Sand hinabgeführt in seinen Schoß; man sagte mir später, daß jährlich am ganzen Halligufer, vielleicht das östliche ausgenommen, 8—10 Fuß Fläche verloren gingen. Nach der letzten Vermessung war Hooge, die jetzt größte Hallig, 700 Hektar groß, von denen gegenwärtig reichlich 600 Hektar übrig sein dürften. Im Jahre 1768 waren dort noch 15 Werften vorhanden (Werfte ist eine aufgeworfene Erdanhöhe, auf der die Häuser zum Schutze gegen Überschwemmung erbaut worden sind),

Abbrüchiges Halligufer.

jetzt sind außer der Kirchwerfte nur noch 8 bewohnt, 1768 gab es 164 Wohngebäude, jetzt 48; 1793 von 480, 1842 von 252, jetzt von 178 Menschen bewohnt. In den letzten 15 Jahren ist die Schülerzahl von 50 auf 20 heruntergegangen.

Es ist jammerschade um diese untergehende Halligwelt, überall wiederholen sich dieselben Erscheinungen. Wer aber als Fremder auf die Hallig kommt, mache nur ja nicht einen Schluß vom zerbröckelnden Grund und Boden auf das Glück und die Zufriedenheit der Bewohner: „Das Mitleid kommt einem," wie G. Weigelt so richtig sagt, „abhanden, man weiß selbst nicht wie. Unangemeldet ist der Fremde willkommen, denn gastfrei sind diese Halligleute. Auch mir bot man, wohin ich kam, ein herzliches Willkommen."

An den Abhängen der Werften, die ich besuchte, fand ich den zur Feuerung zubereiteten aufgestapelten Stalldünger; die Bewohner befolgen also noch dieselbe Weise, ihre Feuerung herzustellen, wie Plinius sie einst beobachtete, „den an der Sonne getrockneten Mist verwenden sie zur Feuerung." Die übrige Feuerung, sofern sie ihnen nicht als Wrackholz vom Meere her ans Land geworfen wird, müssen sie mit großen Mühen und Kosten vom Festlande, zumeist von Husum, beziehen. Pflug und Egge sind hier unbekannte Dinge — die grünenden Saatfelder fehlen, nur Viehzucht und Heugewinnung erlaubt die frischbegrünte Halligfläche. Das Meer hat sie freilich schon zerschnitten, und über die Gräben, „Sluater", wie die Halliger sagen, führen „Stöcke", d. h. Stege, für den Fußgänger. Das Vieh setzt man vielleicht ins Boot, wenn es sein muß, um ihm neue Weide zu verschaffen. Auch bei der Heuernte tritt, wie unser Bild zeigt, das Schiff vermittelnd ein. Nachdem das Heu in Bettlaken gebunden, trägt man es auf dem Kopfe ins Schiff, welches im Graben thunlichst nahe der Heuwiese angelegt hatte. Das Salzwasser der Überschwemmungen aber entführt zu Zeiten den ganzen Heuertrag, und der von Salz getränkte Boden giebt oft spärliche Weide für das Vieh. Das frische Wasser für Menschen und Vieh hat man auf den Werften in Brunnen (Regenwasser) und den „Fehdingen" (große Wasserteiche) angesammelt.

Die Wohnungen sind zum Teil sehr stattliche Gebäude. Alles in denselben ist blank und sauber, die Ausstattung der Zimmer ist einladend und freundlich. Die Stubenwände sind mit buntfarbiger „Mosaik", den Kacheln bekleidet, auf denen nicht selten das Bild eines Schiffes eine anheimelnde Zierde bildet. Es erinnert hier alles an Schiffe und Seefahrt, die einst den Wohlstand der Bewohner von Hooge so sehr hob, daß sie die Spanier unter den Friesen genannt wurden. Wir verstehen es daher, wie man dazu kam, in der nach der Flut von 1825 durch Friedrich VI.

Heuernte auf der Hallig.

wieder hergestellten 1639 erbauten Kirche das Modell eines stattlichen Schiffes aufzuhängen. „Wer nicht beten kann", heißt es ganz treffend, „werde nur ein Schiffersmann". Es herrscht hier auf den

Hallig Hooge bei Amrum.

Halligen eine wahre und ungeheuchelte Frömmigkeit. Der Orgelklang fehlt freilich in der Halligkirche, ihn ersetzt das Gebrause der Nordsee und das Sausen des Westwindes, der sich auch heute erhob.

Die ganze Umgebung stimmte zur Pfingstfeier. Im Hause eines Halligbewohners fand ich eine gastliche Stätte, und als ich später Gelegenheit hatte, verschiedene Hallighäuser zu betreten, trat es mir immer wieder deutlich entgegen, daß hier ein glückliches Völkchen wohne, fern vom Getriebe der großen Welt. Die

Inneres eines Hallighauses.

Seefahrer der Halligen haben die Welt gesehen, aber sie fühlen sich wohl dabei, wenn sie mit der Treuherzigkeit der alten Friesen an ihren alten Weisen und Sitten festhalten und in angestammter Heimatliebe auf der Scholle ihr Dasein endigen, auf der sie es erhielten. Den Dank, den wir ihnen beim Scheiden aussprachen, erwiderten sie mit dem Ausdruck der Freude über den gehabten Besuch, obgleich wir sie nie vorher gesehen. „Wenn Sie wiederkehren, sind Sie uns willkommen, wir haben Raum für Sie im Hause und im Herzen!" war der Sinn ihrer Worte.

Wieder hörten wir wie am Morgen die Dampfpfeife. Unsere Reisegefährten kamen von Pellworm heran. Ein Händedruck, ein Gruß, und fort ging es von den lieben Halligleuten, die uns zahlreich ans Schiff geleitet hatten. Die „Viktoria" aber lag in 1½ Stunden im Hafen von Wyk, ihre Fahrt in die Halligwelt war zur Freude der Teilnehmer eine angenehme Pfingsttour gewesen.

(Geschrieben im Mai 1888.)

II.

Mit dem 1. Juni 1897 wurde den im Bereiche der Halligen verkehrenden Schiffen die Durch= fahrt durch die „Schlütt", eine Fahrrinne zwischen Oland und Langeneß, verboten, weil man dieselbe von Oland aus zu durchdämmen im Begriff war. So mußten auch die zwischen Husum und den Nordseebädern Föhr und Amrum verkehrenden Dampfschiffe „Wyk=Föhr", „Stettin" und „Amrum" einen andern als den bis dahin gewohnten Weg einschlagen, der dadurch etwas länger wurde, aber keineswegs an Reiz einbüßte. Giebt die Fahrt doch jetzt Gelegenheit, nicht nur einzelne und zwar die kleinsten und unbedeutendsten Halligen Nordstrandischmoor, Gröde, Oland, sondern auch die Doppel= hallig Langeneß=Nordmarsch und Hooge, die größte der Halligen, sowie auch Nordstrand und Pellworm, die größten Trümmer von Alt=Nordstrand genauer als früher auf der Fahrt ins Nordseebad vom Schiffe aus zu beobachten.

In Husum, der grauen Stadt am Meer, die fast an allen Ecken Erinnerungen an Theodor Storm*) wachruft, besteigen wir einen Dampfer. Ein sonniger Morgen liegt über den stillen Straßen. Auf den Schiffen im Hafen ist bereits das Leben des neuen Tages erwacht, und keuchend und fauchend schiebt die Lokomotive den Zug über die Brücke vor dem Hafeneingang. Im Hafen selbst bemerkt man das Steigen der Flut, die zwischen Bollwerk und Fahrzeug plätschernd hereinströmt, die Schiffe flott zu machen. Auf unserm Dampfer herrscht die regste Thätigkeit; er will augenscheinlich vor dem Segler, der dort eben loszubinden im Begriff ist, die Mündung des Hafens gewinnen. Die letzten Stück= güter und Gepäckstücke sind herübergeschafft, während noch eiligen Schrittes ein Passagier von der Morgenwanderung durch lachende Marschgefilde auf dem Deiche herzukommt, um die Fahrt mitzumachen. Kaum sind Glockenruf und Dampfpfeifenton verhallt, so strebt auch schon der Dampfer langsam vorwärts, Fahrzeuge, die festliegen und Boote, die hin und her schaukeln, Häuser und grüßende Menschen zurück= lassend. Auf der rechten Seite begleitet uns, sobald wir am Tragpfeiler der Drehbrücke vorüber glücklich durch die Schleuse gelangt sind, der Deich, auf dem Theodor Storm so oft stand, wenn er zu den Inseln und Halligen hinausblickte, deren Osterglockenläuten zu ihm herüberscholl. Die Natur ist hier heute noch so wie damals: sammetgrün die Wiese im tiefen Koog, bunte und gelbe Blüten sind hineingestreut durch den lieblichen Mai und drüber „Lerchen und Sonnenschein". Taufrisch erwachen hier die Blumen, während uns vom silberglänzenden Meere her, aus dem in der Ferne die Inseln auftauchen, eine frische Brise entgegenkommt. Rechts ziehen sich die von Schafen beweideten grünen Deiche fast hart am noch trocken liegenden Watt dahin, links dagegen sieht man bereits das tiefere Gewässer des Heverstroms Wellen schlagend. Möwen und Seeschwalben schweben über dem langsam steigenden Meerwasser der Watten; zwischen unserm Schiff und dem durch Steindeich oder Buschwerk und Strohgeflecht geschützten Deichfuß bemerken wir grabende Arbeiter, die aufschauend dem bunten Leben am Bord eines Passagierdampfers ihre Aufmerksamkeit schenken, während wir mit Interesse ihrer Hände Werk betrachten. „Was wollen die?" hörte ich aus meiner Umgebung Stimmen. „Land gewinnen!" ist die Antwort. „Sie graben diese parallelen Gräben, daß das von erdigen Bestandteilen trübe Wasser des Wattenmeeres, nachdem es diese höheren Wattpartien überflutet, nicht so schnell wie auf ebener Fläche zurückweiche. Damit nötigen sie es, die landbildenden Bestandteile, die es andern Gegenden der Watten und Inseln raubte, fallen zu lassen und tragen also dazu bei, daß allmählich neues Land gebildet werde. Das ist mühsame, kostbare Arbeit, aber sie ist für die Stärkung und

---

*) Am 14. September 1897 wurde hier der Grundstein zu seinem Denkmal gelegt, das 1898 enthüllt wurde.

Unterhaltung des nahen Deiches unentbehrlich. Bald verläßt das Schiff den bisherigen Kurs, nach Norden steuernd befinden wir uns in der Holmerfähre, zwischen der an Nordstrand festgedämmten Pohnshallig und dem Festlande, das hier besonders interessant erscheint, weil auf einer kleinen Strecke, wo das Kirchlein von Schobüll mit seinem abgestumpften Turm, inmitten grüner, zum Strand ab=

Blick auf die Halligen.

fallender Felder und Häuserreihen und Dorfteile, der Deich unterbrochen ist; das Geestland erreicht unmittelbar das Meer, wogegen eine Strecke weiter nördlich der hohe Turm von Hattstedt an das weite, von Deichen umzogene Marschfeld dieser Gemeinde erinnert. Mittlerweile dampft unser Schiff der Pellwormer Tiefe zu, um zwischen den Halligen und Inseln seinen Weg zu suchen, die einst Bestand= teile der 1634 zertrümmerten Insel Alt=Nordstrand gewesen sind. Wie uns von links her die Deiche Nordstrands, hinter denen auf den blaugrün erscheinenden Wiesen Rinder und Schafe weiden und zerstreute Gehöfte und Kirchen und Mühlen grüßen, lenken die mächtiger als bisher heranrauschenden Wogen unsere Blicke auf die vor uns liegende Halligwelt, von deren Anblick Dr. Clement behauptet, daß man ihn nirgends auf Erden wiederfindet: „Eine Stille ohnegleichen, als schwiege alles in Be= trauerung des Vergangenen, Hügel an Hügel und darauf ein nettes Häuschen mit Steinmauern und Giebel und Strohdach und reinlichen und freundlichen Menschen und Zimmern und mit hübschen Thüren und weitschimmernden Fenstern, und das Kirchlein mitten inne, auch auf einem Warfhügel und mitunter mit roten Dachziegeln. Und rings um die Warfen liegt die Marsch der Hallig ausgebreitet, ohne Deich und mit abgebröckelten Rändern, im Sommer von unzähligem Vieh beweidet und weiß von Schafherden und Seevögelschwärmen, welche hier gern wohnen und brüten ohne Furcht.“ So friedlich erscheint das Bild der Hallig nicht immer. Denn dieselben Wogen, welche jetzt schäumend und brausend hinter unserem Schiffe zusammenschlagen, rollen zur Zeit der Sturmflut über die Gefilde der Hallig dahin. Wenn es dann den Halligbewohnern nicht gelingt, ihre Herde und das Heu auf die Werfte zu retten, so verlieren sie Hab und Gut und nicht selten auch das Leben. Von ihrem Grund und Boden nagt die Welle zu jeder Flutzeit etwas ab, wenn sie gegen die abbrüchigen Ufer schlägt, die von keinem Steindeich geschützt sind. Hat die Flut bei diesem Zerstörungswerk die letzte Werfte erreicht, so verschwindet bald auch das letzte Haus und mit ihm ziehen die Bewohner fort. Die menschenleere Hallig ist dann im Sommer Weideplatz und Brutstatt, bis sie endlich ihrer Grasnarbe beraubt und in ödes Watt verwandelt wird.

Um die jetzt noch vorhandenen zwölf Halligen mit ihren fünfzehnhundert Hektar Fläche vor gleichem Schicksal zu bewahren, läßt die Regierung Dämme durch das Watt von Hallig zu Hallig oder von dieser zum Festland bauen und die abbrüchigen Halligufer mit Feldsteinen abdecken — ein verdienstliches Werk, das unser Schiff nötigt, in der Süderaue zwischen den Halligen Langeneß-Nordmarsch einer- und Hooge und Pellworm andererseits seinen Weg zu suchen. Noch nach der Flut von 1634 lagen zwischen Beenshallig und Hooge mehrere Halligen, die jetzt alle bis auf eine aus dem Gedächtnis der Anwohner des Wattenmeeres verschwunden sind. „Und warum gedenkt man dieser einen noch?" fragen die Mitpassagiere den kundigen Beobachter der Wattenwelt. Die nachfolgende Sage giebt die Antwort: „Nach der verheerenden Oktoberflut von 1634 bewohnte nur eine Familie die Hainshallig, welche jetzt auf den Karten als Hainshalliggrund östlich von Hooge angegeben ist. Der Besitzer dieser Hallig suchte seitdem seinen Lebensunterhalt auf der See. Da er bald verunglückte, ernährte sich seine Witwe mit ihren zwei Kindern Ocke und Elke, die sie selbst unterrichtete, kümmerlich aber ehrlich, durch ihrer Hände Arbeit auf der einsamen Hallig. Oft drohten Sturm und Flut der Scholle den Untergang, während die Mutter den lauschenden Kindern die Sagen der Heimat erzählte. So war sie auch beschäftigt, als in einem Herbststurme ein Wattenschiff von den Wellen über die flutbedeckte Hallig getragen wurde, hart an ihrer Werfte vorüber. Glücklich der Strandung entgangen, baten die Schiffer, die Witwe möge allabendlich zum Zeichen, daß die Hallig nahe sei, eine Lampe ins Fenster stellen. Nicht selten war sie selbst mit ihren Kindern in Gefahr. Als sie einmal im Herbste, begleitet von dem sechzehnjährigen Ocke, hinausschritt ins Meer, Garneelen zu fangen, erhob sich plötzlich ein Gewitter, und die Dunkelheit der Nacht überraschte sie bei dem glücklichen Fang. Sie hatten das plötzliche Steigen der Flut nicht bemerkt und konnten nicht mehr zur Hallig zurück. Der starke Knabe hob, als die Gewässer den Füßen den Grund entzogen, schwimmend und mit starkem Arm die Mutter und trug sie dem Lande zu. Dabei waren der reiche Fang und das Fanggerät schon den Wellen preisgegeben, als die Kräfte versagen wollten. Doch glücklicherweise berührte in demselben Augenblick der Fuß der sinkenden Mutter einen am Halligrand liegenden großen Stein, auf welchem die Beiden, freilich im gurgelnden Wasser stehend, eine sichere Stätte fanden, bis sie nach verlaufener Flut zu der ängstlich harrenden Elke heimkehrten. Im nächsten Frühjahr ging Ocke zur See. Er machte von Holland aus im Laufe der nächsten zehn Jahre mehrere Reisen nach Ost- und Westindien, den wohlerworbenen Lohn und nützliche Geschenke für Mutter und Schwester mit jedem Briefe durch den alten Schiffer von Hooge heimsendend. Als die sterbende Mutter und die zur Jungfrau erblühte Schwester seine Heimkehr wünschten, kam er endlich selbst, um nach dem Tode der Mutter aufs neue seinem Berufe zu folgen und die Schwester in der Einsamkeit zurückzulassen. Schmerzerfüllt nahm er Abschied, nachdem er zuvor dem Schiffer von Hooge die Sorge für das Wohlergehen der Schwester anvertraut hatte, die ihm versprochen, allabendlich bis zu seiner Heimkehr die brennende Lampe zur Warnung für steuerlose Schiffe im Bereich der Wattenwüsten aufstellen zu wollen. Jahre vergingen. Ocke Haien fuhr glücklich. Der Schwester gingen wie früher Briefe, Gelder und indische Kostbarkeiten zu. Die Schwesterliebe machte die einsame Halligjungfrau zur Dichterin, die ihrem fernen Bruder durch den Wattenboten einen Abschiedsgesang sandte. Im Dialekt der Hallig abgefaßt, klingt durch die tiefempfundenen Strophen der Refrain: „Vergiß mein nicht!" und die Bitte: „Kehre zurück zu Deiner Schwester, die nur an Dich denkt!"

Zwanzig Jahre waren dahingegangen, als es auf einmal hieß: „Das Licht der treuen Schwester brennt nicht mehr wie sonst in jeder Nacht!" Der alte Schiffer von Hooge fand neben der Lampe, ans Fenster gelehnt, die Elke, jene ohne Öl, diese ohne Leben. Der sehnsüchtig, aber vergeblich erwartete Bruder kehrte auch jetzt noch nicht zurück, während die Herbststürme das altersschwache Haus und die zerbröckelnde Hallig mit den Wellen um die Wette umbrausten. Zehn Jahre mochten seit Elkes Tode verflossen sein. Die Dämmerung eines schönen Herbsttages legte sich über die Watten- und Halligwelt. An demselben Abend näherte sich ein von Holland kommendes Schiff den Westseeinseln, das einen friesischen Schiffskapitän, den der Seeberuf dreißig Jahre lang fern gehalten, aber auch mit Glücksgütern gesegnet hatte, in die Heimat bringen sollte. Ocke Haien von der Hainshallig hatte es am Bord. Er wollte jetzt die alte Hütte seiner Väter neu aufbauen lassen und mit seiner

Schwester vereint auf der einsamen Hallig in Ruh und Frieden einen sorgenfreien Lebensabend genießen. Im Nordosten trat, von dem über Pellworm heraufsteigenden Mond beleuchtet, das dünenerfüllte Amrum aus den Fluten, das für uns rechts voraus sichtbar wird. Voll freudiger Unruhe über die Nähe der so lange nicht geschauten und doch bekannten Heimatsgewässer und im Gedanken an das Wiedersehen mit seiner Schwester teilte Ocke dem Kapitän seines Schiffes mit, daß sie nach einer Stunde wahrscheinlich das Ziel der Reise erreicht haben würden. „Hörst Du die Brandung hinter Seesand und an den gefährlichen Amrumer Bänken?" rief er aus; fügte aber, als er merkte, daß der Schiffer sich kaum getraute, bei Nacht in das unwegsame Wattenmeer hineinzusteuern, hinzu, er selbst werde hier, wo ihm jede Sandbank, jede Priele und jede Brandung bekannt sei, Lootsendienste verrichten. Dem Kurse unseres Schiffes entgegen steuerten sie hinein. Und nun erschienen den vor günstigem Winde Dahinfahrenden zu beiden Seiten der Aue die Werften von Nordmarsch=Langeneß

Peterswerft auf der Hallig Nordmarsch nach der Sturmflut vom 12. Februar 1894.

und Hooge merkwürdig aufgereiht, dem Schiffer wie auftauchende Klippen, dem Heimkehrenden wie längstbekannte Bilder aus der Jugendzeit. Das Schiff eilte rüstig vorwärts. Doch so scharf auch Ocke Haien jetzt Ausguck hielt, das Licht im Fenster seiner Schwester wollte nicht zum Vorschein kommen, ebensowenig als die kleine Heimatshallig selbst mit Werft und Wohnung. Hin= und herkreuzend verließ das Schiff nicht den Ort, wo sie am Ziel zu sein wähnten, indessen auch nach langem Suchen fanden sie die Hallig nicht. Mit dem fallenden Wasser stieß das Schiff plötzlich hart auf und strich an einem von der Flut entblößten Stein vorüber. Ocke Haien erkannte ihn; es war derselbe, auf dem er vor vierzig Jahren das Leben der Mutter und das seine gerettet hatte. Ein Sprung — und er stand wieder auf demselben Steine, während das Schiff unfern vor Anker ging. Aber die ringsum fallenden Gewässer brachten keine Kunde von der vor mehreren Jahren von der Sturmflut zerstörten Hallig.

Hallig Oland bei Wyk.

Ocke Haien's laute Klage übertönte das Rieseln der Gewässer auf den Watten und drang zum Ohr des Schiffers hinüber: „O, falsches Meer, du gabst mir Schätze im Überfluß, warum raubtest du mir, alle andern Güter wertlos machend, die treue Schwester und den teuren Heimatsort? Du hast mir Alles genommen, nimm auch mein Leben!" Vergeblich bemühten sich die Andern, den schwermütigen und lebensmüden Mann von dem Steine fortzubringen. Ehe sie von der Hallig drüben Hülfe holen konnten, spülte die Flut den Heimatlosen herunter. Ocke Haien's Leiche hat man nie gefunden. Nach den Stürmen und Fluten des Jahres 1894 sah man zur Ebbezeit noch den Stein auf Hainshalliggrund. Sagenkundige

Wattenschiffer aber wähnten oft, den klagenden Halligmann über den Wogen zu sehen und seine Worte im Wasserschwall zu hören, wenn sie nächtens an dieser Stätte vorüberfuhren.

Erhält so die Sage das Andenken einer verschwundenen Hallig und ihrer Bewohner fest, so illustriert sie andererseits auch im allgemeinen das Leben der Halligbewohner und der abbrüchigen Hallig, deren Werften und Hütten aus der Umgebung unseres Schiffes herüberschauen. Eben wendet unser Schiff, und wir haben, indem wir die unterwühlte äußerste Werfte, Peterswarf auf Nordmarsch, betrachten, Muße, über die zerstörenden Wirkungen zahlreicher Sturmfluten der Jahrhunderte nachzudenken. Eine einzige Flut des Jahres 1894 riß sie herunter und trieb die Bewohner zur Flucht, die sich auf der neuen Werfte wieder anbauten, aber auch bereits von neuen Fluten zu leiden hatten. Warum flüchten sie nicht aus einer so bedrohten Heimat? Viele sind geflüchtet, um sich auf den größeren Inseln der Umgebung oder auf dem Festlande anzusiedeln. Der Badeort Wyk ist vorwiegend durch solche Halligleute entstanden und bevölkert worden. Die Zurückgebliebenen, etwa 500 in 120 Häusern, lieben ihre Heimat, wie Ocke Haien die seinige. Als man sie auf die bedeichte Nachbarinsel und auf das sichere Festland einlud und ihnen Getreide und Vieh, schöner als das der Halligen, Wiesen und ertragreiche Wälder in Aussicht stellte, zogen sie es vor, auf der alten Stelle zu bleiben. Genügsam und zufrieden verzehren sie ihr Butterbrot, trinken ihren Thee und werfen einen frommen Blick zum Himmel und einen ruhigen auf das Meer.

Strandpartie von Wittdün-Amrum.

Wohin wir auch auf unserer Fahrt in die sagenumwobene Halligwelt blicken, überall treten uns Zerstörung und Untergang entgegen, die unser Mitleid für die Halligbewohner erregen, bei denen seit dem Aufhören der Teilnahme an der Seefahrt der Wohlstand erheblich zurückgegangen ist. Aber diese Abnahme der Halligen hat auch zur Inangriffnahme von Schutzwerken und Landgewinnungs= vorrichtungen geführt, an die uns die Richtung unserer Fahrt bereits erinnerte.

Mittlerweile ist unser Dampfer in die Norderaue hineingelangt, um seine Passagiere dem dünenreichen Amrum oder dem baumreichen Föhr zuzuführen. Auch diese Fahrt bietet bei dem vergleichenden Anblick der Halligen und der größeren Inseln mit ihren Dörfern und Kirchen reiche Abwechselung. Die nahen Halligen grüßen täglich zu uns herüber mit ihren Häusergruppen und ihrem

1893 eingeweihten neuen Kirchlein, dessen turmartiger Aufbau dort hervorragt, und von dem die Glocke herüberklingt, seitdem ein Kaiserliches Gnadengeschenk zur Freude der Halligbewohner den Bau des neuen Gotteshauses ermöglichte. Gern benutzen daher die Badegäste eine nächste Gelegenheit zum Besuch der Halligen Oland und Langeneß, um die braven Bewohner kennen zu lernen und die Ausführung der Schutzwerke zu betrachten, die die Reise ins Seebad zu einer Fahrt in die sagenumwobene Halligwelt gestalteten.

Über Föhr nach Amrum.

Warm und sonnig lag der heitere Frühlingstag über der flutenden Nordsee und über dem Kranz von Inseln, der das schleswigsche Wattenmeer gegen das freie Nordmeer abschließt. Inmitten der Reihe prangte im herrlichen Frühlingsgrün das freundliche Föhr, auf welchem wir uns in befreundeter Gesellschaft zu einer Fahrt durch die Inseln und nach dem dünenreichen Amrum, das einst landfest mit Föhr verbunden war, anschickten. Der Weg führt vom Badeort Wyk aus, der Perlenschnur der Dörfer folgend, am Rande der Geest entlang, um endlich, die Marsch teilend, die Hauptdörfer Langdorf und Süderende von Westerland zu berühren, oder auch auf dem höher gelegenen Inselkörper, zwischen den übrigen Westerlandföhrer Dörfern dahingehend, am äußersten Westpunkt der Insel, Ütersum, zu endigen, wo wir uns dem schlüpfrigen Wattenpfade anvertrauen, um noch vor der nächsten Flut unser Ziel zu erreichen.

Haben wir zunächst den Ausblick frei auf das mit neuen Ähren geschmückte Kornfeld, auf das junge Grün der Sommerfrucht,

Föhrerin in Nationaltracht.

auf blühende Bäume und Blumen, auf das von Herden bunte gesegnete Marschgefild, auf baumbeschattete Dörfer, so ändert sich die Scenerie westlich von Nieblum, wo wir der großen Kreuzkirche St. Johannis mit ihren Sehenswürdigkeiten und dem Kirchhofe mit den eigenartigen Grabdenkmälern, die uns lebensvoll vergegenwärtigen, daß einst ein Schiffervolk diese Insel bewohnte, und Witts = Garten einen Besuch machen. Abseits mahnen bei der Weiterfahrt die Gotinger Grabhügel an ein längst entschwundenes Geschlecht und an die goldene Zeit der Föhrer Grönlands-

fahrt, als der „große Berg" Sammelplatz der Föhrer Weiber war, die zur Frühlingszeit ihren durch die Schmaltiefe der See zueilenden Männern, Brüdern und Liebhabern von hier den Abschiedsgruß zuwinkten. Auch wir sehen im Hintergrund das Meer, aus welchem Wittdün mit seinen neuen Badeetablissements und Amrum mit seinem Leuchtturm, seinen Dünen und Dörfern hervorschaut. Der Boden an den Seiten unseres Weges war einst wenig ergiebig; gute Pflege aber, Bemergelung u. a. m. lassen ihn jetzt schönes Korn tragen. Ehe wir Borgsum erreichen, passieren wir die Meierei, deren es jetzt drei auf Föhr giebt, und deren Produkte nicht bloß auf der Insel, sondern auch in der Ferne einen guten Ruf genießen. Mittlerweile hat, nachdem wir Borgsum teilweise beschaut, unser Gefährt den Weg nach Süden, an der Windmühle vorüber, die kürzlich, nachdem die frühere vom Blitz getroffen, erbaut wurde, eingeschlagen; nach Westen gewendet eröffnet sich jetzt unsern Blicken ein liebliches Bild. Wie zu einem Thale hinab fallen links die fruchtbaren Ackerfelder, um jenseits des mit Grasnelken geschmückten Wiesenthals zu einem erhöhten Uferrande aufzusteigen, der blumig und frühlingsgrün hart am Meeresstrande einen stimmungsvollen Wechsel bildet mit den grauen und während der Ebbe scheinbar toten Watten, die uns von Amrum trennen. Einzelne Möwen, denen die Flut den Tisch deckte, erheben sich über denselben; ihre Nahrung bestand aus zappelnden Krebsen und Fischlein; schreiende Seeschwalben machen ihre Flugkünste über dem sandigen Strande, während der ackernde Landmann die Saat (Buchweizen) dem Acker anvertraut, daß auch sie der Vögel Brut verdecke, wenn sie keimend die Scholle begrünt und in ihren Kapseln den lustigen Sängern, die heute die Luft mit ihrem Schall erfüllen, ein Körnlein zur Nahrung gebe.

Strand bei Wittdün-Amrum.

Neben dem „Sülwert", dem höchsten Berge Föhrs, hat unser Weg seinen höchsten Punkt erreicht, und wir übersehen jetzt nicht nur die Insel mit ihrem Dörferkranz, ihrer weiten Marsch und deren Deichessaum, sondern auch einen Teil von Sylt und den weiter entfernten Halligen, namentlich Nordmarsch und Hooge. Sowohl das vor uns liegende Dorf Hedehusum, als auch das Dorf Witsum, das wir eben hinter uns lassen, sind kleine Ortschaften von je 8 bis 10 Häusern, aber sie sind neben dem am äußersten Westpunkte Föhrs gelegenen Ütersum darum so interessant, weil sie wahrscheinlich die ältesten Wohnplätze der Insel sind. Zahlreiche Hünengräber in ihrer Nähe winken aus Korn- und Grasfeldern zu uns herüber, andere, rechts vom Wege, im Kleid der braunen Heide, sind eine Hügelgruppe der jüngeren Eisenzeit, die bereits 1000 Jahre den neuen Frühling kommen sah.

Hinter Ütersum, wo wir die Hünengräberfunde des Lehrers Philippsen in Augenschein genommen, haben wir bald den Seedeich erreicht. Wir halten hier vor der Wattenfahrt ein wenig Umschau. Der Deich hatte in den Sturmfluten oft viel zu leiden. „Jene Wasserlöcher innerhalb des Deiches", sagt unser freundlicher Kutscher, „wurden 1825 in der Februarflut gebildet, als hier der Deich den Wellen nicht zu widerstehen vermochte. Da lagen die Steine, welche jetzt von den italienischen Arbeitern kunstreich zum schnurgeraden Schutzdeich, der 2 m Höhe über ordinäre Flut besitzt, zusammengefügt sind, während der Deich selbst wesentlich verstärkt und erhöht ist, zerstreut wie die Warenballen nach der Strandung eines Schiffes am Ufer von Amrum. Damals mußten die Föhrer die große Arbeit der Ausbesserung und die Kosten allein übernehmen. Seit den Fluten von 1894 und 1895, als im Dezember unweit Dunsum eine 100 Schritt lange Öffnung im Deiche entstand, die nur durch Einbringung von 3000 Sandsäcken 2c. notdürftig verstopft wurde, um der eindringenden Flut zu wehren, ist aber der Staat mit kräftiger Hülfe eingetreten. Die Kosten der in Aussicht genommenen Verstärkung und Erhöhung der Föhrer Deiche sind auf 1 262 000 Mark veranschlagt. Die 1894-Fluten

3*

waren so ungestüm, daß selbst flinke Seevögel ermattet ans Ufer flüchteten und am nächsten Morgen zu Hunderten tot den Strand erfüllten." Heute wagt sich selbst die fast zahme Bergente (Anas tadorna), an uns vorüberfliegend, aufs Watt hinaus. Der Lenz stimmt auch das brausende Meer friedlich. Zu Füßen des Deiches, auf welchem wir stehen, zeigt sich uns eine interessante Gruppe. Barfüßige Kinder sinds, Mädchen, die möwengleich Krebse und Schollen erhaschen: die Hand ist ihre Waffe, und daheim erst mundet die selbstgewonnene Beute. Wir Erwachsenen machen es bald den Kindern nach, sie locken uns zu gleicher Beschäftigung auf die Wattengefilde hinab. Aber wie die Frösche von der Karre des Teufels hüpften, so krochen uns die Krebse nach allen Seiten aus dem Taschentuch. Mittlerweile sind am Deiche vier Wanderer eingetroffen, drei Männer und eine Kuh. Selbst am Rande des schlüpfrigen Watts hemmen sie die Schritte nicht. Anfangs schlagen sie die Richtung nach Hörnum zu ein, als ob sie die malerischen Dünenpartien, den Budersandberg und den einstigen Seeräuberhafen, die Fahrtrapptiefe durchwatend erreichen wollen, bald wenden sie sich indessen nach Süden und wir vermuten, daß Amrum das Ziel ihrer Schlickwanderung sein wird. Sie erinnern uns an die Abfahrt; bald rollt unser Gefährt dahin, wo sonst die Wogen rauschen. Der Fahrweg ist wie der der Schiffer

Burgbau in Gefahr bei Wittdün-Amrum.

mit Baken bezeichnet, und es ist auf dem etwa 4 Kilometer weiten Wattenwege unter normalen Verhältnissen keine Gefahr. Während wir etwa auf halbem Wege zwei tiefere Wasserläufe durchqueren, erblicken wir in der Ferne südlich vor Hörnum die Wellenkämme der freien Nordsee, deren Fluten heute unsere Wanderer und uns nicht mehr erreichen. Gefahrvoll werden die Touren durch das Watt nur, wenn der Nebel kommt, wenn Regenschauer und Schneefälle oder Dunkelheit die Reisenden überraschen, oder wenn der Sturm die Flut früher als zur berechneten Zeit „kehren" oder steigen macht. Wohl hören wir es hinter der Insel rauschen und brausen, während unser Wagen, soeben das Watt verlassend, sich bereits auf Amrums Boden befindet. Bald sind wir beim Hospiz I angelangt, welches 1890 eröffnet wurde und seitdem bereits viele Freunde fand. In der herrlichen, köstlichen Seeluft ist es ein liebliches und stilles Plätzchen; erinnert doch das sogenannte Prinzenhaus daran, das Ihre Königliche Hoheit, Prinzessin Irene hier wiederholt (1892 und 1895) glückliche Tage verlebte und vollbefriedigt heimkehrte. Der Andrang zum Hospiz hat von Jahr zu Jahr zugenommen, sodaß bereits 1893 ein zweites Hospiz zwischen Norddorf und der nördlichen Rettungsstation errichtet werden mußte, welches rechts vom Rande der Dünen zu uns herüberschaut, während unser Gefährt die vielblumige grüne Marschfläche durchschneidet und eine Menge schreiender Möwen und Seeschwalben aufscheucht. Das Hospiz III liegt in unmittelbarer Nähe Norddorfs, es wurde 1896 eingerichtet. Von Norddorf machen wir einen Abstecher in die Dünen, um hier, wo bereits viele Erholung suchten und fanden, Ausschau zu halten auf das freie Meer am Strande von Amrum.

Noch liegen die Sandbänke fern im Westen jenseits der Tiefe: Theeknob, Hörnumsand, Holt=knob, Jungnamen, fast trocken. Die mit Schaum gekrönte Woge, vom Flutstrom geschwellt, bricht sich hier bereits, während diesseits der Tiefe noch ein breiter Sandgürtel trocken liegt. Es ist an dieser Stelle der Vorstrand, dem weiter südlich Knipsand vorgelagert ist, der nur bei hohen Sturmfluten über=schwemmt wird. Hin und wieder wälzen sich schon die Wassermassen auf den höherliegenden Sand hinauf. Majestätisch erhebt dort eine blaugrüne Woge ihren schaumbekränzten Silberkamm, dumpf brausend, als ob es aus der Tiefe zurückschallte, fällt sie im nächsten Augenblick in sich zusammen, einer neuen ihr nacheilenden Schwester Raum zu geben, deren Schaum, aufspritzend vor unsern Augen, der Wind zerstiebt. Welle und Wind sind bei der Bildung der Dünen, die auf Amrum eine Höhe bis 30 m erreichen, gemeinsam thätig. Bei östlichem Winde entsteht ein erhöhter Vorstrand, dessen alsdann trockner und loser Sand vom Westwind landeinwärts getragen, den gefürchteten Sandstaub veranlaßt und neue Dünen bildet oder die vorhandenen an der Ostseite abrundet, während die Westseite, namentlich nach Sturmfluten, häufig schroff und steil erscheint.

Brandung am Badestrand von Wittdün-Amrum.

Von den Dünen aber singt Mechlenburg, der um friesisches Volkstum verdiente Pastor von Amrum:

„Wollt Ihr die Schweiz im Kleinen seh'n,
Müßt Ihr von Föhr nach Amrum geh'n;
Der Dünen flüchtig Sandgefild
Zeigt täuschend Euch der Alpen Bild,
Sie schimmert ja so weiß und licht,
Und droben fehlts an Hafer nicht;
Ein wenig Gras auf wüstem Strand,
Was braucht es mehr zum Schweizerland?"

Damit aber der Sandflug der Dünen landeinwärts nicht noch mehr nutzbares Land verheere als schon geschehen (ca. 1000 ha der Insel sind mit Dünensand und Heidekraut bedeckt, die übrige Fläche ist Acker= und unbedeichtes Marschland), werden Versuche gemacht, durch Pflanzung von Sand= halm, Sandgräsern und Stechginster den lockeren Sand festzuhalten und die Dünen zum Stehen zu bringen. Tausende von Mark werden jährlich hier wie auf Sylt für diesen Zweck aufgewandt. Sonst findet man in den Amrumer Dünen verhältnismäßig weniger wildwachsende Dünenpflanzen als auf Sylt. Schreibt doch Professor Buchenau*): „Die Dünenthäler von Amrum sind von einer wahrhaft erschreckenden Armut. Die ganze ausgedehnte Partie von der hohen Satteldüne bis zum Leuchtturm hin bietet kaum irgend eine bemerkenswerte Pflanze dar; überall drängt sich die Rauschbeere vor, und Heide und Quendel sind häufig. Südlich vom Leuchtturm bessert sich nun allerdings der Charakter der Dünenthäler, sie werden größer, feuchter und reicher an Pflanzen." Auf unserer Weiterfahrt, dem Kirchdorfe Nebel zu, erblicken wir inmitten weiter Dünengefilde die im freundlichen Grün belegene Vogel= koje, die wegen ihres Ertrages an Grauvögeln (Anas acuta L.) eine der ergiebigsten Kojen der Westseeinseln ist. Die zahlreichen Grabhügel zu beiden Seiten unseres Weges sind sagenumwoben. Wo jetzt die Vogelkoje ist, liefen einst Zwerge Schlittschuh, abends tanzten sie um die Hügel, während der Fögashuugh am Dünenrande ihre Schätze barg. (Siehe Karte von Amrum zu den Hügelausgrabungen.) Sowohl in dem Kirchdorf Nebel als auch in Nord= und Süddorf, sind die Häuser wohl erhalten; ihr steinerner Giebel ist charakteristisch für das friesische Haus. Die eisernen Maueranker bilden hier wie auf Föhr und Sylt an der Außenseite der Mauer Buchstabenformen und Ziffern, welche nicht selten die Namen der Erbauer und die Zeit der Erbauung andeuten. Früher fand man oft an der Giebel= spitze die Hausmarken, welche noch im 17. Jahrhundert in dem ganzen Nordfriesland vorkamen und auf alten Dokumenten und Grabsteinen noch zu finden sind. Nebel hat zwei regelmäßige Häuserreihen zu den Seiten einer langen Straße. Die innere Einrichtung der älteren Wohnungen**) erinnert an die Beschäftigung der Bewohner, die Seefahrt; sind doch die Stuben Schiffskajüten ähnlich. Der Glasschrank, in die Stubenwand eingelassen, mit seinem Porzellan und Silbergeschirr hinter den Scheiben, die bunte Mosaik der Kachelwände, die Bilder von Schiffen, welche den Hausherrn über die Meere trugen, fehlen nicht. Freundlich und gastfrei nehmen uns die Bewohner auf und sie geben uns gerne Auskunft über ihre insulare Lebensweise, ihre Sitten und Gebräuche. Die Tracht der Insulanerinnen ähnelt derjenigen der Föhrer, die frühere war etwas mehr verschieden. (Nordfriesische Inseln Tafel IV und VI a und b.)

Da die Hälfte der Insel mit Dünensand bedeckt wurde, ist der Ackerbau von untergeordneter Bedeutung. Früher gingen alle junge Leute zur See, nach 1870, wie von Föhr, viele nach Amerika. Auch bei der Austernfischerei waren und sind manche thätig. An Produkten verkaufen die Amrumer nach auswärts Seehundsfelle, Fische, Produkte aus Dünenhalm, Besen und Reepen, die beim Dach= decken benutzt werden. Manche, auch frühere Seefahrer, sind beim Halmpflanzen in den Dünen beschäftigt; überdies haben die Neubauten der letzten Jahre, welche die Einrichtung der Seebäder mit= brachte, auch Beschäftigung gegeben. In den Herbststürmen sind Strandungsfälle auf den Sandbänken vor Amrum häufig. Dann sind die Amrumer nicht nur geschickte und beherzte Retter für die Schiff= brüchigen, sondern auch flinke Berger und gute Lotsen, die schon manches verloren geglaubte Schiff, manche wertvolle Ladung in den sicheren Hafen gerettet haben. Die kleine St. Clemenskirche, inmitten des mit interessanten Grabsteinen geschmückten Friedhofes, macht den Eindruck bescheidener Einfachheit. Von Nebel wenden wir uns nach Südwest, um dem Kurhaus zur Satteldüne einen Besuch zu machen. Macht das Hotel mit seinem freundlichen Blumengarten einen angenehmen Eindruck, so bietet die hohe Düne, nach welcher es benannt ist, eine prächtige Aussicht. Landeinwärts erblicken wir die Inseln Föhr und Sylt und die Halligen, in deren Hintergrunde Türme, Mühlen und Gehöfte auftauchen; im Wasser sieht man die Sandbänke, am Knipsande den Badestrand für Wittdün und für die Satteldüne

---

*) Vergleichung der nordfriesischen Inseln mit den ostfriesischen in floristischer Beziehung. Abhandl. des Naturw. Vereins in Bremen. September 1886.

**) Vergleiche: Die nordfriesischen Inseln Sylt, Föhr, Amrum und die Halligen vormals und jetzt. II. Auflage. Hamburg 1899. Seite 194—206.

im freien Meere, und in der Ferne die weite See, auf welcher Hochseefischer ihrem Gewerbe obliegen. Vor Jahrhunderten zogen friesische Fischer ebenso auf die hohe See, von dem einst hier gelegenen Witgapum, das Wilhelm Jensen in seinen „Versunkenen Welten" berührt, ausgehend, um nach der Düne, die unsern Standort bildet, die Netze zu setzen. Die Ihrigen hielten dann von hier Ausschau auf das Meer. Dänische Könige, Friedrich VI. und Christian VIII. gaben hier im 19. Jahrhundert unter Zelten große Gastmähler. Jetzt ziehen hier Badegäste aus nah und fern die köstliche Frische in erschlaffte Lungen. Auch die Südspitze der Insel mit ihren weißen Dünen, daher Wittdün, wurde seitdem Badeort. Verhältnismäßig schnell ist hier eine ganze Ortschaft mit Kurhaus, Centralhotel, Kaiserhof, Quedens-Hotel, Strandhotel u. s. w. und zahlreichen Villen und Gartenanlagen, gepflasterten Verbindungswegen, Dampfspurbahn, Dampferbrücken entstanden, die sich einer von Jahr zu Jahr steigenden Frequenz zu erfreuen hat. Gern hätten wir noch vom Leuchtturm aus eine genußreiche Rundschau über Meer und Land gehalten, aber der Tag ist bei unsern Streifereien bald verstrichen, und wir begnügen uns damit, noch vor der Heimfahrt im „Lustigen Seehund" auf Steenodde, dem alten Landungsplatz Amrums, Einkehr zu halten, wo uns kräftige Speise und guter Trunk trefflich munden. Während wir uns anschicken zu der Fahrt über Nebel und Norddorf, hat sich die Sonne bereits gegen den Horizont gesenkt. Wie flüssiges Gold wallen in der Ferne die trotz der eintretenden Ebbe leichtbewegten Wogen der Meerestiefe zwischen Amrum und Hörnum dahin. Ehe die Sonne vollends ins Meer taucht, haben wir Amrum bereits verlassen. Während die Gewässer der Wattentiefen an den Rädern plätschern, lauschen wir dem Rauschen der bei Hörnum hereinkommenden Flutwelle und erblicken auf dem hohen Watt im Westen Föhrs inmitten der vielen Steinblöcke, die hier das Watt decken, auch den Opferstein, unter welchem der letzte Heide dieser Gegend — Olde Balk — bestattet wurde, als man auf Föhr die große St. Laurentii-Kirche mit Turm und Glocken erbaut hatte. Die Fluten zerstörten das Land und die Totenhügel, welche den Opferstein umgaben. Mit Glücksgütern reich gesegnet kehrte sein Sohn, Jung Balk, nach jahrelanger Abwesenheit heim, aber sein Vaterland und sein Vaterhaus waren verschwunden, als sein Schiff zur Nachtzeit hier den Hafen suchte. Über die Watten eilend, fand er den Opferstein. Lange sah man ihn wie weinend über dem Stein gebeugt stehen. Woran er gezweifelt, jetzt mußte er es sicher, denn in Runenschrift stand eingegraben:

„Unter dem Opfersteine
Der Letzte,
Der opferte:
Olde Balk."

Er saß auf dem Stein, die Schrift deutend, die heute, vom Meere ausgewaschen, nicht mehr lesbar ist. Die neue Flut kam und nahm ihn hinab zu seinen Vätern. Von seinen Schätzen weiß niemand. Später Vorüberfahrende haben nicht gewagt, ihn darnach zu fragen, wenn sie ihn nächtens im hellen Mondschein mit blassem Gesicht in seiner triefenden Seemannstracht und mit flatterndem Haar auf dem Balkstein sitzend, zu sehen wähnten. Während uns diese Sage dunkel entgegen klingt, leuchtet von der Lampe des „steinernen Meerriesen" auf der „großen Düne" ein Streifen Licht zu uns herüber, und vom Steindeiche der Insel Föhr senden wir abschiednehmende Grüße hinüber zu der Düneninsel Amrum. Nach einer äußerst angenehmen Fahrt zwischen den gesegneten Fluren der Westerlandföhrer Marschdörfer nehmen wir, die Scenerie der Wattenwüsten, welche uns umgeben, noch einmal überschauend, mit Befriedigung auch Abschied von der Frühlingsfahrt über Föhr nach Amrum, und uns geht das Dichterwort dabei durch den Sinn:

„Ans Haff nun fliegt die Möwe,
Und Dämmerung bricht herein;
Über die feuchten Watten
Spiegelt der Abendschein.

Graues Geflügel huschet
Neben dem Wasser her;
Wie Träume liegen die Inseln
Im Nebel auf dem Meer . .."

Nach Sylt.

Auf der Reede von Wyk auf Föhr liegt der Salondampfer „Silvana". Dampfer „Wyk=Föhr" hat soeben von diesem die nach Sylt weiterreisenden Gäste und die für Föhr bestimmten an Bord genommen, um die letzteren bei der Landungsbrücke am Sandwall der baumreichen Wyk zu landen.

Allee am Sandwall in Wyk.

Mehrere Badegäste, die sich schon längere Zeit in diesem freundlichen Orte und seinem heil= kräftigen Bade aufgehalten haben und auch dahin zurückzukehren gedenken, wollen heute mit mehreren Freunden, denen meine Ange= hörigen und ich uns angeschlossen, eine Lust= fahrt nach Sylt machen. Das Wetter ist für unsere Reise günstig. Während sich unser Dampfer in Bewegung setzt, will das Grüßen und Winken und Hüteschwenken der Menschen= menge kein Ende nehmen, bis nach wenig Kolbenschlägen der Maschine der Strand und das Ufer der grünen Insel Föhr mit ihrem schmucken Badeort hinter uns liegen. Eine Möwe erhebt sich vor uns und eilt in schnellem Fluge dem Strande zu, als wollte sie die letzten Grüße und Winke der Mitfahrenden hinüber=

tragen zu denen, die noch unverweilt von der Brücke aus mit ihren Blicken dem davoneilenden Dampfer folgen. Längere Zeit hebt sich auf der linken, der Backbordseite unsers Dampfers noch das Ufer der

Strandleben in Wyk auf Föhr.

Insel aus den Fluten, die zu dieser Zeit des Steigens der Flut den Fuß des Föhrer Deiches, der mit großen Kosten gegenwärtig verstärkt und durch einen neuen Steindeich geschützt wird, berühren. Noch unterscheidet man deutlich die einzelnen Inseldörfer, die hinter Baumgruppen versteckt, parkähnliches

Aussehen haben, ähnlich den Vogelkojen, deren mehrere, nahe hinter dem Deiche liegend, bald unsere Aufmerksamkeit fesseln. An der Steuerbordseite erhebt sich in der Ferne das Festland der Bökingharder und Wiedingharder Köge, die teilweise seit 280 Jahren entstanden und teilweise vor ca. 500 Jahren noch Halligland waren. Ein einzelnes Gehöft, eine Mühle, eine Kirche verraten dem kundigen Wattenschiffer neben den Seezeichen genau den Ort, wo er sich befindet. Denn hier auf den Watten müssen die Schiffe ihren Weg in den Wasserrinnen suchen, die zur Ebbezeit zuletzt trocken werden, während sie mit Eintritt der Flut zuerst wassererfüllt gleich Silberadern die höher gelegenen Schlick- und Sandwatten umrahmen. An den Rändern solcher Tiefen sind dort „Baken" eingesteckt, die dem Schiffer sagen, daß er in der „Föhrer Ley" ist, und daß er ihren Krümmen folgen muß, wenn er nicht auf einer Sandbank festgeraten will.

Während wir so vom Bord ausschauen, beobachten viele der Mitfahrenden noch tiefes Schweigen, als ob all das Neue und Erfrischende einer Meerfahrt mit allen Abwechselungen, die sie bietet, ihnen Unterhaltung genug wäre.

> „Ein Schifflein ziehet leise
> Den Strom hin seine Gleise,
> Es schweigen, die drin wandern,
> Denn keiner kennt den andern,"

höre ich einen Herrn neben mir leise singen. In demselben Augenblick richtet Alles den Blick nach links. Das sichere Auge eines früheren Seefahrers hat in ziemlicher Entfernung vom Schiffe den Kopf eines Seehundes auftauchen sehen. „Jetzt taucht er eben unter!" „Seht, dort ist er wieder!" So wechseln die Ausrufe, bis man mit der Bemerkung, eine Seehundsjagd müsse doch sehr genußreich sein, die weitere Beobachtung des Robben aufgibt.

Ein Professor, der seine Ferien am Nordseestrande zu verleben gedenkt, richtet eben an mich die Frage: „Was für eine schwarze Masse sieht man dort aus dem Wasser hervorragen?" Ich entgegne

Ankunft eines Dampfers in Munkmarsch.

ihm, daß das die hochgelegene Wattfläche „Föhrer Schulter" ist, die einst Land war, so gut wie jene grünen Marschstrecken hinter den Föhrer Deichen es heute sind. „Also alles dieses war früher Land!?" Gewiß! Wir fahren jetzt zwischen den Trümmern eines einst reich gesegneten Landes dahin. Freilich sehen wir die Trümmer noch in ausgedehnterem Maße, wenn es tiefe Ebbe ist. Reste früherer Wohnstätten und versunkene Schiffstrümmer kommen dann nicht selten zum Vorschein (s. Seite 22 ff.). Um 1760 beobachtete man auf der Föhrer Schulter beispielsweise die Grundsteine der Kirche von Löckbüll, die wahrscheinlich 1362 mit ihrem Kirchdorf unterging. Treffend bemerkt einer der Zuhörer, daß nirgends besser als hier auf den Watten der schleswigschen Westküste das Dichterwort: „Und aber nach fünfhundert Jahren kam ich desselben Weges gefahren. . . Da schäumte das Wasser an diesem Ort," bestätigt werde. Wenn man aber hier den Fischer fragen würde, wie lange das Meer hier sei, so würde die Antwort anders lauten als bei dem Dichter. Denn der Friese zeigt ein lebhaftes Interesse für die Vergangenheit und die Geschicke seines Heimatländchens. Die Tiefen und Leyen, in denen wir zur Flutzeit dahinfahren, erinnern ihn oft durch ihre Namen an untergegangene Ortschaften. Die „Galmsbüller Ley" rechts von unserm Dampfer hält so denjenigen der Hallig und des Kirchdorfes Galmsbüll in der Erinnerung fest, das im ersten Viertel des vorigen Jahrhunderts unterging. Mit den letzten Bewohnern dieser Hallig flüchteten meine Vorfahren nach dem Marienkooge, dessen Gehöfte dort vor der kleinen Kirche Neu=Galmsbülls, deren Turm hoch aufragt, über den Seedeich schauen.

Mittlerweile sind wir in die sogenannte „Föhrer Tiefe" gelangt. Eine frische Brise aus Südwest und lebhaftere Bewegung des Wassers richten unsere Aufmerksamkeit auf das Meer unserer nächsten Umgebung. Wir haben hier eine Weile den Blick frei auf die zwischen Amrum, Föhr und Hörnum hereinströmenden Gewässer des freien Nordmeeres. Mit reger Geschäftigkeit sucht die eine Welle die andere zu überholen. Schwanenweiß erheben sich ihre Schaumköpfe und doch immer veränderlich, während aus der Ferne die donnernde Brandung von den Amrumer und Hörnumer Sandbänken herüber=

Friesenhäuser in Alt-Westerland.

tönt. Dann erscheint deutlich in unserm Gesichtskreis das meilenlange Dünengebirge dieser südlichen Halbinsel Sylt, von dem Ernst Willkomm*) folgende bemerkenswerte Schilderung giebt: „Einen eigentümlichen, bei hellem Sonnenschein entzückenden Anblick gewährt Sylt vom Meere aus. Die wundersam gestalteten Dünenkegel der langgestreckten Insel sehen dann einem aus den wogenden Fluten aufsteigenden Schnee= und Eisgebirge so täuschend ähnlich, daß, wer jemals eine Alpenlandschaft betrat, sich in der Nähe Sylts mitten in die Gletscherwelt der Schweiz versetzt glaubt. Obwohl die Dünen auf Sylt selten über 120 bis 140 Fuß sich über den Meeresspiegel erheben, erscheinen sie doch ungleich höher, da sie rundum die endlose Fläche des Meeres begrenzt. Die Mannigfaltigkeit ihrer Formen, die steilen Wände, die gebogenen spitzen Hörner, die breiten, schroff abfallenden Kuppen, die langgestreckten Flächen,

*) Wanderungen an der Nord= und Ostsee. Leipzig 1850. Seite 56.

die sie in buntester Abwechselung bilden, erhöhen noch die Täuschung und lassen den Fremden wirklich glauben, es werde diese sonderbare Insel von einem langen, breiten und mächtigen Gebirge durchschnitten."

Wo dort der Budersandberg seine weißen Sandmassen in die Tiefe wälzt, war einst ein Seeräuberhafen. Es herrschte damals nicht nur auf dem sanderfüllten Hörnum ein lustiges, wohl gar wildes Leben, sondern auch über die Gewässer, welche unser Schiff jetzt durchschneidet, glitten die beute-beladenen Fahrzeuge der Freibeuter dem jetzigen Festlande zu, wo sie in der Gegend des Hofes Bombüll ihren Zufluchtsort hatten. Mehr belebt noch erschien diese Partie des Wattenmeeres vor 50 Jahren dem Reisenden J. G. Kohl, als er in einer Mondscheinnacht auf dem Wattenewer „Elbe" während einer Ebbe hier übernachten mußte. Nachdem er es versucht, hier, wo drei Spitzen einst verbundener

Häuser in Wenningstedt.

Insellande sich zu ihm herneigten, wie sie jetzt sich uns entgegenstrecken, ein Bild des alten Fabel- und Sagenlandes der Friesen zu entwerfen, indem er eine Menge interessanter Sagen erzählte, wurde er zuletzt der stille Teilnehmer einer Hochzeit der Pucks und Klabautermänner, die er lebensvoll geschildert hat. Was da alles dem von ihm befahrenen Brautschiffe an großem und kleinem Volk zueilte, um an lustigem Tanz und Spiel teilzunehmen, spottet aller Beschreibung. Selbst die mondbeglänzten Insel-ränder, zwischen denen die Braut-„Elbe", von Fahrzeugen und Schiffswracks begleitet dahinglitt, erschienen zu dieser Feier geschmückt, und die Grabhügel der Heide auf Amrum, Föhr und Sylt öffneten sich; mit Waffen und Gold geschmückt, eilten auch ihre Bewohner herbei.

Mittlerweile sind wir der östlichen Halbinsel Sylts so nahe gekommen, daß dieselbe jetzt, nachdem das kleine Rantum am Fuße der Dünen von Hörnum unsern Blicken entschwunden ist, aller Aufmerksamkeit in Anspruch nimmt. Nicht nur die im Kreise um Gotteshaus und Schule gruppierten Dorfteile Morsums, sondern mehr noch die dunkel erscheinende Morsumheide mit ihren Grabhügeln und die mit ihr kontrastierenden weißen Sandpartien des Morsumkliffs, die eben von der Sonne beleuchtet werden, gewähren einen freundlichen, malerischen Anblick. Inzwischen haben die Bewegungen unserer Schiffsmaschine einen ganz anderen Klang erhalten. Wir befinden uns nämlich jetzt an der seichtesten Stelle der durch Baken markierten Sylter Ley, die selbst zur Flutzeit sehr wenig Wasser hat. Obwohl das Schiff für die Wattenfahrt erbaut ist, so läßt unser vorsichtiger Kapitän doch, damit wir nicht auf Grund laufen, Peilungen anstellen, und von Zeit zu Zeit hören wir: fief Foot, söß Foot 2c. — Bald jedoch wird das Fahrwasser tiefer und mit der größeren Nähe werden allmählich die verschiedenen Partien der wunderbar gestalteten Insel Sylt sichtbar. Bald erscheinen die anfangs getrennt auftauchenden höheren Inselteile der östlichen Halbinsel und der Norddörfer Heide mit ihrem Leuchtturm landverbunden, die schmucken Inseldörfer mit dem weißen Dünensaum im Hintergrunde laden zur Einkehr. Manche derselben und besonders das buntfarbige Morsumkliff und das weiße Braderupkliff,

Die Strandstraße in Westerland.

sowie die Dünen haben wir bereits auf unsern Wanderungen vom und zum Meeresstrande besucht. Während wir diese Betrachtungen anstellen und die Stätte passieren, wo einst der Wattenschiffer Brork Buhn eine Ladung Butter verlor und so dem „Buttersand" den Namen gab, ist unser Schiff der Landungsbrücke von Munkmarsch so nahe gekommen, daß wir das bunte Leben, welches dort herrscht, beobachten können. Dampfer und Segelschiffe, die in die Ferne streben, gleiten grüßend an uns vorüber. Wir nehmen indessen Abschied von unsern Schiffsgenossen, derweil unser Dampfer mit einem Ruck an der Brücke festliegt, die uns ans Land führt. Nach allen Richtungen trennen sich die Teil-

Sandburgen am Strande bei Westerland.

nehmer der angenehmen Wattenfahrt. Die meisten wollen die bei früheren Besuchen Sylts gewonnenen Eindrücke auffrischen. In wenig Minuten trägt sie darum das Dampfroß über die Heide nach Westerland, das in den letzten Jahren einen gewaltigen Aufschwung nahm. Seit einem Jahrzehnt hat sich hier so vieles verändert, daß mancher den Badeort von damals kaum wieder erkennt. Wo früher zwischen Dorf und

Düne nichts als Sand zu finden war, sind jetzt ansehnliche, geräumige Gebäude zu Straßen aufgereiht. Straßen und Seitenwege sind mit Steinen belegt, zwei breite holzbelegte Dünenübergänge führen zur Strandpromenade, die sich in unabsehbarer Länge dahin zieht. Überall Menschengewoge. Soweit das Auge blickt, ergießt sich dieser Menschenstrom, bis er sich in den Strandzelten und Strandkörben, den buntbeflaggten Sandschleusen und Laufgräben des Strandes verliert oder den Badekarren zueilt. Der Zauber des gewaltigen, ewigen Meeres nimmt hier alle gefangen. Kein Wunder, daß Sylt im Laufe der letzten Jahre mit Riesenschritten zum Weltbade geworden ist! Es muß wahr sein, was der Dichter Eduard Berg ausspricht, der 1891 hier dem Spiel der Wogen zuschaute, die „verlorner Dinge viel" zurückgeben:

> „Denn nicht nur Kiel und Masten
> Giebt hier die See zurück,
> Sie bringt uns fern dem Hasten
> Kraft, Lebensmut und Glück."

Nach Helgoland.

„Reisen Sie nach Helgoland?" Mit dieser Frage stellte sich mir ein deutscher Badegast vor, als wir mit der „Cobra" Wyk auf Föhr verließen, während die Baumreihen des Sandwalles mit den dahinterliegenden schmucken Häusern wie ein lieblicher Garten erschienen, in dem Kinder nach Herzenslust jubelten und spielten. Ich entgegnete, daß es allerdings meine Absicht sei, das kleine für jedermann und besonders für den Friesen interessante Felseneiland zu besuchen. Helgoland gehörte nämlich nicht nur einst zu Friesland, sondern es war der Sammelplatz aller Germanen der Siebenlande zwischen Nord- und Ostsee, und die Sage behauptet sogar, es sei landfest mit Nordfriesland verbunden gewesen. Hierhin zogen die altheidnischen Frühlingswallfahrer, um auf der Insel im Meer der Nereth oder Nerth, „der Nährerin alles dessen, was Odem hat auf Erden" ein mehrtägiges Freudenfest zu feiern. Obwohl Helgoland später als die schützende Dünenkette vor dem im Westen der cimbrischen Halbinsel belegenen Eilanden immer mehr zerbröckelte, bei schweren Sturmfluten viel von seiner Fläche verlor und im 11. Jahrhundert wahrscheinlich kaum mehr eine Quadratmeile umfaßte, blieb es doch noch lange der Sammelplatz der Nordfriesen, welche von hier aus dem Fischfange, der Beute- oder der Seefahrt obliegend, aufs Meer hinauszogen.

Während wir uns noch über das inzwischen zum Badeort gewordene gemeinsame Reiseziel unterhalten, hat die „Cobra" die Mündung der Schmaltiefe erreicht, und wir verlieren die größeren Trümmer Nordfrieslands bald aus dem Gesichtskreis. Mit ganzer Aufmerksamkeit halten wir nunmehr nach dem roten Felsen Ausschau.

Endlich taucht fern am Horizont ein dunkler Punkt aus dem Wasser auf. Während flatternde Möwen und Seeschwalben unserm Schiffe folgen, um ihre Beute aus dem breiten Wellenstrom herauf-zuholen, der den Weg des Dampfers bezeichnet, nähern wir uns immer mehr der Insel, die immer deutlicher hervortritt. Neben ihr erscheint jetzt eine zweite kleinere dunkle Masse, die Düne, der Bade-platz von Helgoland, vor unserm Blick. Bald heben sich die wie eine Perlenschnur aufgereihten grünen Badekarren am Strande derselben malerisch vom weißen Sand der Düne ab, die in den Stürmen von 1894 und 1895 schwer gelitten hat, seitdem aber durch Einsetzung von Buschwerk befestigt worden ist. Boote kreuzen zwischen Felsen und Düne dahin. Die „Cobra" geht zu Anker, um Passagiere aus- und einzuschiffen. Derweil haben wir Muße, den roten, der permischen Formation angehörenden Felsen und die wie auf einem Schachbrett aufgestellten Häuser und Türme Helgolands vom Schiffe aus zu betrachten. Das grüne Land, welches auf dem Felsen sichtbar wird, die rote Kante, der weiße Sand der Dünen geben den Häusern einen äußerst malerischen Hintergrund. Es ist thatsächlich wahr, was der Helgoländer sagt:

> „Grön es det Lunn
> Road es de Kant,
> Witt es det Sunn
> Det es de Waapen
> Fan't Hillige Lunn."

> (Grün ist das Land
> Rot ist die Kant',
> Weiß ist der Sand,
> Das ist das Wappen
> Vom heiligen Land.)

Da die roten Felsmassen mit grauem Thon durchsetzt sind, erkennt man deutlich die Schichten, welche von der Nordwestseite nach der Südostseite in Winkeln von 10 bis 15° abfallen. Bei näherer Untersuchung läßt sich feststellen, daß die Insel und die umgebenden Klippen früher zusammenhingen, denn hier wie dort zeigt sich dieselbe Streichung. Das Leben und Treiben an der Landungsbrücke, wo flinke Segelboote kommen und gehen, nimmt uns eine Weile in Anspruch, bis auch wir in das von sechs Ruderern bemannte Boot steigen, das mit taktgemäßen Schlägen, von den ausgezeichneten Seeleuten gelenkt, im Augenblick an der Brücke liegt, neben welcher zahlreiche Fischerschaluppen vertaut sind, von denen das Wasser zurückgetreten ist. Während wir die bekannte Lästerallee durchschreiten, fällt uns das 1893 neuerbaute Kurhaus rechts vor der Brücke auf, vor welchem das Hoffmann=Denkmal stand, bis es von den 1894=Fluten gefährdet seinen jetzigen Platz links im Unterlande erhielt. Aber auch die übrigen Häuser, zum Teil mit kleinen Gärten davor, die mit lieblichen Kindern Floras geschmückten Fenster, die überall vorhandene Reinlichkeit und Sauberkeit, machen einen guten Eindruck. Unter den Straßen des Unterlandes ist die sogenannte Bindfadenallee, die einzige Baumallee der Insel, besonders bemerkenswert. Englische Straßennamen erinnern an die frühere englische Herrschaft, doch sind seit 1890 auch deutsche Bezeichnungen einzelner Straßen an die Stelle der früheren gesetzt. Eine Hauptstraße des Oberlands heißt jetzt Steinacker (fries. Steanaker), ein Platz zwischen Schule und Kirche Hingstgars (Pferdeweide). Die mächtige Treppe führt uns aufs Oberland, während andere es vorziehen, den neben derselben befindlichen Fahrstuhl zu benutzen. Am „Falm" entlang, der sich als Hauptverkehrsstraße an der Ostkante des 28 bis 56 m hohen Felsens hinzieht, genießen wir die prächtige Aussicht über die zu unsern Füßen liegenden Häuser des Unterlands, über den Strand, die Landungsbrücke hinüber zur Düne; Dampfer und Segler gleiten vorüber. Das weitblickende Auge des Helgoländers, der anscheinend teilnahmslos aufs Meer schaut, kennt jedes derselben genau, und er ist in Zeiten der Gefahr bereit, ihnen ein sicherer Lootse zu sein. Ein mächtiges Mauerbollwerk schließt den Klippenrand gegen das Unterland ab. Bald erreichen wir die arg zerklüftete Westseite. Soweit man von hier sehen kann, nimmt ringsum das Meer den Horizont ein. Damit keiner zu nahe an den Rand tritt, um hinabzustürzen, „denn schroff und steil" hängen die Felswände in die See hinaus, ist das Oberland

Westküste Helgolands bei Flut.

seit 1887 mit einer eisernen Um= zäunung versehen. Wie winzig er= scheinen uns die von der aufgeregten See zu unsern Füßen hin und her geschaukelten Boote, welche eine Rund= fahrt um die vom Abendschein der Sonne beleuchtete Felseninsel machen! Aber nicht nur das wechselvolle Farben= spiel des ruhelosen Meeres fesselt uns, sondern mehr noch das Zischen und Rauschen und Brausen der Wogen, welche der Südwest gegen den Felsen wälzt, dessen einzelne Stücke wie Pfeiler bereits ganz abgetrennt sind oder noch sogenannte Felsenthore bilden. Im Laufe von 50 Jahren stürzten 10 solcher Stücke ein, während neue abgelöst wurden. Doch sind es nicht die Wellen allein, welche eine Abnahme des Felsens veranlassen. Nach Dr. E. Lindemanns Beobachtungen sind die Haupt= faktoren der allmählichen Zerbröckelung die wässerigen Niederschläge, verbunden mit dem Wechsel der Temperatur, hauptsächlich die zerstörende Kraft des Frostes, die besonders an der tiefer liegenden Ostseite wirksam ist. In 32 Jahren gingen 22100 qm des Felsens verloren, der 1855 442200 qm umfaßte.*) Die Größe der Insel war 1887 0,59 qkm. Während der Felsen an Größe abnimmt, nahm die Düne bis zu den verheerenden Sturmfluten von 1894/95 zu. Bis zum Jahre 1720 hing

*) Lindemann, Die Nordseeinsel Helgoland, Berlin 1899, Seite 6.

sie, durch die sogenannte Wittklipp, einen Gypsfelsen, vor der hereinbringenden Nordwestflutströmung geschützt, mit dem Felsen zusammen. Als aber die genannte Flut diese Verbindung aufhob, wurden Norder= und Süderhafen verbunden, und die 1875 m entfernte Düne wurde von Meeresströmung und Windrichtung abhängig. Sie ist seitdem ähnlichen Veränderungen unterworfen gewesen wie die Dünen des Ellenbogens auf der Insel Sylt. Im Jahre 1835 hatte sie nach Lindemann eine Länge von 836 m, eine Breite von 209 m, gegen 1600 und 320 m im Jahre 1888. Vielleicht giebt gerade diese Veränderlichkeit derselben Fingerzeige, wo Hand ans Werk zu legen ist, um das Felseneiland vor dem Verlust seiner Badedüne zu schützen.*)

Mittlerweile sind wir in die Nähe des neuen Leuchtturms gelangt, der 1810 erbaut wurde und wegen seiner hohen Lage eine schöne Aussicht auf das Meer gewährt. Die „als Denkmal alter Zeit" danebenstehende Feuerbluse, 1670 von Hamburgern aufgeführt, hatte bis dahin mit ihrem Kohlenfeuer den Schiffern nachts den Weg gezeigt.

Helgoland, von der Düne aus gesehen.

Neben dem Leuchtturm bezeichnet ein auf Sandsteinsockel errichteter 2 m hoher Granitobelisk, den die Helgoländer zum Andenken an den 10. August 1890 widmeten, den Ort, wo Se. Majestät Kaiser Wilhelm II. „Helgoland in den Kranz der deutschen Inseln wiederaufnahm, der die vater= ländische Küste umsäumt," nachdem es seit dem Kieler Frieden 1814 in englischem Besitz gewesen. In kirchlicher und kommunaler Beziehung wurde es später dem Kreise Süderdithmarschen eingefügt. So kehrten die Helgoländer auf friedlichem Wege in das Verhältnis zum deutschen Vaterlande zurück, auf welches die Geschichte, die Lage und die Verkehrsbedingungen ihre Insel hinwiesen. Seitdem sind außer den Befestigungen, die der früher einförmigen freien Fläche des Oberlandes angenehme Abwechselung gebracht haben, viele Veränderungen zu verzeichnen, die dazu beitragen, den Badeaufenthalt in der bei jeder Windrichtung unvergleichlich reinen Seeluft Helgolands angenehm zu gestalten.

---

*) Im Februar 1898 bewilligte das Abgeordnetenhaus zur Erhaltung der Düne bei Helgoland 560 000 Mark, die Gemeinde Helgoland sollte dadurch nicht belastet werden.

Die von der Nordspitze zur Südspitze mitten durch das Oberland meist zwischen Kartoffelfeldern und Grasland, auf dem getüderte Schafe*) weiden, dahinführende sogenannte Kartoffelallee benutzen wir zu unserm Rückgange, um auf einem Seitenwege zur St. Nikolaikirche mit ihrem schlanken Turm zu gelangen, die auf jeden Besucher einen sehr guten Eindruck macht. Mittschiffs der Kirche hängt unter der gewölbten Decke das Modell eines stolzen Dreimasters mit englischer Inschrift, welche den Erbauer nennt und besagt, daß das Modell 1869 von Gouvernor Maxce geschenkt worden ist. Neben dem Altare ist der erste Hamburger Indienfahrer, geführt vom Helgoländer Peter Rickmer Krohn, im Modell zu sehen. Gleicht also in dieser Beziehung die Helgolander Kirche denjenigen der übrigen nordfriesischen Inseln und Halligen, so auch darin, daß trotz des zeitweilig fremden Regiments die Inschriften unter Gemälden und Ambühnen deutsch geblieben sind. Hier besteht noch der alte Brauch, die Kinder Sonntags nach der Predigt in der Kirche zu taufen. Während noch die ganze Gemeinde versammelt ist, tritt plötzlich eine Kinderschar in die Kirche vor den Altar, jedes Kind mit einem kleinen Gefäß Wasser in der Hand. Den Inhalt schüttet sie in das Taufbecken und verschwindet wieder. Darauf wird die heilige Handlung vollzogen.

Die Helgoländer führten früher wie alle Friesen keine ständigen Familiennamen. Dem Vornamen des Kindes trat gewöhnlich der Rufname des Vaters mit angehängtem s, en oder ens hinzu, sodaß beispielsweise, wenn der Vater den Rufnamen Heik hatte, und das Kind den Namen des Großvaters, etwa Hans, erhielt, dasselbe Hans Heikens genannt wurde. Vor etwa 130 Jahren wurde eine andere Einrichtung der Kirchenbücher verfügt, die veranlaßte, daß später für den amtlichen und schriftlichen Verkehr ständige Zunamen in Gebrauch kamen, während der Volksmund in ganz Nordfriesland bis heute jene alte Weise der Namengebung beibehielt. Nach dem Helgoländer Adreßbuch von 1889 verzeichnete der Herausgeber P. F. L. Uterhark ca. 550 Adressen, die wegen des häufigen Vorkommens der Zunamen sehr interessant sind. Etwa 56 Namen kommen einmal, 21 zweimal, 12 dreimal, 7 viermal, 8 fünfmal, 4 sechsmal, 13 siebenmal vor. Den Zunamen Friedrichs hatten 32 Helgoländer, Rickmers sind 28, Aeuckens 22, Krüß 18, Dencker 15, Botter 15, Hornsmann 13, Lorenzen 12, Bock, Dreyer, Kröger, Ohlsen, Michels, Reimers, Bartz je 11, Nickels, Ohlrichs, Ralfs je 9, Franz und Hamkens je 10 2c. vorhanden.

Die Spielreime und Spieltexte der Kinder sind friesisch und deutsch. Folgende Auszählformel habe ich auf Helgoland aufgezeichnet, und doch wird sie manchem Leser bekannt vorkommen:

„Ene, bene, dunke, funke, rabe, schnabe, dippe, dappe,
Käse, nappe, oller, boller, roß, up, ap, aus, du liegst draus.“ —

Die sich im Kinderleben wiederholenden Weihnachtsbräuche von Sönner Klaas und die Neujahrswünsche sind dieselben wie auf den Inseln der schleswigschen Westküste. Auch die Ehen werden in der Kirche geschlossen. Am Hochzeits= wie am Verlobungstage macht das Paar, von Freunden und Verwandten begleitet, einen Rundgang durch die Insel. Interessant ist auch die Sitte des Brautbetttragens, welche darin besteht, daß vor der Hochzeit eine Reihe von Frauen und Mädchen vom Hause der Braut zu dem des Bräutigams durch die Straßen ziehen. Jede trägt ein Stück des Brautbetts, das dann gemacht wird. Oetker fügt bei Erwähnung dieser Sitte hinzu, daß „beim Hintragen der Bettstücke sich keine umsehen oder ausruhen“ dürfe; „es würde das schweres Unglück im Gefolge haben.“

Die Leichenbegängnisse bringen fast dieselben Gebräuche mit wie in dem übrigen Nordfriesland. Freunde tragen den Toten zu Grabe. Dann erhält er, nachdem die Frauen durch stilles Sitzen an dem Sarge Abschied genommen und die Männer ihm zur letzten Ruhestätte folgten, einen Leichenstein oder ein Kreuz, wie sie der Kirchhof aufweist. Inmitten der Lootsen= und Schiffergräber Helgolands, fast überwuchert von Grün, fand ich folgendes Grabmal: ein einfaches Kreuz mit der tiefempfundenen Inschrift:

„Hier ruht, vom goldnen Menschheitsbaume
Verweht durch einen Wetterschlag,
Still eine Knosp' im Blütentraume
Zur Reife für den jüngsten Tag,“

---

*) Laß berichtet, daß man im 18. Jahrhundert 40 Kühe und 200 Schafe hatte; am 1. Dezember 1892 wurden 3 Pferde, 10 Kühe, 39 Schweine, 122 Schafe gezählt.

und mit dem Namen Malvine Erk, geboren 26. Mai 1827, gestorben 23. August 1853. Auf meine Frage, wie diese berühmte Schauspielerin hier ein Grab gefunden, sagte man mir, sie sei gelegentlich eines Badeaufenthalts auf der Düne vom Blitz erschlagen worden.*) Die Sterbestatistik Helgolands zeigt, daß in den letzten Jahrzehnten die Lebensdauer des Einzelnen im Durchschnitt viel länger geworden ist. Dr. Lindemann**) einerseits weist nach, daß im 18. Jahrhundert die Sterbezahl im Mittel pro Jahr 50 gegen 39 im 19., das Durchschnittsalter entsprechend 29 und 49 Jahre betrug, andererseits war es in der Zeit vom 1. Januar bis 31. März 1897 bei 11 Sterbefällen 71 Jahre.

Obwohl die Frequenz des Bades von Jahr zu Jahr gestiegen (es besuchten 1880: 4000, 1888 reichlich 11 000, 1890 ca. 20 000 Fremde die Insel), so hat doch die Bevölkerung mit Treue an ihrer friesischen Sprache und Sitte festgehalten. In 535 Häusern wohnten am 2. Dezember 1895: 2166 Helgoländer, 992 männliche, 1174 weiblichen Geschlechts und 74 aktive Militärpersonen. Die Insulaner nähren sich von Fischfang, von Lootsendienst und von dem Erwerb, den der Fremden= verkehr im Sommer bringt. Die Fremden nehmen gern einmal am Fischfange teil, oder sie suchen jagend Möwen, Seeschwalben, Delphine und Robben oder Lummen, die in dem Felsen nisten, zu erlegen.

Inzwischen ist die „Cobra" wieder vor Helgoland angekommen. „„Cobra" einsteigen!" heißt es auf der Brücke. Wir nehmen Abschied von den freundlichen Bewohnern und den Fremden, die wir kennen lernten. Während der Dampfer sich in Bewegung setzt, flattern noch die Tücher über den grünen Rand der Landungsbrücke hinaus, sie winken uns diesmal zur Wiederkehr nach dem von Sagen umwobenen Felseneiland Helgoland, das bald unsern Blicken entschwindet. Nach einer angenehmen Seefahrt von drei Stunden liegt unser Dampfer vor der Reede von Wyk, und wir betreten, von unserer Ausfahrt befriedigt, das grüne Föhr, wo Tausende Sommerfrischler wie auf Helgoland Er= quickung, Genesung und Heilung suchen und auch finden.

---

*) Helgoland, Seite 163.
     Ausführlich ist der Vorgang erzählt: Die Vegetation auf Helgoland von Dr. E. Hallier. Hamburg 1861 Einleitung, S. 1—3.
**) Die Nordseeinsel Helgoland, Berlin 1889, Seite 83.

Landverlust und Landgewinn im schleswigschen Wattenmeer.

Am Schlusse des Jahres 1894 lenkten die Nachrichten über die verheerenden Wirkungen der Stürme und Fluten im Bereiche der deutschen Nordseeküsten aufs neue die Aufmerksamkeit auf die im Laufe von Jahrhunderten erfolgten Fluten, auf die Verheerungen derselben, auf den Kampf der Meeranwohner mit dem unersättlichen Elemente und auf die Vorrichtungen, die bestimmt sind, der zerstörenden Macht des Meeres zu begegnen und der aufbauenden Thätigkeit desselben entgegen zu kommen. Die Jahre 1894 und 1895 haben im vollen Maße die Erfahrung bestätigt, daß hauptsächlich die Winterfluten an den abbrüchigen Ufern der vor der schleswigschen Westküste liegenden Inseln und des Festlandes großen Schaden thun, wenn auch die Verheerungen keineswegs in allen Jahren einander gleich sind; hat doch auch Helgoland durch die 1894er Dezemberflut besonders an seiner Badedüne erheblich gelitten. Ähnlich war es an den Inseln und Küsten des schleswigschen Wattenmeeres. Ob man das rote Kliff auf Sylt, die Dünen von Sylt und Amrum, das südliche Ufer der Insel Föhr, die Ufer der Halligen, die Steindeiche, den gegen das Meer gekehrten Fuß des Seedeiches betrachtete, überall waren Beschädigungen und Verluste zu verzeichnen, welche die Mitteilungen der Sage und der Chronik über frühere großartige Landverluste,*) die die friesischen Uthlande, das an der schleswigschen Westküste liegende, mit besonderen Rechten und Freiheiten ausgestattete und von Friesen bewohnte Inselland trafen, verdeutlichten und bestätigten. Seit dem 17. Jahrhundert nannte man die Inseln des heutigen Wattenmeeres Uthlande. Doch nicht nur zur Zeit solcher Fluten wie die des 12. Februar und des 23. Dezember 1894 und des 5. bis 7. Dezember 1895, sondern fast täglich beobachten die Anwohner des Wattenmeeres, daß eine Abnahme der Inselreste durch das Meer stattfindet. Nachdem wir in einer Wanderung am Meeresstrand den Trümmern nachgegangen, die im Bereiche des Wattenmeeres von früheren Wohnstätten beobachtet worden sind, will ich hier nur von den Verlusten der früheren Uthlande ausgehend zu denjenigen der einzelnen Teile der jetzigen übergehend, eine fortwährende Abnahme der nordfriesischen Inselwelt feststellen, um damit zu zeigen, ein wie verdienstliches Werk es ist, die Uferschutzwerke thunlichst weiter auszubauen und die Arbeiten für den Landgewinn möglichst zu fördern. Mit Recht sagt nämlich Dr. Ludwig Meyn**), der zuerst die geologischen Verhältnisse des Wattenmeeres gründlich darlegte: „Wer dem feindlich zerstörenden Meere an dieser Westküste Halt gebietet, der hat zugleich dem freundlich aufbauenden

---

*) Einen interessanten Beitrag zur Geschichte der Sturmfluten lieferte Dr. Reimer Hansen, Beiträge zur Geschichte und Geographie Nordfrieslands im Mittelalter. (Ztschr. der Gesellsch. für S.-H. L. Geschichte, Band 24, Kiel 1894.)
**) Geognostische Beschreibung der Insel Sylt und ihrer Umgebung, Seite 149, Berlin 1876.

Meere die Ruhe verschafft, deren es bedarf, um hier, wo es schon einmal reiche blühende Landschaften schuf, dieselben zum zweitenmale hervorzubringen, und dadurch nicht nur den geschehenen Aufwand mit Zinseszinsen zurückzuzahlen, sondern auch eine vielfältige Vormauer für das jetzt immer stärker gefährdete Festland zu schaffen. Einst hätten es die noch nicht so völlig als jetzt zersplitterten Friesen allein vermocht, aber es fehlte ihnen der geistige Mittelpunkt, die einigende Hand. Selbst Dänemark hätte im Laufe dieses Jahrhunderts das Werk vollenden können, aber es verbrauchte die Mittel der Herzogtümer zu unproduktiven Zwecken. Der schöpferische Geist Friedrichs des Großen, welcher die wüsten Binnenlandssümpfe seiner Marken in Acker und Weide verwandelte, kann, in seinen Nachfolgern lebendig, auch die pflanzenleeren Küstenwatten umgestalten, und mächtig wächst auf den Inseln mit der jährlich wachsenden Gefahr das Vertrauen auf einsichtsvolle und starke Hülfe."

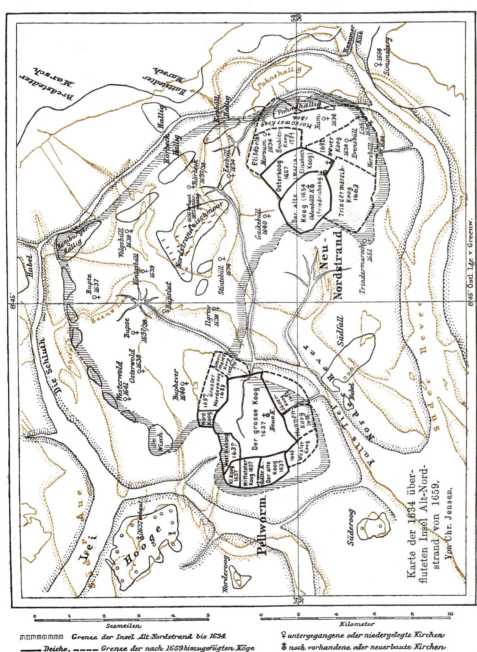

Karte der 1634 über-
fluteten Insel Alt-Nord-
strand von 1659.
Von Chr. Jensen.

Die Karte wurde mit Benutzung einer holländischen Manuskriptkarte gezeichnet. Bei den untergegangenen Kirchen wurde das Jahr der Niederlegung angegeben, bei den Kögen das der Eindeichung.

Die jetzigen Watten sind braun eingetragen.

Seemeilen

Kilometer

ⴽⴽⴽⴽⴽⴽ Grenze der Insel Alt-Nordstrand bis 1634.   ♀ untergegangene oder niedergelegte Kirchen
──── Deiche, ╌╌╌ Grenze der nach 1659 hinzugefügten Köge   ♁ noch vorhandene oder neuerbaute Kirchen
10 Häuser und Werften auf den Halligen (nach 1634 bewohnte Halligen).   ⣿⣿⣿ Sandbänke u. Watten, trocken bei Niedr. Wasser.

Über das, was vor dem 17. Jahrhundert im Bereiche der nordfriesischen Inselwelt verloren ging, sind zuverlässige, zahlenmäßige Nachweise kaum möglich, zumal die kartographischen Darstellungen aus früherer Zeit nur im großen und ganzen, nicht aber im einzelnen richtig sind. Eine planimetrische Berechnung z. B. der fast einzig in Betracht kommenden Karten von dem Mathematiker Johannes Mejer, wie dieselben in Danckwerths Newen Landesbeschreibung (Anno 1652) auf Tafel 13 und 14 enthalten sind, führt nicht zum Ziele. Für die spätere Zeit wurden sie als Grundlage der Erforschung des alten Nordfrieslandes benutzt; so von C. P. Hansen für seine antiquarischen Karten, von Dr. F. Geerz für das 1888 erschienene nördliche Blatt seiner „Historischen Karte von den nordfriesischen Inseln Nordstrand, Pellworm, Amrum, Föhr, Sylt 2c., der kontinentalen Marsch zwischen Hever und Königsau, sowie von der friesischen Vorgeest". Dieselben Karten benutzte ich für die in meinem Buche: „Die nordfriesischen Inseln Sylt, Föhr, Amrum und die Halligen vormals und jetzt", Hamburg 1899, befindliche Karte. Rücksichtlich der Verluste vor 1600 kann zunächst nur im allgemeinen hervorgehoben werden, daß am Ende des 13. Jahrhunderts die friesischen Uthlande ein durch breite Sümpfe und Gewässer getrenntes Inselland waren, das teilweise durch Meeresarme vom damaligen Festlande geschieden war. Die Böckingharde und Nordstrand, das 1218 vom Festland getrennt wurde, hatten im Osten sehr schmale Wassergrenzen; die Dreilande — Eiderstede, Everschop und Utholm, die 1160 zu einer Insel zusammengedeicht wurden, waren durch den schmalen Heverstrom von Nordstrand getrennt, das nach dem Waldmarschen Erdbuche von 1231 fünf Harden: Byltringhaeret, Bvyrikshaeret, Pylwaermhaeret, Edomshaeret, Lundaebyarghaeret umfaßte, in denen die Designatio*) 66 Kirchen namentlich aufführt. Es umfaßte die jetzigen Inseln Nordstrand und Pellworm und einige Halligen. Die Wiedrichsharde (im Erdbuche Bvyrikshaeret) bestand damals schon aus Halligen, als deren Reste Nordmarsch, Langeneß, Oland heute noch vorhanden sind. Böckingharde umfaßte das Risummoor und einige Halligen, während die Wiedingharde (südlich von Tondern) eine Insel war. Föhr und Amrum machten wahrscheinlich noch eine Insel aus, sie waren von Sylt durch eine unbedeutende Tiefe geschieden. Die Eider im Süden und die Wiedau im Norden trugen indessen als die bedeutendsten Wasserstraßen des Friesenlandes größere Schiffe, während die Meeresarme zwischen den einzelnen Uthlandsgebieten, obwohl Ebbe und Flut in ihnen aus- und einzogen, stellenweise für Fußgänger passierbar waren. Heimreich schreibt p. 91: „Da man zuvor wol zu Fuß zu denselben aus einigen Örtern der Eiderstädtischen und Geestharden, zwischen welchen sie gelegen, hat gehen können, wie davon der große Herrweg, so von Pilworm in den Schlick hinausläuft, und bei Westerhever in Utholm wieder zu Lande kommt; das Kirchspiel Ulvesbüll in Everschop, so in den alten Registern zu Edomsharde wird gerechnet; wie auch der Hammer- oder Strucksweg, so von Schobüll in den Schlick ausläuft, und gleich auf dem Kirchspiel Hamm im Strande zugehet; der Volksbüller Weg, so auf Ockholm zuläuft 2c. klare Anzeichungen geben". Solche Verbindung bestand zwischen Sylt und Hoyer, zwischen Hörnum-Sylt und Amrum-Föhr; auch zwischen Föhr und Wiedingharde war ein Schlickweg. Größere Wassertiefen, welche der Weg berührte, wurden überbrückt: eine solche Bohlenbrücke befand sich zwischen Pellworm und Westerhever; im Rummelloche sah man kürzlich die Reste einer ähnlichen Brücke, die Pellworm mit Hooge verbunden haben mag. Die Sage will wissen, daß noch im 12. Jahrhundert der Baumeister der drei Kirchen St. Salvator auf Pellworm, St. Johannis auf Föhr, St. Severin in Keitum auf Sylt, deren Bau er gleichzeitig zu leiten hatte, von einer Baustelle zur andern reiten konnte. Kurz vor 1300 waren nach verschiedenen Kirchenverzeichnissen im Gebiete der Uthlande 95 Kirchspiele vorhanden, davon sind jetzt 46, nämlich 18 in Eiderstedt, 13 in der Böcking- und in der Wiedingharde und 15 auf den Inseln übrig.

Das 14. Jahrhundert brachte nach Pastor Kuß' Zusammenstellung denkwürdiger Naturereignisse zehn**) verheerende Fluten. Besondere Zerstörung richtete die Flut von 1362 an. Frühere Fluten, ansteckende Krankheiten, schlechte Ernten und daher geringe Volkskraft zur Ausbesserung der schadhaften Deiche hatten ihr das Feld bereitet. Nordstrand verlor mehr als 20 Kirchen und Kirchspiele, die

---

*) Designatio der Harden und Kerken in Frisia minor oder Nordfriesld. Ao. 1240.
**) Das 12. und 13. Jahrhundert je 7, das 15. 11, das 16. 23, das 17. 19, das 18. 18 (vergl. Meyn a. a. O., Seite 122).

übrigen Teile der Uthlande 10 Kirchen*). Nach dieser Flut war an eine Bedeichung der Wiedrichsharde nicht mehr zu denken; gerade hier waren die meisten der Nordstrander Kirchen untergegangen,
außerdem Hooge I, Balum, Gotmersbüll, Walthusum, Heverdam ꝛc. Nordstrand hatte damit das
schützende Vorland verloren, die hohen Sandbänke zwischen Hever und Schmaltiefe waren größtenteils
ausgeebnet, ein Umstand, der den noch vorhandenen, auf Moor- und Waldresten ruhenden Teilen der
noch großen und bedeichten Insel den Untergang in Aussicht stellte. Die äußerlich schon getrennten
Teile veranlaßten eine Schwächung des inneren Zusammenhanges der Bewohner. So fehlte die vereinte
Kraft bei Aufrichtung und Ausbesserung der durch die Sturmfluten des 15. und 16. Jahrhunderts
durchwühlten Deiche, und die Wellen hatten es versäumt, zum Schutze gegen die eigene Gewalt „Dünen
und Sandwälle" aufzurichten wie ehedem. Nur Eiderstedt, Amrum und Sylt und hinter ihnen Föhr
waren durch ihre Dünen geschützt. Früher hatten auch Engelsand und Seesand zweifellos Dünen.
Auf den beiden jetzt dünenerfüllten Sylter Halbinseln Hörnum und List geschahen nach 1362**) und
1436 großartige Dünenbildungen, die gegenwärtig teilweise zerstört, teilweise in langsamer Wanderung
nach Osten begriffen sind. Zwischen Pellworm und den übrigen Nordstrander Harden riß die letzt-
genannte Flut eine breite Strömung, Alt-Rantum und Eidum auf Hörnum sanken hinab in den
Meeresschoß. Aber die Flut trug viele der erdigen, schlickhaltigen, losgerissenen Massen in manche
östlicher gelegene seichte Teile des Wattenmeeres, so daß es mittlerweile gelang, fast die Hälfte der
damaligen Uthlande mit dem Festlande durch Deichbauten zu verbinden. So Eiderstedt 1489, Wiedingharde 1566 und einen Teil der Böckingharde. Von da an bezeichnet der Ausdruck Uthlande die außen
vor der Festlandsmarsch liegenden Inseln und Halligen und deckt sich mit der Bezeichnung der heutigen
nordfriesischen Inseln.

Das 1436 zerrissene Nordstrand konnte 1550 durch zwei Deiche und die Einnahme des
Bopheveringe-Koog zusammengedeicht werden, so daß beide nun vereinte Inseln 40 156 Demat = 20 078 ha
bedeichtes Land besaßen. Nach C. P. Hansens Schätzung umfaßten um 1250 die Uthlande 50 deutsche
Quadratmeilen, wovon um 1600 20 Quadratmeilen: 10 Quadratmeilen Inselland und 10 Quadratmeilen Festlandsmarsch, übrig waren. Seitdem ist das Festland durch Deichbauten gegen das Meer
um etwa eine Quadratmeile erweitert, die Inseln aber haben die Hälfte ihrer damaligen Fläche eingebüßt.
Wie sich diese Verluste bei den einzelnen Inseln ergaben, mögen folgende Mitteilungen sagen: Die
Insel Nordstrand erlitt den am meisten in die Augen fallenden Landverlust; ihr Schicksal wurde durch
die einzige Flut***) der Nacht vom 11. auf den 12. Oktober 1634 besiegelt. Mit den Deichen und
den unbedeichten Ländereien hatte sie kurz vorher 44 338 Demat = 22 169 ha, von denen gegenwärtig 8600 ha wieder bedeicht und etwa 1800 ha unbedeichtes Halligland vorhanden sind. Diese
Oktoberflut veranlaßte 44 Deichbrüche; 6 Glockentürme und 30 Windmühlen fielen um; mehr als
1300 Häuser (von 1779) wurden zerstört; von etwa 9000 Bewohnern waren 6408 ertrunken, unter
diesen 9 Prediger und 12 Küster. Viele der Überlebenden gingen nach Holland, von wo am Ende
des 30jährigen Krieges nicht wenige derselben nach der Uckermark gezogen sind. Gegen 50 000 Stück
Vieh waren umgekommen. Das Land selbst war größtenteils in Halligen verwandelt. Halbzerfallene
Türme und Kirchenmauern waren Denksteine auf dem großen Kirchhofe. Der größere Teil der
Pellwormharde konnte bald wieder eingedeicht werden, 1637 zählte man dort fünf Köge, das jetzige
Nordstrand aber blieb volle 18 Jahre mit zerrissenen Deichen liegen, so daß das Meer etwa 5000 ha
des fruchtbaren Landes verschlang, die bei schleuniger Hülfe erhalten worden wären. Es überstieg die
Kräfte der alten Landeigner, die Deiche zum Stehen zu bringen. Herzog Friedrich III. überließ dies
Werk reichen Niederländern, trieb aber die armen Bewohner von der teuren Heimat fort. Der Chronist
Heimreich publizierte 1652 den betreffenden Befehl auf dem Moor, wo seit 1642 ein Prediger war,

*) C. P. Hansen, Chronik der friesischen Uthlande, S. 56. Garding, H. Lühr und Dircks, 1877.
**) Dr. R. Hansen hebt hervor, daß für das 12. Jahrhundert die Flut vom 16. Februar 1164, vielleicht
auch die von 1158, für das 13. die vom 17. November 1218 und vom 28. Dezember 1248 bezeugt seien. Er hält für
das 14. Jahrhundert beglaubigt, 1. Mai 1313, 1341 und den 16. Januar 1362. Als größere Fluten des 15. Jahrh.
nennt Hansen 8, unter denen diejenigen vom 1./11. 1436 und vom 16./10. 1483 die schlimmsten waren.
***) Die Höhe dieser Flut über Normal-Null betrug nach Klixbüller Wasserzeichen 4,30 m, also etwa 3,4 m
mehr als gewöhnliche Fluthöhe.

und in der Kirche zu Odenbüll, der einzigen, die die Flut übrig gelassen und die den zerstreuten Gemeinderesten ein Sammelplatz war; er hebt hervor, „daß solches nicht ohne bittere Zähren der alten Landeigner ist angehört worden". Die Hallig Nordstrandischmoor lag vorher als unbewohnte, nur zum Torfgraben benutzte Fläche mitten in der Insel und die gegenwärtige Hamburger Hallig, einst nach dem Besitzer Amsinckkoog genannt, an ihrem Rande. Die Dampfschiffe und Segler, welche heute den Verkehr der Nordseebäder Sylt, Föhr, Amrum mit Husum vermitteln, suchen ihren Weg mitten im Gebiete der alten Insel. (Vergleiche die Karte Seite 51.)

Vor der Flut hätte der den Schiffskurs bezeichnende Weg zwischen den Kirchspielen Morsum, Gaikebüll, Eesbüll, Roerbeck, Stintebüll, Ilgrov, Königsbüll, Bupslut, Bupte u. a. hindurchgeführt; lachende, blühende Gefilde umgaben diese Ortschaften, denn man erntete hier schweres Korn. Jetzt ist tiefes Wasser unter dem Kiel, doch erblickt der Wattenschiffer, den die Ebbe überrascht, nicht selten Grundsteine und Ortschaftstrümmer auf dem bloßgelegten Meeresgrunde. Die Hallig Nordstrandischmoor, die jetzt 7 Häuser auf 4 Werften zählt, hatte bald nach 1640 23, 1717 noch 20 Häuser, von denen die Weihnachtsflut desselben Jahres 18 hinweg nahm; 1825 ging auch die Kirche verloren. Dem fleißigen Prediger M. Antonius Heimreich, der hier von 1654 bis 1685 an dem „ihn genügenden Orte" wirkte, verdanken wir nicht nur genaue Nachrichten über die Flut von 1634, er schuf die wertvolle „Nordfresische Chronik"*). Das spätere Geschick seiner Hallig erlebte sein Sohn und Nachfolger. Behnshallig und Hainshallig sind ganz verschwunden. Wogend und wallend strömt die Flut in die Süderaue hinein, die Hallig Gröde zertrümmernd. Im Jahre 1890 hatte sie noch nur ein Stück der Fläche abgerissen, nur bei hohen Fluten konnte der Dampfer die Trennungslücke passieren, seine Richtung über den Ort nehmend, wo 1634 die zweite Kirche unterging, sonst mußte er zwischen Gröde und Langeneß dahinfahren. Heute brauchts keine hohe Flut mehr zur Durchfahrt zwischen den zwei Teilen — der größere zerbröckelte zu fünf oder sechs Stücken, deren größtes ein paar Werften und fünf Häuser neben dem kleinen Kirchlein trägt — die 1889 menschenleer gewordene weitere Werfte durchwühlen seitdem die unersättlichen Wellen. 1769 standen noch auf sechs Werften 33 Häuser, 1852 auf vier Werften 10 Häuser. Die über eine Meile lange Doppelhallig Langeneß-Nordmarsch hatte ähnliche Verluste zu verzeichnen. Während an der Südostecke 1810 die Knudswerft und 1825 Hemmenswerft verschwanden und die Melfswerfte menschenleer wurde, gingen am westlichen Ende (Nordmarsch) von 1750 bis 1860 vier Werften unter, eine fünfte wurde menschenleer und auf der sechsten stand das letzte Haus auf der kliffartig abgebrochenen Werfte seit der 1894er Februarflut den Winden und Wellen geöffnet. (Siehe die Abbildung auf Seite 32). Jede neue Flut konnte es fortschwemmen, nachdem die Flut des 23. Dezembers das Werk der Februarflut gefördert hatte. Ja auch die bereits vom alten Besitzer mit Unterstützung aus Mitteln kaiserlichen Geschenkes errichtete neue Werfte vermochte ihr nicht zu widerstehen. Insgesamt zählt Langeneß mit der Kirchwerfte 12 bewohnte Werften, seit 1800 sind sechs zerstört, 1850 wohnten in 50 Häusern 268 Menschen, nun sind in 33 Häusern 162 übrig, Nordmarsch dagegen verlor seit 1690 10 Werften, 6 Werften sind noch von 73 Menschen in 17 Haushaltungen bewohnt. Ähnlich war die Abnahme der Werften-, Häuser- und Menschenzahl auf den hier nicht genannten Halligen**). Die Abnahme der Wohnstätten aber war nur eine Folge der immer kleiner werdenden Halligfläche. Leider sind die Angaben über frühere Größe der Halligen ungenau und unkritisch, so daß genaue Zahlen nicht angegeben werden können. Die Annahme gilt, daß die Halligen von 1713 bis 1847 die Hälfte ihres Areals verloren hatten, 4055 Steuertonnen waren damals noch vorhanden. Von 1873 bis 1882 verschwanden nach Traeger***) 500 ha, 2157 ha waren übrig, gegenwärtig möchten sämtliche 12 Halligen 1800 ha groß sein. Vor 125 Jahren gab es dort 500 Häuser, 1889 nach meiner Nachfrage in jeder Gemeinde nur mehr 121, wogegen die Volkszahl von 2000 auf 512 herunterging.

---

*) Zuerst 1666 gedruckt zu Schleswig impensis Autoris durch Johann Holwein, 528 S. in 12°: dann 1668 erschienen. Edition Falck, Tondern 1819.
**) Nähere Angaben siehe mein Buch: „Die nordfriesischen Inseln ꝛc.", Hamburg 1899.
***) Die Halligen der Nordsee, Forschungen zur deutschen Landes- und Volkskunde. Herausgegeben von A. Kirchhoff VI, 3. Stuttgart, J. Engelhorn, 1892.

Im Vergleiche mit den andern Inseln hat sich seit 1500 die Insel Föhr am wenigsten verändert. Es gelang hier nämlich, den 1492 geschlossenen Seedeich, obwohl derselbe bei Sturmfluten wiederholt durchbrochen wurde, so zu befestigen, daß nur an der Südseite der Insel, die aus hoch= liegendem Geestland besteht, und im Westen einige Landflächen verloren gingen. Das hohe Geestufer verlor beispielsweise in einer Oktoberflut 1881 in der Nähe des Badestrandes 2 bis 4 m, ähnlich 1884, besonders aber zeigten hier sowohl die Februar= als die Dezemberflut 1894 ihre verheerende Gewalt. Auch Amrum hatte im Laufe der letzten Jahrhunderte bedeutende Verluste. Die Zusammen= setzung des dortigen Dünengebirges läßt erkennen, daß im Westen dieser Insel große Flächen ertrag= reichen Landes verloren gegangen sind. Thatsächlich lag noch vor 100 Jahren an der Stelle, wo die Sandbank „Knipsand" mit dem Strande zusammenhängt, eine 12 Demat große Marschfläche; an der Nordwestecke aber verlor sie am meisten; im ganzen seit 1800 reichlich 100 ha. Nahezu die Hälfte der aus Ackerland, Heide= und Marschland bestehenden, etwa 20 qkm großen Insel ist mit Dünen bedeckt, das bebaute Land leidet besonders bei starken Stürmen unter dem verheerenden Sandflug. Dazu haben Strand und Dünen in den Fluten der letzten Jahre bedeutenden Schaden gelitten. Die Insel Sylt verlor seit dem Anfange des 17. Jahrhunderts vorwiegend an der West= und Südseite, aber auch an der Ostseite erheblich an Fläche. Die Flut von 1634 hatte hier wie auf Amrum die Deiche so beschädigt, daß sie nicht wieder hergestellt werden konnten — geringe Reste derselben sind noch vorhanden. Die abbrüchigen Marschufer aber wurden seitdem benagt wie die der Halligen — von jeder Flut. In den Sturmfluten waren indessen meist die Verluste an den Dünen und Kliffen größer. Die Steuerpflüge der Insel Sylt wurden 1638, um einigermaßen den übriggebliebenen Land= resten der Insel zu entsprechen, von 100 auf 52 herabgesetzt. Damals fand der Geometer Mejer Sylt ohne die Dünen und das Listland 18 550 Demat groß, um 1805 waren nach Brun und Wirkmeister noch 11 297 Demat übrig, nach den Angaben des Landmessers N. Woegens jedoch um 1790 nur 8216 Demat steuerbares Areal; doch erklärt der Ausdruck „steuerbar" wahrscheinlich in diesem Falle die verschiedene Messung. Nach Mejer waren die Acker= und Wiesenländereien 9024 Demat groß, 1866 aber nur mehr 6032 Demat, so daß in 230 Jahren 3000 Demat steuerbare Fläche verloren gingen, eine Zahl die noch dadurch größer erscheint, daß seit 1800 200 Demat Anwachs an der Ostseite der Insel gewonnen waren. Die durch Flugsand verwüsteten Halbinseln Hörnum und List sind dabei nicht gerechnet. Morsum, Archsum, Keitum und Tinnum verloren vorwiegend am südlichen Ufer von diesen 3000 Demat 1320, Westerland 940 und Rantum und die Norddörfer den Rest. Seit 1867 steuerte daher Sylt für 32,5 Pflüge. In den seitdem verflossenen 33 Jahren ist eine weitere Abnahme des südlichen Ufers jahraus jahrein erfolgt; manche damals noch vorhandenen Parzellen sind ganz oder teilweise verschwunden, beispielsweise bei Wadens im Tinnumer Felddistrikte. Ich selbst habe in einem Frühjahre nach den Winterfluten Steinsetzungen zerstörter Hünengräber gefunden, die im Herbste vorher noch nicht erschienen waren. Was die Dünenhalbinsel und die Dünengegend Sylts betrifft, so genügt es, einige chronistische Aufzeichnungen anzuführen, um die großen Verluste nach Sturmfluten darzuthun.

Es wurde bereits erwähnt, wie verhängnisvoll die Januarflut 1794 für die Rantumer Dünen gewesen ist. (Siehe Seite 18.) In der Dezemberflut 1894 mußten die Bewohner von Neu=Rantum wegen des in ihre Häuser eindringenden Wassers in die Dünen flüchten. Die Februarflut 1825 riß stellenweise von den Dünen und dem Strande Westerlands 100 bis 160 Fuß fort, bei Waterstall drohte ein Durchbruch. Besonders schlimme Fluten, wie die vom 5. Januar 1852, 1. Januar 1855, 20. Dezember 1862, 2. Dezember 1867, nahmen einzelne den Dünen 10 bis 20 Schritt der Breite.

Um 1648 lag die jetzige Kirche in Westerland 600 Ruten (1 Rute = 18 Fuß) vom Strande entfernt, 1805 nur noch 245 Ruten. Zwischen 1834 und 1863 verlor die Strandlinie Westerlands an zwei Punkten durchschnittlich reichlich 5 Fuß, im ganzen durchschnittlich jährlich 2,75 Fuß.*) Selbst das rote Kliff am Westrande Sylts, nördlich von Wenningstedt, hat trotz seiner teils felsartigen Bestandteile dem Meere nicht widerstehen können. In 40 Jahren verlor es mehr als 200 Fuß,

---

*) Vergleiche: Eingabe mehrerer Eingesessenen der Insel Sylt an das Hohe Haus der Abgeordneten in Berlin, das Dünenwesen auf Sylt betreffend, 1868.

1839 allein in einer Flut 40 Fuß. Die Dezemberflut 1894 nahm ihm 5 m seiner Breite weg, während die Dünen in derselben stellenweise 15 bis 20 m ihrer Breite verloren, ein Verlust, der demjenigen der Oktoberflut von 1881 nicht nachsteht. Wie es bei solchen Fluten in den Dünen hergeht, zeigt die folgende Mitteilung des Strand=Inspektors B. H. Decker: „Am 10. Dezember 1792 strandete am Kamper Strande ein großes schwedisches Schiff, dessen Besatzung, 50 bis 60 Mann, durch das Leben dranwagende Sylter gerettet wurde, neben einer großen Sanddüne, die 40 Fuß hoch, in Süd und Nord 300 Schritte lang und in Ost und West 100 Schritte breit und überall mit Halm bewachsen war. Nach der Rettung der Mannschaft setzte ich Ebe Eben aus Kampen und Theide Peters aus Braderup zu Wächtern bei dem Schiffe ein. Wie fand ich es aber am folgenden Morgen vor? Die hohe Düne war gänglich verschwunden und an der Stelle, wo sie gestanden, saß das große Schiff. Theide erzählte mir, daß er vor der steigenden Flut flüchtend die Düne erstiegen habe. Zuletzt wäre die Düne wie Mehlbrei unter seinen Füßen geworden, er hätte also weiter retirieren und nach den Binnendünen schwimmen müssen."

Augenscheinlich haben sich infolge der Dünenwanderung die Halbinsel Hörnum und der Lister Ellenbogen seit 1648 verlängert, aber ihr Sandflug zerstörte das damals hinter den Dünen liegende Marsch= und Ackerland großenteils, so daß Sylt nach den Messungen neuester Zeit 8935 ha groß ist, wovon 4200 ha mit Dünen bedeckt sind. Das dünenfreie Areal zerfällt in je den dritten Teil Heide=, Geest= und Wiesenland. Die Insel Röm hatte seit 1634 hauptsächlich an der Westküste Landverluste zu verzeichnen, mußte außerdem besonders im vorigen Jahrhundert viel vom Sandflug leiden. Im Laufe von 260 Jahren hat somit trotz der Erweiterung des Festlandes gegen das Meer, von der in einem späteren Kapitel die Rede ist, und trotz der Einnahme einiger Köge auf den bedeichten Inseln, eine Zerstörung von 4 Quadratmeilen Fläche im Bereich des schleswigschen Wattenmeeres stattgefunden, obwohl anerkannt ist, daß der gänzliche Untergang der nordfriesischen Inseln auch für die Deiche des Festlandes die schwersten Folgen haben würde. Seitdem dieser Gedanke als richtig anerkannt worden ist, war man bemüht, dem Treiben des Meeres mit Schutzwerken entgegenzutreten. An der Westküste der Insel Sylt und an einzelnen Deichstrecken der übrigen Inseln und an den Ufern des Festlands und einzelner Halligen wurden ebenso kostspielige Steindeiche errichtet, auch erfordern die Dünen= pflanzungen auf Sylt und Amrum alljährlich große Summen. Im Laufe der Zeit aber und namentlich nach den Fluten von 1894 und 1895 ist der Gegenwart die dringende Aufgabe erwachsen, die Schutz= werke der Inselreste thunlichst zu vermehren und die Landgewinnungsvorrichtungen möglichst zu fördern, da jede fernere Abnahme die Aussicht auf Begünstigung der landbildenden Thätigkeit des Meeres beeinträchtigt.

Bereits nach der Februarflut des Jahres 1894 wurden von der Königlichen Regierung verschiedene Vorschläge zur Uferbefestigung gemacht. So ist das südliche Ufer der Insel Föhr mit Buhnenbauten, die einen Kostenaufwand von 135 000 Mark verursachten, versehen worden; außerdem ist das Werk des Halligschutzes in Angriff genommen. Mit den beabsichtigten oder ins Werk gesetzten Maßnahmen und mit der Erhaltung der bereits vorhandenen Schutzwerke ist indessen nur ein Teil der Aufgabe gelöst, die Inseltrümmer und das von ihnen mittelbar geschützte Festland vor der Zerstörung dauernd zu bewahren. Dauernden Erfolg können die Schutzvorrichtungen der Menschenhand nur zeitigen, wenn sie nach Anweisung des angeführten Dr. Meyn'schen Wortes an den minder hart von der Flut angegriffenen Ufern und Punkten der Insel= und Festlandsküsten durch Landgewinnungs= arbeiten, welche „dem freundlich aufbauenden Meere" die nötige Ruhe verschaffen, unterstützt und befestigt werden. Der oben geschilderte Schauplatz des Landverlustes ist auch derjenige des Land= gewinnes, von dem der folgende Teil dieses Kapitels handelt.

Das heutige Wattenmeer zwischen den äußersten Inseln im Westen, der Festlandsküste im Osten, der Halbinsel Eiderstedt im Süden und den Inseln Röm und Fan im Norden umfaßt etwa 45 bis 50 Quadratmeilen. Zweimal in 24 Stunden werden die Watten mit Ausnahme weniger Punkte, der hochliegenden Sandbänke, von der Flut überschwemmt, zur Zeit der ebenso oft eintretenden Ebbe aber kann man sie stellenweise zu Wagen oder zu Fuß bereisen. Zumeist sind es Sand= oder Thonschichten, welche horizontal auf einander einst vom Meere abgelagert wurden. Im äußeren, westlichen Teile bestehen die Bänke vorwiegend aus schierem, weißem Meeressand. Wo aber, wie z. B. an den östlichen Ufern der Inseln, in den Buchten des Küstenmeeres, Schutz vorhanden ist, lagert sich Schlick oder Klei ab, eine bläulichgraue Thonerde, welche der Hauptbestandteil der fruchtbaren Seemarsch ist. Viele solcher Schlickpartien waren vor Jahrhunderten fruchtbares Land. Ich erinnere nur an die Umgebung der Trümmer von Alt-Nordstrand, wo man heute noch derartige ausgedehnte Schlickwatten antrifft. Aber die Schlickplatten und Sandschichten ruhen auf Torflagern und Thonschichten, da und dort auch auf festeren Formationen. Die Zeugen untergegangenen Landes, welche sich hier überall finden, sind: Steine, Rollholz, Torfstücke, untermischt mit Bernsteinbrocken, losgebrochene Baumstämme, Eberzähne, Hirschgeweihe, im Sandstein wurzelnde Eichenstubben (selten) und die in der Umgebung der Inseln auf dem Watt fließenden Süßwasserquellen, wie wir sie bei unsern Wanderungen zu entdecken Gelegenheit hatten. (Siehe Seite 2—4, 23 f.) Wo sich mit diesen Dingen untermischte Schlickmassen häufen, ist der Boden schlüpfrig und es ist das Material für neue Landbildung vorhanden; das mehr sandige Watt ist fest und leicht zu beschreiten. Die schwarzgrauen Schlickwatten findet man nicht selten auf weiten Flächen mit dunkelgrünen Massen bedeckt. Im Sonnenschein allmählich hellere Farbe annehmend, gestalten sich dieselben zu einer braunen Kruste, die sich als aus Fäden einer Konferve zusammengefilzt ausweist; die Naturkunde bezeichnet diese Kryptogamen als landbildend. Wo sich dieselben auf den Watten einfinden, beweisen sie deutlich, daß hier das Meer neues Land zu bilden bereit ist. Aber zwischen diesen höheren Wattenpartien ziehen sich gleich Silberfäden größere und kleinere Wasserläufe dahin, die man, von ihrer Tiefe und Breite bedingt, Tiefen, Leyen, Prielen, Gaaten oder Lohen nennt. Sie gleichen in ihren Verzweigungen blätterlosen Bäumen, deren Stamm ins offene Meer geht. Die Wasser- und Flutverhältnisse an der schleswigschen Westküste bringen es mit sich, daß im allgemeinen die Hauptwattströme und Tiefen zwischen den friesischen Inseln von Nordost nach Südwest ins offene Nordmeer führen, trotzdem sind diese im Laufe der Jahre nicht unwesentlichen Veränderungen unterworfen worden. Sorgfältige Beobachtungen lehren, daß fast alle äußeren Sandbänke und Seethore sich allmählich südwärts ausdehnen, was hauptsächlich durch den Ebbestrom veranlaßt zu werden scheint. Dieser führt die vom Flutstrom auf den äußeren Bänken losgerissenen Sandteile wenigstens teilweise den Mündungen der Wattenwasserläufe zu, wo er dieselben beim Zusammenstoß mit dem aus Norden oder Nordwest kommenden Meeresstrom an den Südwestspitzen der äußeren Sandbänke fallen läßt, und so die an der Nordseite der Rinne liegende Sandbank nach Süden verlängert. Auf diese Weise werden entweder die Mündungen der Wattströme enger, oder dieselben müssen sich an der Südseite erweitern und also eine mehr südliche oder südwestliche Richtung annehmen. Die äußeren Sandbänke erhalten dann oft die Form bogenartiger Riffe, wie sie vor Hörnum deutlich zu beobachten sind. Mit der Richtungsänderung ist sehr oft eine Verflachung verbunden, die nicht nur für die Schiffahrt von Bedeutung ist, sondern auch auf Richtung und Tiefe der in die meermündende Tiefe ausgehenden kleineren Wattenwasserläufe Einfluß hat, so daß jene Richtungsänderung der Mündung den Flut- und Ebbeströmungen auf den Watten andere Wege weist. So haben sich im Laufe der Jahrhunderte folgende größere Tiefen herausgebildet: Das Listertief, die Föhrer- oder Hörnumtiefe, die Schmaltiefe und die Hever. Das Listertief ist das kürzeste, breiteste und tiefste Fahrwasser an der ganzen Westküste; als Mündung der Wiedau hatte es einst große Bedeutung, zumal an demselben der einzige Naturhafen der Westküste, der spätere Königshafen, Sammelplatz vieler Schiffe war.

In die Listertiefe münden die Römer-, die Hoyer- und die Pandertiefe, die im Laufe des 19. Jahrhunderts zum Teil sehr seicht geworden sind. So ist beispielsweise der Hafen von Keitum, welcher bis 1868 für Wattenschiffe fahrbar war, jetzt so von Schlick erfüllt, daß kein Boot hinein kommen kann; man hat seitdem schon bei dem $\frac{1}{2}$ Stunde nördlicher gelegenen jetzigen Hafenort Munkmarsch bedeutende Aufwendungen machen müssen, um den einsegelnden Schiffen genügende Wassertiefe zu verschaffen; der Kanal von Hoyer, welcher an das dortige Tief führt, war an seiner Mündung durch die Februarflut 1894 so versandet, daß er bei niedrigem Flutwasser unpassierbar wurde. Die Föhrertiefe, welche in das Hörnumgatt, die rote Tiefe und die Fahrtrapptiefe zerfällt, ist teilweise breit und tief, aber an ihren in die Watten hinein reichenden Teilen schmal, seicht und von Schlick erfüllt.

Anders liegt die Sache bei den auf dem Wattengebiet liegenden Verzweigungen der Schmaltiefe, der Norder- und der Süderaue und den Armen der Hever, deren einzelne seit 1634 entstanden sind, resp. eine erhebliche Vertiefung, Erweiterung und Verlängerung erfahren haben. Es wurde bereits darauf hingewiesen, daß die Zerbröckelung der Hallig Gröde zumeist dem harten Andrange der Süderaue zuzuschreiben sei. Die Norderhever oder die Pellwormertiefe (früher Fallstiefe) bahnte sich einen Weg zwischen den Hauptresten Alt-Nordstrands. Nur an den der Strömung abgekehrten Inselseiten und in der Nähe des Festlandes fanden hier Schlicksenkungen statt, die eine Veränderung der Fahrrinnen herbeiführten, wenngleich zwischen einzelnen Inseln und Halligen und zwischen dem Festlande wie zwischen Sylt und Norddeich und zwischen Amrum und Föhr zur Ebbezeit Fußpassage möglich ist.

Aus diesen Betrachtungen über die Natur der Watten ergiebt sich, daß im ganzen der nördliche Teil des Wattenmeeres in dem von Dr. Meyn angedeuteten Sinne mehr ruhig ist als der südliche, und daß daher dort aus diesem Grunde die Landgewinnungsarbeiten größeren Erfolg versprechen, während naturgemäß im südlichen Teile des Wattengebietes das Meerwasser wegen der größeren täglichen zerstörenden Benagung der Hallig- und Inselreste mehr Sinkstoffe enthält, die als Material der Land-bildung, wie gezeigt wurde, großen Wert besitzen. Ferner folgt daraus, daß im südlichen Teile des Wattenmeeres die Schutzwerke erheblich vermehrt werden müssen, daß aber überall Landgewinnungs-vorrichtungen mit Erfolg zu machen sind, im nördlichen Wattenmeere wegen der bereits vorhandenen Neigung zur landbildenden Thätigkeit, im südlichen wegen der vorhandenen Menge guten Materials.

Es bleibt nunmehr noch zu erörtern, wo denn und welche besonderen Landgewinnungs-vorrichtungen zur Herstellung der nötigen Ruhe im Wattenmeer erforderlich sind. Wo die Vor-richtungen zu machen sind, zeigt die Natur am besten selbst. Nach dem Vorstehenden müssen sie da hergestellt werden, wo sie der vorhandenen Neigung des Meeres, landbildende Bestandteile, die es aufgelöst in seinen Gewässern entführt, fallen zu lassen, entgegenkommen, also da, wo die Leyen und Prielen verschiedener Tiefen durch zunehmende Verflachung das Höherwerden der Wattenpartien anzeigen. Eine vollständige Unterbrechung der Strömung an diesen Stellen wird aber durch die Auf-führung von Verbindungsdämmen zwischen Insel und Insel oder Insel und Festland herbeigeführt. Daß derartige Dämme für die Landbildung von unberechenbarem Vorteil sind, ist durch die Anschlickung am Verbindungsdamme Hamburger Hallig-Festland, welcher 1874/75 mit einem Kostenaufwande von 190 000 Mk. erbaut wurde, bewiesen. Als Anwohner des Wattenmeeres machte ich außerdem an zahlreichen Stellen des festländischen Vorlandes die Beobachtung, daß die Landbildung sichtbar gefördert wurde, wo durch Lahnungen oder Dämme sogen. tote Buchten eingerichtet werden konnten. Die Landbildung im Wattenmeer kommt nämlich in der folgenden Weise zustande: Die Flutwelle, welche täglich mehrere Male die Watten und Inselränder bespült, schlägt blank und klar gegen dieselben, trübe und schmutziggrau kehrt sie zurück und trägt die erdigen Bestandteile, das wichtigste Material der Landbildung, zur Zeit der Flut aus den tieferen Rinnen und Gaaten auch über die höher gelegenen Gegenden der Watten. Wo nun an den Küsten die Strömung langsam dahinzieht, tritt sie auch langsam zurück. Die erdigen Teilchen, welche das Wasser mit sich führt, haben hier Zeit und Ruhe, zu Boden zu fallen; hier ist die tote Bucht, hier der Bauplatz für das neue Marschland. Je ruhiger also die Strömung sich vollzieht, desto schneller schreitet das Bauwerk fort. Durch Schlagung der Verbindungsdämme Röm-Festland, Jordsand-Festland, Sylt-Festland, Föhr-Amrum, Langeneß-Oland-Festland (Lütjenswarf-Fahretoft), Gröde-Habel-Festland, Nord-strandischmoor-Festland, Pohnshallig-Festland, Pellworm-Süderoog, Pellworm-Hooge-Norderoog würde das ganze Wattenmeer in eine ganze Reihe großer toter Buchten zerlegt werden (siehe die Karte Seite 59) und die Anschlickung würde namentlich wegen der größeren Ruhe im nördlichen Teile des Wattenmeeres schnell vor sich gehen. Ein auf der Wasserscheide Römerley und Römertief erbauter Damm*), welcher die Nordostspitze von Röm mit dem Festlande bei Aastrup verbände, würde, da man zur Ebbezeit trocknen Fußes hinübergehen kann, bei einer Länge von 8 km leicht ausführbar sein und erheblichen Land-gewinn zu beiden Seiten des Dammes herbeiführen, groß genug, die Baukosten zu verzinsen und zu

---

*) Paul Langhans, Die Seehafenprojekte an der schleswigschen Westküste. Petermanns Mitteilungen 1890, Band 36, V, S. 119 bis 122.

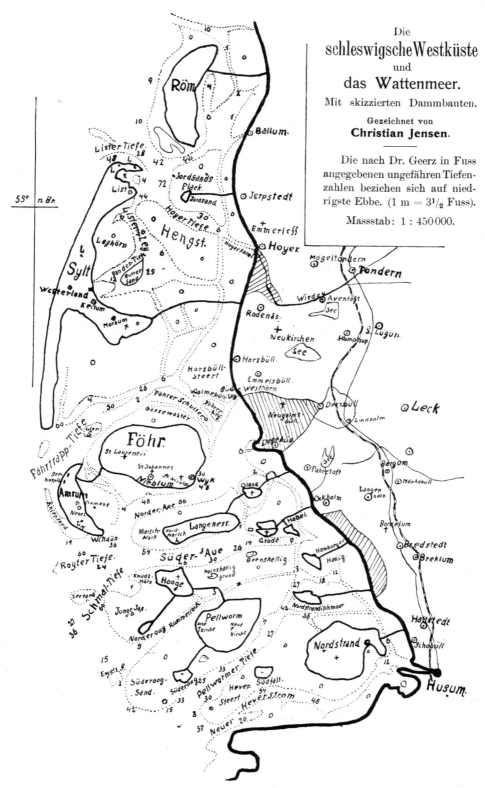

Die
schleswigsche Westküste
und
das Wattenmeer.
Mit skizzierten Dammbauten.
Gezeichnet von
Christian Jensen.

Die nach Dr. Geerz in Fuss angegebenen ungefähren Tiefenzahlen beziehen sich auf niedrigste Ebbe. (1 m = 3½ Fuss).

Massstab: 1 : 450000.

Die seit 1640 am Festlande gewonnenen, bezw. bedeichten Marschen sind in der Karte schraffiert dargestellt.

amortisieren. Noch größeren Landgewinn stellt der Dammbau Ostspitze Sylt=Rodenäs in Aussicht. Dieses von Dr. Meyn in dem angeführten Buche als besonders wichtig bezeichnete Werk war bereits 1876 nahe daran, verwirklicht zu werden. Es scheiterte, soviel uns bekannt, am Kostenpunkt. Der Boden und die Örtlichkeit sind für den Dammbau (Länge etwa 11 km) geeignete, feste hohe Watten; nur zwei geringe Wasserläufe (5 Fuß bei ordinärer Flut) und kleine Schlickpartien an beiden Ufern würden zu überwinden sein. An der Nordseite dieses Dammes würde in kurzer Zeit ein großer Teil der 400 qkm enthaltenden Wattenbucht zwischen Sylt und dem Festlande in Land verwandelt sein; hat sich doch der Boden in der Keitumbucht seit 1825 um etwa 1 m erhöht, eine Erscheinung, die die oben erwähnte Verschlickung des dortigen Hafens verdeutlicht. Die Leyen und Prielen, welche von den Wattenschiffen als Fahrstraße benutzt werden, haben ebenfalls geringere Tiefe als früher. Ich habe selbst Ende Oktober 1886 wegen dieser Verschlickung bei anhaltendem Ostwinde unweit Nösse vom Dienstagabend bis Freitag mit Frau und Kind am Bord eines Wattenschiffes, das in dem Fahr= wasser flottlos liegen blieb, aushalten müssen; am Sonntagabend landeten wir glücklich in Wyk. Der durch den Damm veranlaßte Schlickfall würde die schon zur Ebbezeit mit Kryptogamen bekleideten Watten sehr bald trocken legen. Die Verbindung der Inseln Föhr und Amrum auf der Linie der heutigen, zur Ebbezeit fast täglich stattfindenden Fuß= und Wagenpassage, erscheint von selbst thunlich; Dr. Meyn empfiehlt dieselbe ebenfalls. Der Damm würde an seiner Südseite bedeutende Anschlickung zur Folge haben, dann aber auch durch Landgewinn im Norden von Föhr die Erbauung eines Ver= bindungsdammes Föhr-Festland (Südwesthörn) in kurzer Frist möglich machen, wo dann die Über= brückung zweier geringer Tiefen ausführbar wäre. Die ganze Bucht zwischen diesem und dem Sylter Verbindungsdamme würde damit bald landerfüllt erscheinen. Ähnliche Resultate würden an den Seiten der im Bereiche der Halligwelt vorgeschlagenen Verbindungsdämme zu verzeichnen sein, zumal dort, wie hervorgehoben ist, reichlich Sinkstoffe vorhanden sind. Eine gleichzeitige Vermehrung der Schutz= werke, Steindeiche 2c. an den vorerst nicht durch Dammbau verbundenen Außeninseln und an den angegriffenen Ufern der verbundenen Halligen, würde für die spätere Möglichkeit weiteren Vordringens gegen das Meer Garantie bieten und die den friedlichen Prozeß der Landbildung störende Gewalt der See brechen.

Die skizzierten Dammbauten sind die Grundbedingungen eines vermehrten Landgewinnes im schleswigschen Wattenmeer. Werden sie ins Werk gesetzt, so ist der Erfolg sicher ein großartiger, der demjenigen der Holländer, die Zuidersee in Land zu verwandeln*), nicht nachsteht. Erst nach der Er= bauung von Verbindungsdämmen wird die Natur aufs neue Fingerzeige geben, wo die Menschenhand durch Anlage von Pfahlbuhnen, Buschlahnungen, Strohlahnungen, Begrüppelungen 2c. der Landbildung fördernd zu Hülfe kommen kann. Bei diesem Vordringen gegen das Meer wird der Mensch von zahl= reichen Pflanzen, den Pionieren der Landbildung, unterstützt. Zuerst erscheint der Queller, die in dieser Beziehung bedeutsamste Pflanze, die nicht selten um 50 m jährlich gegen das Meer vorrückt und in ihren Gliedern wie mit Fangarmen die landbildenden Materialien, welche das Meerwasser mitführt, festhält. Wo sie erscheint, erhöht sich der Boden bald so weit, daß er nur noch bei Sturmfluten über= schwemmt wird. Eine Reihe von Krautpflanzen, Grasnelke, Strandaster, Strandwermut, Meerstrands= milchkraut, bezeichnet bald die tägliche Flutgrenze. Grasähnliche Pflanzen und eine Simse folgen, und weiter landeinwärts entsteht, langsam vom Boden Besitz nehmend, die saftiggrüne Graswiede. Ist endlich der Boden durch die Regenmenge genügend ausgefrischt, so erscheint der Klee, der im allgemeinen als der erste Zeuge gilt, daß der neugewonnene Boden deichreif, also mit Erfolg durch Deichbau in Köge verwandelt zu werden wertvoll genug geworden ist. Diese Bedeichungen aber sind nach Dr. Meyn „die vielfältige Vormauer für das jetzt immer stärker gefährdete Festland". Mit ihrem Entstehen aber würden sich zwischen den heute an der Westküste vorhandenen Tiefen eine Reihe fruchtbarer Halbinseln, wie gegenwärtig Eiderstedt, ins Meer erstrecken und weder Flut noch Eis wären imstande, eine Stockung des von Jahr zu Jahr steigenden Verkehrs in diesen Gegenden herbeizuführen.

---

*) Die dort projektierten Arbeiten sollen in 32 Jahren beendet sein und einen Landgewinn von 230 000 ha = 2300 qkm herbeiführen; das ganze Wattenmeer ist etwas größer.

Nachdem ich bereits 1885 in verschiedenen Zeitschriften und in meinem zuerst 1891 erschienenen Buche „Die nordfriesischen Inseln Sylt, Föhr, Amrum und die Halligen vormals und jetzt. Hamburg, Verlagsanstalt", auf Dammbauten zur Vermehrung des Landgewinns im Wattenmeer aufmerksam gemacht hatte, wurden die Fluten des Jahres 1894 mir der Anlaß, sie in der von Dr. Richard Andree herausgegebenen Zeitschrift „Globus", Band 67, Nr. 12 ausführlich darzulegen, um gleichzeitig auf die dringende Notwendigkeit einer Vermehrung der Schutzwerke und der Landgewinnungsvorrichtungen hinzuweisen. Die März= und Dezemberfluten 1895 mahnten aufs neue, Hand ans Werk zu legen.*)

Inzwischen hatte Se. Majestät Kaiser Wilhelm II. dem Schutz der Inseltrümmer vor der Westküste erneute und besondere Fürsorge zugewandt. So war es eine Folge der verheerenden Fluten, daß seitdem die Königliche Staatsregierung, welche schon seit mehr als 25 Jahren der Erhaltung und dem Uferschutz der größeren Inseln des Wattenmeeres thätiges Interesse entgegengebracht, mit vermehrter Sorge auf die Erhaltung und Festigung der abbrüchigen Halligen bedacht gewesen ist. Die Hallig Oland erhielt 1896 eine reichlich 800 m lange Steindecke und wurde mit Busch= und Pfahlbuhnen versehen und durch einen 4,6 km langen Damm mit Lütjenswarf (Fahretoft) verbunden, der im Februar 1898 auf einer Strecke von 1000 m zerstört und dann neu ausgebaut wurde, während es gelang Oland mit Langeneß durch einen 3,5 km langen Damm zu verbinden. Ein Festlandsdamm soll auch Gröde, das ebenfalls etwa 2,5 km Steindecke erhält, und Habel mit Ockholm verbinden. Für das Halliggebiet sind seit 1896 bisher 1 320 000 Mark bewilligt. Die Staatskasse gab 1895 ½ Million Mark, davon 200 000 Mark ohne Gegenleistung, für die Festigung der Pellwormer Deiche, die an der West= und Nordseite Steindecken erhielten. Der Etat von 1897/98 zeigt 300 000 Mark für Erhöhung und Verstärkung der Föhrer Deiche, die teilweise erfolgt ist oder noch geschieht und im Ganzen auf 1 262 000 Mark (Vergleiche Seite 35) veranschlagt ist, von denen 504 800 Mark als nicht rückzahlbare Beihülfe gewährt wird, während die übrige Summe von den beiden Deichverbänden Oster= und Westerlandföhr mit 3% verzinst und mit 1% jährlich getilgt wird. Zur Sicherung des Weststrandes der Insel Amrum wurden 1897: 77 000 Mark gefordert.

Es soll in der Absicht der Staatsregierung liegen, die bereits teilweise vor 40 Jahren von Männern wie Arthur Graf zu Reventlow, Deichgraf Andreas Nissen, Dr. Ludwig Meyn, C. P. Hansen u. A. gemachten Einzelvorschläge zur Wiedergewinnung eines großen Teiles vom Wattenmeer, welche ich vorstehend zusammenfassend näher darlegte, nach und nach zur Ausführung zu bringen. Wie gezeigt, sind die skizzierten Dammbauten geeignet, das ganze Wattenmeer in einen Schauplatz der Landgewinnung zu verwandeln. Werden sie ins Werk gesetzt, so liegt in dem sicheren Landgewinn die Garantie, daß die aufgewendeten Kosten in verhältnismäßig kurzer Zeit nicht nur mit Zinsenzinsen, sondern mit erheblichem Gewinn zurückerstattet werden müssen. Möge es dem schöpferischen Geiste Friedrichs des Großen, der heute machtvoll in seinem Nachfolger, Sr. Majestät Kaiser Wilhelm II., lebt, vergönnt sein, die grauen und öden Watten der schleswigschen Westküste, die noch von Zerstörung und Untergang erfüllt sind, in fruchtbare Gefilde zu verwandeln! „Mitten im Frieden" wäre damit dem beutegierigen Meere der größte Teil des einst geraubten alten Nordfriesland abgewonnen.

---

*) Vergleiche auch meinen Aufsatz „Die Halligen", Daheim 1896, Nr. 1 vom 5. Oktober 1895.

In der friesischen Festlandsmarsch.

1. Entstehung und Eindeichung derselben.

Nicht weniger interessant als Landbildung und Landgewinn im Wattenmeer ist die Entstehung und Bedeichung eines großen Teiles der heutigen Festlandsmarsch, die, wie bereits Seite 53 und 56 hervorgehoben, im Laufe der letzten 260 Jahre um etwa eine Geviertmeile gegen das Meer hin erweitert worden ist, während diesem Gewinn ein Verlust von etwa fünf Geviertmeilen in der Umgebung der Inseln gegenübersteht. Eine Betrachtung des allmählichen Werdens dieses ertragreichen Landstriches ist aber auch äußerst lehrreich und beweist die Richtigkeit der für den Landgewinn im heutigen Wattenmeer geplanten Maßnahmen, die sich darnach als das Resultat jahrhundertlanger Erfahrung ergeben und somit erfolgverheißend sind.

Die Seedeiche der Westküste reichen gegenwärtig nur mit geringer Unterbrechung bei Schobüll, nordwestlich von Husum, von Tönning bis Hoyer indem sie zunächst die bereits 1489 durch Zusammendeichung von drei Inseln: Eiderstedt, Everschop und Utholm, zur Halbinsel gewordene, von Fruchtbarkeit strotzende Landschaft Eiderstedt einschließen, und dann außer zwei kleinen Kögen vor Husum die nach Norden zu immer breiter werdende nordfriesische Marsch zwischen Hattstedt und Hoyer schützen, deren Gewinnung und Bedeichung um deswillen unsre Aufmerksamkeit in Anspruch nehmen soll, weil sie dem heutigen Schauplatz des Landgewinns zunächst belegen ist und sich teilweise als die Rückeroberung großer, vom Meere eingerissener Buchten darstellt, die erst im Laufe der letzten 260 Jahre in fruchtbares resp. eingedeichtes Land verwandelt worden sind. (Siehe die Karte Seite 59.)

Während die Örter: Hattstedt, Breklum, Bredstedt, Sterdebüll, Langenhorn, Bargum, Stedesand, Leck, Klixbüll, Braderup, Humptrup, Tondern, die fast alle von der Marschbahn Elmshorn=Heide=Hvidding berührt werden, auf den am weitesten nach Westen vorgeschobenen Spitzen des älteren Festlandskörpers der Geestdistrikte belegen sind, in welche die Marsch mit schmalen Spitzen hineingreift, liegt mitten in der großen nordfriesischen Marschlandschaft, einer Insel im Meere vergleichbar, eine merkwürdige Fläche, die der „Kornkoog" oder das Risummoor genannt wird. Dieses in seinem Kerne moorige und sehr sandige Geestland war freilich nicht bei den höchsten Fluten vor teilweiser Überschwemmung gesichert; aber es bot doch an seinen Diluvialrändern und seiner nach Nordwest abschließenden Dünenkante Platz für die Ansiedelung der großen und reichen Dörfer Deezbüll, Niebüll, Lindholm und Risum, von denen aus zuerst die umliegenden weiten Weidelandschaften bewirtschaftet wurden. Südlich und südwestlich von Risummoor liegen die von der Soholmer= und der Leckerau durchströmten

Die Veränderungen am Vorland der Reussen-Köge und an der Hamburger Hallig in den ersten 60 Jahren des 19. Jahrhunderts.

(Nach A. Graf zu Reventlow. Über Marschbildung an der Westküste, Kiel 1863. Karte No. 4).

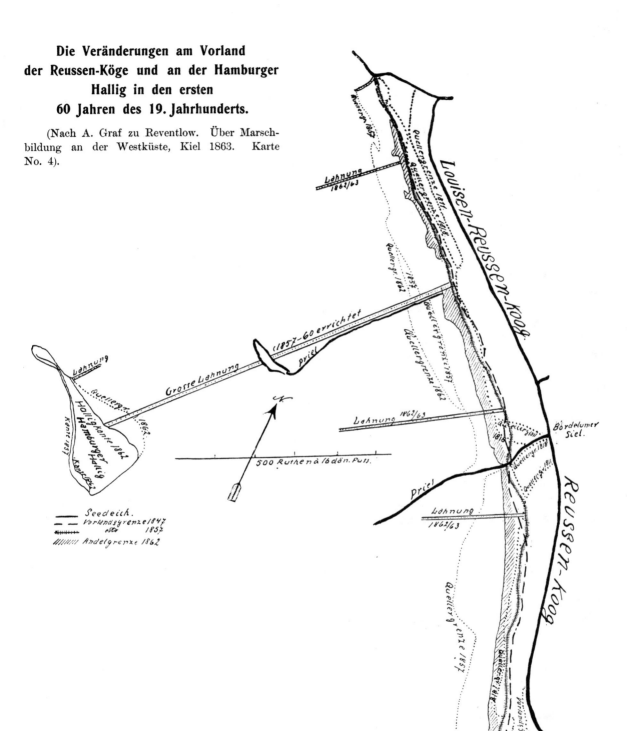

Niederungen; jetzt haben beide Auen ihren Ausfluß in das Bottschlotertief und bei Bungsiel, während sie früher mit dem jetzt in Köge verwandelten Kleiseetief in Verbindung standen und zwischen Halligen einen Ausfluß ins Meer suchten. War doch noch im Jahre 1624 das Risummoor so sehr Insel, daß eine schwedische Flotte an ihr landen konnte. In den nördlichen Teil der jetzigen Marschen ergoß bis 1555 die Wiedau, welche es bis dahin der Stadt Tondern ermöglicht hatte, direkten und ziemlich bedeutenden Schiffsverkehr auf dem Listertief zu treiben, ungehindert ihre Gewässer. Als dann aber die Wiedau überdeicht wurde, indem man einen zwei Meilen langen Deich von Hoyer nach Humptrup zog, war der erste Schritt zur Einengung des Bettes der Wiedau, die damals in eine breite und tiefe Meeresbucht mündete, geschehen.

Die heutige Wiedingharde mit den Kirchspielen Klanxbüll, Rodenäs, Horsbüll und Emmelsbüll, welche, südlich von dieser Tiefe belegen, bis 1436 von niedrigen Deichen durchzogen war und mit Werftansiedelungen den Halligcharakter bewahrt hatte, wurde jetzt umdeicht und lag seitdem als ca. 60 qkm große Marschinsel isoliert im Meere, den Halligländereien zum Schutze, die sich trotz mancher Überflutungen sowohl des Meeres als der Wiedau zwischen ihr und dem Risummoore bildeten. Der südliche Teil der friesischen Festlandsmarsch lehnte sich im Norden an einen nach der Flut von 1362 als Hallig übrig gebliebenen Rest der Beltringharde des alten Nordstrand, an das 1550 umdeichte Ockholm, und fand im Süden eine Stütze in dem 1512 eingenommenen Hattstedter neuen Kooge, so daß es auch hier nach mehreren mißlungenen Versuchen mit der Gewinnung des sogenannten Bredstedter Werks gelang, eine schöne Marschfläche zu gewinnen, von der aus man 1857 bis 1860 und 1874/75 die Schlagung eines Verbindungsdammes nach der Hamburger Hallig erfolgreich unternahm; (Vergleiche die Karte Seite 63) ein Versuch, der zu der jetzt ins Werk gesetzten Aufführung neuer Verbindungs= dämme vom Festland zur Hallig und von Hallig zu Hallig ermunterte.

In der nordfriesischen Marsch reiht sich jetzt Koog an Koog, wie beim Fisch eine Schuppe an die andere; ein Deich ist immer weiter gegen das Meer vorgeschoben als der andere — nur noch der äußerste ist der Seedeich, während die landwärts belegenen sogenannte Mitteldeiche wurden, die zwei Köge begrenzen und nicht selten chaussierte Fahrwege auf ihrem Rücken tragen. Und doch haben die Friesen der Kreise Husum und Tondern mit ihren Deichbauten viel später begonnen als die Eiderstedter. Als 1436 die Umschließung der Wiedingharde gelungen war, wurden die ersten Versuche gemacht, sie sowohl als das Risummoor mit dem Geestlande durch Deiche zu verbinden und im südlichen Teile des heutigen Nordfriesland die an die Geest gelehnten Deiche allmählich weiter gegen die Trümmer des 1362 arg mitgenommenen alten Nordstrand vorzuschieben. Nach Norden zu schien die Verbindung der Wiedingharde am leichtesten ausführbar und so bedeutsam, daß der schleswig=holsteinische Herzog Friedrich I., nachmals König von Dänemark, von 1506 bis 1513 alle Jahre im Sommer nach Tondern und Wiedingharde zu reisen pflegte, um mit seiner Gemahlin hier unter schlichten Landleuten Hof zu halten und den Deichbau bei Brunsodde über die Wiedau selbst zu leiten,*) nachdem er strenge Befehle zur Hülfeleistung an die Umwohnenden erlassen hatte, die den Plan als zu weitgehend ansahen, der denn auch kurz vor seiner Vollendung scheiterte. Erst 1566 gelang es den Friesen, die Deich= verbindung der Wiedingharde nach Norden sowohl als mit dem Risummoor herzustellen. Mit diesem Werk war der größte aller friesischen Köge, der Gottesskoog, gewonnen und ein Meeresarm im Osten der Wiedingharde in einen Landsee, den Gottesskoogsee, verwandelt. Von den gewonnenen 16 950 Demat (1 Hektar = 2 Demat) waren 1200 Demat Schlick und Wasser. Während die Wiedingharder ihre Insel umdeicht hatten, war auch das Risummoor mit dem Geestlande durch Deiche nach Klixbüll und Stedesand verbunden worden. Gegen das Ende des 16. Jahrhunderts wurde gleichfalls an der Südseite des Risummoores mit der wiederholten Eindämmung der Lecker= und der Soholmerau das Ziel erreicht, den Deich südöstlich vom Bottschlotertief nach Ockholm hinüberzuführen, das 1550 Anschluß an den Deich des „Alten Langenhorner Kooges" erreicht hatte.

Damit waren die Grundlinien der Deiche Nordfrieslands gezogen und es galt nun, in den drei Meeresbuchten: Wiedaumündung, Bottschlot=Kleisee und vor Bredstedt (Siehe Karte Seite 59) die

---

*) Vergleiche: C. P. Hansen, die Friesen, Garding 1876, Seite 65—69.

Landgewinnungsarbeiten zu fördern, Tiefen zu verstopfen und Deiche zu erbauen. Namentlich die zwischen Hoyer und Wiedingharde gelegene Bucht gestaltete sich nach Aufführung des Gotteskoogsdeichs für die Anschlickung sehr vorteilhaft, so daß man bereits nach 34 Jahren an die Einnahme eines Kooges dachte, die aber erst 1618 erfolgte. 675 Demat waren gewonnen. 74 Jahre später war mit Hülfe von Lahnungen 2c. die Landbildung so vorgeschritten, daß mit dem alten Friedrichenkoog 1202 Demat eingenommen werden konnten.

Bald wurde das Bett der Wiedau durch Landansatz so eingedämmt, daß 1715 der Deich mit Anwendung großer Schleusen über die Au nach Ruttebüll gelegt wurde, wodurch 1040 Demat Land in einen Koog verwandelt waren. 145 Jahre später war der Anwachs aufs neue so weit gefördert, daß bei der Bedeichung des Neuen Friedrichenkoog 1745 Demat gewonnen wurden. Die Bucht war damit landerfüllt und 4662 Demat, oder 1554 Demat jede 100 Jahre dem Überschwemmungsgebiet entzogen. Anders lagen die Verhältnisse in der großen Bucht westlich vom Risummoor. In derselben gab es neben und zwischen fast grundlosen Tiefen eine Reihe von Halligen — nach der Historischen Karte von Geerz um 1648 noch 25, von denen Dagebüll und Galmsbüll die größten waren. Dagebüll hatte, wie das kurz vorher mit Risummoor verbundene Fahretoft, Sommerdeiche.

Kurz vor der verheerenden Flut von 1634 hatten sich Holländer die Konzession erwirkt für die Ausführung des schon früher gefaßten kühnen Planes, vom Süden her das Bottschloter Tief und alle übrigen Tiefen der Bucht durch einen Deich zu überdämmen, der, Dagebüll und Galmsbüll schneidend, direkt bis zur Wiedingharde führen, also eine Länge von ca. 15 km erhalten und somit die ganze große Bucht, etwa 15000 Demat Fläche, gegen das Meer abschließen sollte. Im Jahre 1632 waren mehr als 5000 Mann bei dem Werke thätig.

Die Überdämmung des Bottschloter Tief gelang bald, nachdem man, wie es damals, Tiefen zu stopfen, üblich war, einige alte Schiffe daselbst versenkt hatte, die Weiterführung des Deiches über Fahretoft bot keine Schwierigkeiten; als man jedoch 1634 zur Verstopfung des Kleiseetiefs zwischen Fahretoft und Dagebüll schritt, ging zwar die Arbeit im Beisein der Herzoge Friedrich und Hans munter fort, aber ein Sturm zwang plötzlich, das ganze Unternehmen mit großen Verlusten aufzugeben. Die Oktoberflut von 1634 vereitelte es zum Segen für die Qualität des Landes, das gegenwärtig die Bucht ausfüllt, ganz.

Denn die gedachten Inseln der Bucht waren alle noch von großen Schlick= und Wattenpartien umgeben, zumal das Vorland des Gotteskoogsdeiches noch nicht sehr weit in die Bucht hineinreichte. Es sollte sich hier, wo es sich noch um eigentliche Landbildung, um den langsamen Aufbau neuen Landes durch das Meer in einer immer mehr der Strömung entzogenen, sogenannten toten Bucht handelte, die heute noch geübte Weise zur Förderung des Landgewinnes, die Schlickfänge durch Schlagen von Verbindungsdämmen und Lahnungen zu vermehren, bewähren, um einen Marschboden zu schaffen, der, wenigstens in den Christian=Albrechts=Kögen, den besten Eiderstedt'schen Kögen an Fruchtbarkeit nicht nachsteht. Sieht man doch an dem Gotteskoog sowohl als an dem Maasbüller Koog, der 1641 durch Aufführung des 5½ km langen Deiches von Risummoor nach Fahretoft eingenommen wurde, ehe das meiste seiner ca. 3000 Demat großen Fläche deichreif war, daß der voreilige Abschluß gegen das Meer nachteilig genug sein kann.

Gegenteils nahm nach dem Scheitern des großen Unternehmens der Holländer das Vorland vor dem Gotteskoog, wo man durch Verbindungsdämme zwischen den Halligen der Bucht 2c. den Anwachs förderte, so zu, daß von 1682—1684 der 2735 Demat große Alte Christian=Albrechts=Koog eingenommen werden konnte. Der Erfolg begünstigte die Maßnahmen für den Landgewinn außerhalb des langen neuen Deiches, so daß am Anfang des 18. Jahrhunders schon eine neue Eindeichung angeregt wurde, worauf der Herzog den zur Eindeichung bereiten Parteien anbefahl, „durch Schlagung von Dämmen und Durch= dämmung von Tiefen die Aufschlickung zu befördern," und ihnen für den Anwachs ein Oktroy in Aussicht stellte. Im Jahre 1706 war die Bedeichung von 2078 Demat fertig.

Auch die Inseln Fahretoft, Dagebüll und Galmsbüll bemühten sich um Verwandlung ihrer Sommerdeiche in Seedeiche, was den beiden ersten um 1700 gelang. „Inzwischen fuhr man," wie

Bauinspektor Eckermann,*) dessen Ausführungen ich wiederholt benutzte, ausdrücklich hervorhebt, „nach der Eindeichung des neuen Christian Albrechts=Kooges fort, durch Überdämmung der zwischen den einzelnen Halligen befindlichen Ströme den Anwachs zu befördern." Neue Verhandlungen über Ein= deichung des gewonnenen Landes lassen erkennen, daß 1707 vorbereitende Maßnahmen für eine solche fortgesetzt wurden; man erbaute Dämme zwischen den Halligen Tefkebüll und Galmsbüll, Tadensmede und Galmsbüll ⋆. — ähnlich wie heutzutage zwischen Oland und Langeneß. Schon 1725 war der Anschluß von Dagebüll an den Christian Albrechts=Koog leicht zu bewältigen, schwieriger wurde nach Süden der Anschluß an Fahretoft, wo die Kleiseetiefe bei einer Breite von 40 m eine Tiefe von 8 m hatte. Doch auch hier, wo das Werk jener Holländer 92 Jahre früher gescheitert war, gelang es.

So war Dagebüll landfest geworden und ein Koog von 2365 Demat eingenommen. 50 Jahre später hatte sich bereits ein neuer Koog vor Kleiseetief, der Julianenkoog, 609 Demat groß, gebildet, und 1798 konnte auch der Marienkoog, der einen Teil der Ländereien enthält, die von Galmsbüll aus durch Verbindungsdämme gewonnen waren, mit seinen 1346 Demat Fläche als der letzte der noch 1634 vorhandenen großen Meeresbucht einen Deich erhalten; die Hallig Galmsbüll selbst freilich mußte untergehen. Seit 1634 waren damit 14694 Demat in 164 Jahren gewonnen oder mehr als 40 Hektar jedes Jahr. In der dritten, vor Bredstedt gelegenen Bucht, die im Anfang des 17. Jahrhunderts an Vorländereien, Schlickwatten und Halligen etwa 10000—15000 Demat um= faßte, gelang das 1619 begonnene Werk König Christians IV. so wenig als das der Holländer bei Kleisee. Hier war die Aufführung eines 11 km langen Deiches über Halligen, Prielen und Watten vorgesehen. Als das Unternehmen, nachdem es, wie Danckwerth bezeugt, „bereits etliche Tonnen Goldes" verschlungen hatte, aufgegeben werden mußte, beschränkte man sich auf Maßnahmen zur Wiedergewinnung des Verlorenen. Man entschloß sich endlich zur stückweisen Gewinnung und erzielte von 1742 bis 1800 die Einnahme des Sophien=Magdalenenkoogs, des Desmercierenkoogs und der Reußenköge, deren Deiche insgesammt 3497 Demat einschließen. Seitdem bildete sich ein großes Vorland, dessen Grenze 1878 fast mit der Richtung des von Christian IV. projektierten, aber 1624 zerstörten Deiches übereinstimmte und in den letzten 20 Jahren an den Seiten des von hier aus= gehenden Verbindungsdammes nach der Hamburger Hallig bedeutend erweitert ist.

Obwohl somit die größeren Buchten an der Festlandsküste seit 1634 landerfüllt und mit Deichen versehen sind, so liegen gegenwärtig an mehreren Stellen derselben nicht unerhebliche Flächen Außendeichsländereien und es zeigt sich an der ganzen Küste hinauf die unverkennbare Neigung des Meeres, neues Land zu bilden, wo ihm nur die schaffende Hand des Menschen entgegenkommt.

Es verlautet, daß beispielsweise der Fiskus beabsichtigt, die erwähnten Vorländereien des Desmercierenkooges einzudeichen. Das Land hat die nötige Deichreise, sodaß man zwei Köge zu gewinnen hofft, von denen der eine etwa 550 ha groß werden und sich vom Hattstedter Deich bis zum südlichen Teil des Reußenkooges erstrecken soll. Der mittlere Teil vom Vorlande des Reußen= kooges wird vorläufig unbedeicht bleiben.

Jedenfalls ergiebt sich, daß man in der heutigen Festlandsmarsch da die größten Erfolge des Landgewinns erzielte, wo man von den höher gelegenen Geestländereien aus mit Hülfe von Ver= bindungsdämmen immer weiter vordrang. Wenn dabei auch manche Enttäuschungen zu verzeichnen waren, so wurde die unermüdliche Thätigkeit doch endlich durch günstige Resultate belohnt. Ähnliche Erfolge waren es ohne Zweifel, die einst bei dem Lateiner den Ausspruch veranlaßten: »Deus mare, Friso litora fecit«: „Gott hat das Meer, der Friese das Land gemacht!" Auch der bereits fertiggestellte Verbindungsdamm Festland=Oland=Langeneß hat bei den Halligbewohnern, die zur Wanderung nach dem gegenüberliegenden Festland das Watt betreten, das Urteil hervorgerufen, daß die sonst festen Wattpartien, veranlaßt durch die Hemmung, welche die vom Flutwasser mitgeführten landbildenden Sinkstoffe zur Seite des Walles erfahren, „kleiig", d. h. „schlickreich" geworden sind: eine Wahrnehmung, die voraussichtlich, wenn nicht Woge und Wind inzwischen störend eingreifen, den erhofften Erfolg erheblichen Landgewinns verbürgt. Sobald also das heute vor der

---

*) Die Eindeichungen von Husum bis Hoyer. In Zeitschrift der Gesellschaft für Schleswig=Holstein=Lauen= burgische Geschichte, Band 21. Kiel 1891.

Festlandsmarsch liegende Wattenmeer durch die vorgesehenen Dammbauten in eine Reihe großer toter Buchten verwandelt sein wird, dürften bei der größeren Ausdehnung dieses neuen Schauplatzes des Landgewinns noch größere Erfolge als die der letzten drittehalb Jahrhunderte zu verzeichnen sein. Auf den gesegneten Fluren der neugewonnenen Seemarschen wird sich dann ein Leben und Treiben entfalten, wie wir es heute in den nordfriesischen Marschen finden. Dasselbe soll im nächsten Abschnitt Gegenstand unserer Betrachtung sein.

---

2. Frühling und Winter in der Marsch.

Als Geschenk des Meeres sind die Marschen von Natur fruchtbares Land. Sie gewähren daher ganz besonders zur Zeit des Grünens und Blühens, nachdem die sie teilweise überflutenden Wintergewässer durch Schleuse und Sielzug dem Meere zugeeilt sind, jedem Beschauer anmutige landschaftliche Bilder, die überall von neuerwachtem Leben erfüllt erscheinen. Selbst der Sommer mit seinen oft heißen und trocknen Tagen giebt den weiten Gefilden, die entweder von weidenden Fettviehherden bunt oder mit duftendem Heu und ausreifenden goldenen Ähren bedeckt und bestanden sind, etwas eigentümlich Anziehendes, zumal das nahe Meer jenseit des Deiches die Hitze weniger drückend erscheinen läßt als im Binnenlande. Dem Bewohner der benachbarten Geest freilich wollte es gleichwohl in frühlingsgrünen und sommerlichen Marschgefilden nicht gefallen. Er berichtete:

„Ick weer mal in be Marsch, dar wollen se mi Gras to eeten gäwen,
Weer ick dar to de Winter bläwen, so hadden se mi ja wol Heu gäwen."

Damit drückte er freilich nur seine Abneigung gegen ein in der Marsch als Kohl bereitetes Gewächs des Meeresstrandes (Plantago maritima) aus; wer indessen in der Marsch aufgewachsen ist, weiß aus Erfahrung, daß der Geestbauer manchmal aus Vorurteil und Unkenntnis über das Leben in der Marsch urteilt. Freilich mögen manchmal verheerende Fluten des Herbstes, die den Deichen der Marsch arg mitspielten oder gar eine Überschwemmung herbeiführten, dem Unkundigen die Marschgegenden mit ihrem tiefen Klei mit Recht unwirtbar erscheinen lassen, sie haben dennoch viel Schätzbares, und selbst der anscheinend öde Winter bietet hier neben unerquicklichen Dingen manche Abwechselung und hat seine Reize. Im Kleide des Frühlings und des Vorsommers freilich ist die Marsch am schönsten. Während dann jeder „in die Bucht springt", reichlicher Arbeit nachzugehen, zeigt die winterliche Jahreszeit mehr das gesellige Leben der Marschbewohner, denen der Sommer die Scheuer und Kisten und Kasten gefüllt hat. Wir folgen darum, wenn anderswo das Waldesgrün ins Freie hinauslockt, gern einmal ins „stille Marschenland", wohin der Marschendichter Hermann Allmers auch die Freunde aus „der Stadt Gewühl" so freundlich eingeladen hat, um später auch das winterliche Leben in den Marschen näher kennen zu lernen.

Doch nicht ganz mehr so still wie ehedem ist heute die Marsch. Das Jahrhundert der Eisenbahnen und des Dampfes zog auch sie mehr und mehr in den Verkehr. Die vor einigen Jahren erbaute Marschbahn Elmshorn-Heide-Hvidding berührt nicht nur die äußersten Punkte der friesischen Vorgeest, die sich halbinselartig in die Marsch hineinstreckt, sondern sie durchschneidet nördlich und südlich von Risummoor dieselbe, und ihre Zweigbahnen, die bei Dagebüll und Hoyer ans Meer führen, durchqueren sie. Husum und Tondern waren jahrelang Endpunkte der Bahnlinien und uns Kindern war es daher ein denkwürdiges Ereignis, dort zum erstenmal eine Lokomotive zu sehen. Heute saust sie mehr als einmal täglich durch die Marschgefilde und mit ihr viele Wagen, aus denen Haupt an Haupt „der Rinder breitgestirnte glatte Scharen" auf das grüne Feld schauen, das sie einst begrasten. Die Marschen liefern alljährlich zahlreiches Fettvieh.

Und wenn man jetzt zur Frühlingszeit die geraden Marschwege beschreitet, sind die Felder weit und breit von zahllosen Rinder- und Schafherden bunt, die im saftigen Grase voll Klee und Maiblumen schwelgen. Dort wird eine Fenne, so heißt eine von Gräben eingefriedigte, meist rechteckige Landabteilung von $\frac{1}{2}$ bis 5 Hektar Fläche, neu beschlagen. Das Gelb des Löwenzahns übertönt die

5*

Farben der Marienblümchen und des Hahnenfußes, während das Wasser der Gräben mit den weißen
Blüten eines Hahnenfußes oder mit Riedgras und Simsen erfüllt ist, auf denen Libellen und Käfer
nur bewegliche Ruhepunkte finden. Behaglich fressen Kuh und Kalb in den buntgewirkten Blumen=
teppich der Fenne hinein. Anders die Schafe, umgeben von ihren Lämmern. Als ob sie erst das
Feld auskundschaften müßten, ziehen sie mit Geblöck zum fernsten Punkt ihrer Weide, um sich dann
erst mit regem Eifer dem Genuß zu überlassen. In den geöffneten Blüten summen überall Bienen
und Hummeln. Über den nahen Seedeich sind flinke Seeschwalben und Regenpfeifer herübergekommen.
Ihr keifendes Geschrei haben die ersteren eingestellt, denn es gilt, hier über den Wassergräben, deren
klares Wasser zahlreiche Scharen kleiner Stichlinge birgt, Beute zu machen. Die sonst so behenden
Flügel erscheinen bei diesem Schweben der malerisch schwarz und weißen Seeschwalbe mit dem roten
Schnabel fast regungslos. Da, plötzlich pfeilschnelles Hinabtauchen auf den Wasserspiegel, und ein
zappelndes Tierlein im Schnabel des davonfliegenden Vogels. Der Regenpfeifer indessen watet unfern
der Kante des Wassergrabens, Nahrung suchend, ähnlich der Entenschar, die gründelnd zwischen Simsen
und Binsen in ihrem Elemente ist. Aus einem Grasbüschel der zur Heumahd bestimmten Fenne fliegt
erschreckt und mit weittönendem Geschrei der rotfüßige Wassertreter auf, ängstlich den Augenblick
erwartend, wo sein Gelege in Gefahr gerät. Der Lärm der zahlreichen Vögel, der tausendstimmig
die blaue Frühlingsluft erfüllt, vermag nicht, jene hübsche Ente zu verscheuchen, die dort in ihrem
schwarzweiß=braunen glänzenden Gefieder eben über den Deich herbeieilt, jenem großen Teiche zu, der
in der Nähe des Seedeichs ausgeworfen wurde, als es galt, in der Marsch eine gute Viehtränke zu
sichern. Denn die am Deiche weidenden Kuh= und Schafherden suchen hier Erquickung, da es an der
äußeren Seite des Seedeiches nur Salzwasser giebt. Gewöhnlich in Meerwasser lebend, tauchen hier
die schmucken Enten mit besonderem Behagen, das frische Wasser hat für sie immer neuen Reiz.

In einzelnen Marschdistrikten, die früher Halligland waren, ähnlich demjenigen, daß draußen
vor den Deichen noch der Eindeichung oder der Verwandlung in Köge harrt, liegen die menschlichen
Wohnungen auf Anhöhen, die von Menschenhand aufgeworfen wurden und daher Werften genannt
werden. Auf einer solchen Werfte sind wie auf den Halligen der Westküste zwei bis zwanzig Häuser
um einen größeren Süßwasserbehälter inmitten der Werfte (Fehding) errichtet, die Gärten mit Obst=
bäumen und Gemüsebeeten am Abhange vor den Gebäuden. Wo dagegen die Baulichkeiten erst nach
der Bedeichung aufgeführt wurden, liegen die größeren Höfe zerstreut, umgeben von fruchtbaren Gefilden.
Daneben finden sich Häuserreihen zeilenartig zu beiden Seiten der entweder schnurgeraden oder den
Windungen der Hauptwasserläufe folgenden Fahr= und Fußwege angeordnet. Die Höfe liegen nicht
selten auf erhöhtem Platz, da der Staven= oder Wohnplatz von einem breiten Graben umgeben ist,
aus dem die Erdmassen auf die Baustelle gebracht wurden, die nicht nur für die Wohnungen und
Wirtschaftsgebäude, sondern auch für einen Obst= und Gemüsegarten Raum gewährt.

In den kalten Apriltagen sind Knechte und Pflugjungen beschäftigt, die auf den Grasfeldern
vorhandenen Maulwurfshügel auszuebnen. Wenn es aber mit Pflug und Egge vom Hofe fortgeht,
dann scheint es, als ob die Pferdeställe unerschöpflich wären. Da ein Knecht, dort ein Junge neben
einem Pferdepaar. Bald ist das Geschirr angelegt und die von Erwachsenen geführten Pferde sind am
Wagen oder am Pfluge fest. Der Zug setzt sich in Bewegung, voran der Großknecht, dessen fromme
Pferde es ihm gestatten, auf dem Rücken des Tieres den bequemen Seitensitz einzunehmen, dann die
übrigen Knechte und hinter jedem Pferdepaar Arbeitswagen und Pflug mit knarrenden und pfeifenden
Rädern. Die jungen Pferde der Pflugjungen gestatten oft nicht einmal den Reitsitz, und doch hat der
zwölfjährige Knabe sich nicht nur auf dem Tiere zu halten, sondern auch noch den nötigen Proviant
für sich und seinen Pflugknecht mitzuführen. Fällt er einmal vom Pferd, so fühlen es seine eigenen
Knochen; er muß aufs neue des Pferdes Rücken erklettern oder nebenher laufen. Und doch soll er,
vielleicht zum erstenmal in seinem Leben, vier Pferde lenken, von denen zwei noch nie einer Ackerfurche
folgten. „Ja, in der Furche," sagt der Pflugknecht, „ist es Spielerei, aber fährst du nicht die Pferde
am Ende des Ackers so hinaus, daß ich den Pflug nicht zu tragen brauche, so wirst du den ganzen
Tag gehen müssen, aus dem Reiten beim Fuhrgeschäft wird nichts!"

Sechs Stunden lang über Erdklöße der Marschfennen schreiten, ist keine leichte Sache. Auch

in der Mittagstunde giebt es für ihn wenig Ruhe. Von all den kleinen Sorgen eines Pflug=
jungen zu schweigen! Den Wanderer, welcher in die Frühlingsluft hineinschreitet, stören sie nicht;
ihn erfreuen vielmehr jene sechs Pflüge, jeder mit einem Viergespann, einer neben dem andern, die
den Acker umkehren, daß ihm der Duft des Frühlings entströmt. Geschäftiger fast noch als die Pflug=
schar sind Möwen und Stare, die in den lockeren Furchen einen reichgedeckten Tisch finden. Inzwischen
hat der eine Pflug die Thätigkeit eingestellt. Der Pflüger schreitet dahin, der Erde seine Saat an=
vertrauend, und ihm nach wird die Egge gezogen, der bald die Walze folgt.

So schnell freilich wie in dieser Fenne geht die Bestellung nicht immer. Häufig muß zuerst
eine Düngung des Feldes vorgenommen werden. Der Hofbesitzer weiß es dann so einzurichten, daß
einige seiner Leute, sowohl wo sie den Dünger auf den Wagen laden, wie dort, wo er in der Fenne
abgeladen wird, vollauf beschäftigt sind, während die Pflugjungen mit gefüllten oder leeren Wagen
unterwegs sein müssen. Solch ein prächtiger fröhlicher Junge begegnet uns dort! In der Kehle hat
er jetzt eben nicht das Lied, ist es doch um die Vesperzeit. Er verzehrt, auf einem Strohbüschel mitten
auf dem Düngerwagen sitzend, sein Butterbrot. Die kräftige Mittagsmahlzeit, Speck, Pökelfleisch,
Klöße und Kartoffeln, ist längst verdaut, und am Abend wird er bei der Milch= und Breischüssel seinen
Mann stehen. Er kennt aber auch seinen Dienst. Zeit für den Wanderer hat er nicht, es gilt ja noch,
bis Abend viele Fuder auf den Acker zu bringen.

Sind am Abend alle Leute zum Hofe zurückgekehrt, so giebt es auch noch hier vollauf zu thun.
Etwa achtzig bis hundert Haupt Hornvieh harren der Pflege im Stalle. Die Pferde erhalten bei der
schweren Feldarbeit kräftiges Futter; ein Knecht und ein Junge haben für sie zu sorgen, wohl gar bei
ihnen zu wachen, so lange Häcksel und Hafer schmecken.

Ist endlich die Frühjahrsfeldbestellung so weit beendet, daß nur noch die für den Sommerbau
bestimmten Fennen übrig sind, so gilt es, wenn der Mai ins Land geht, an Schafwäsche und Schafschur
zu denken. Denn auf einem Hofe, zu dem hundert bis zweihundert und mehr Hektar Marschland
gehören, werden dreihundert bis fünfhundert Schafe gehalten. Freilich bedürfen sie nicht der Wartung
im Stalle, da sie auch im Winter auf dem Felde sind, aber die Aufsicht muß um so sorgfältiger sein,
weil die Zeit da ist, wo die Lämmer erscheinen, denen nicht selten von Krähen und Füchsen nachgestellt
wird. War früher schon die Umgebung des Hofes belebt, wenn Mann und Pferd und Pflug auf den
Acker hinauszogen, so möchte man sich jetzt, wenn Schafe und Lämmer zur Wäsche herbeigeholt
werden, die nicht selten auf einer Bretterbrücke über dem Hofgraben zu geschehen pflegt, die Ohren
zuhalten. Hier findet ein Muttertier nicht gleich sein Lamm, dort schreien die Lämmer des eben sich
in der Wäsche oder unter der Schere befindlichen Tieres nach der Mutter, die mittlerweile fast unkenntlich
gemacht wird. Das ist ein Durcheinander und ein Geblök, bis die geschorenen Tiere neugemerkt auf
die Weide getrieben werden. Eine große Stube voll schöner Wolle haben sie daheim gelassen, die nun
der Sorge der Frauen anvertraut, jeder Pelz einzeln zusammengebunden, der Wollhändler wartet.
Wer da zuerst erscheint, macht leicht gute Geschäfte.

Während wir uns jetzt einem solchen Hofe nähern, haben wir Muße, den Arbeitern zuzusehen,
die auf einem zur Rapsaat ausersehenen Felde beschäftigt sind. Vorher schon haben sogenannte Kleier
den Graben an der Seite dieser Fenne breiter und tiefer gemacht, sonst wäre an der Kante der Erdwall,
den wir sehen, nicht vorhanden. Er würde bei einem bestellten Kornfeld eine mangelhafte Entwässerung
herbeiführen, die in den Kögen der Marsch heutigen Tages selten anzutreffen ist. Die Feldarbeiter
vor uns sind eben dabei, mit dem Mollbrett, einem schaufelartig gebauten Gerät, nicht nur den
Wall, sondern auch andere Erhöhungen des Landes auf tiefer gelegene Partien desselben auszuebnen.
Die zeitraubende Arbeit, die Erde auf den Wagen zu laden, fällt dabei fort, denn das von Pferden
gezogene Mollbrett füllt sich wie eine große Schaufel von selbst und kehrt sich durch einen einfachen
Griff an der niedrigen Stelle des Bodens von selbst um.

Soll später der Sommerbau umgepflügt werden, dann giebt es schwere Arbeit. Sechs Pferde
ziehen den Pflug. „Wer tief pflügt, erntet reichlich!" sagt der Landwirt. Er weiß, daß er bei
gleicher Größe der Fuder zwei bis drei Fuder Garben mehr von einem Hektar erntet als sein Nachbar,

bei dem die Bearbeitung oberflächlich zu geschehen pflegt. Entstehen dann bei tiefem Pflügen und anhaltender Trockenheit die großen Erdklöße, dann hat es freilich der Nachbar bequemer, der mit leichter Egge bald ein ebenes Feld gewinnt, während das Zerkleinern der Knollen oft durch Zuhülfe= nahme einer Keule bewirkt werden muß, wenn die von drei Pferden gezogene, mit dem Fuhrmann,

Friesische Stube. Von C. L. Jessen.

der auf ihr steht, beschwerten Egge die Arbeit nicht schnell genug vollenden kann. Schwerere Feldarbeit als auf einer solchen Egge stehen, ist mir nicht bekannt. Die Mühe aber bringt reichen Segen.

Schon der Anblick blühender Saatfelder, die, früher häufiger als gegenwärtig, wo man mehr auf Viehhaltung bedacht ist, oft mehrere Fennen der Marsch in einer Strecke bedeckten, macht eine Frühlingsfahrt durch das Marschgefild angenehm. Welch ein geschäftiges Leben und Treiben der Vögelein und Käfer, welch ein emsiges Sammeln der Bienen auf der gelben ¦Blütenpracht in der Maienluft! Dem Hofe näher gekommen, vernehmen wir ferûher das Geklapper der Störche, die aus der froschreichen Marschwiese ins Nest auf dem Gehöft zurückkehrten. Dort auf der Flur, die uns

Friesische Stube. Von C. L. Jessen.

noch vom Hofe trennt, erfreut uns eine jubelnde Kinderschar. Die Kleineren sind mit Kränzen und Blumen geschmückt, während die Größeren sich am Wassergraben damit unterhalten, die aufgeschlitzten Stengel des Löwenzahn eine Weile ins Wasser zu legen, daß sie sich zu Locken kräuseln. Andere haben aus den hohlen Stengeln eine Kette gebildet, die den Ringelreihen schmückt, den sie aufzuführen im

Begriff sind. Bald hat die Vortänzerin einen Stein nach dem anderen aus der Kranzreihe gebrochen, und die bis dahin in der Kranzmitte verhüllte Königstochter ist erlöst. Vom Hofe herüber tönt ebenfalls fröhlicher Gesang. In dem leichten Kahn schaukeln auf der breiten Wasserfläche des Hofgrabens muntere Insassen, die ihrer Melodie gemäß die Ruder mit taktgemäßen Schlägen rühren und zwischen dem jungen Grün der Gartenbäume, deren Laub stellenweise an die Wasserfläche reicht, eine Bootfahrt machen. Die Gartenlücke dort zeigt uns Fischkästen, die sich öffnen, wenn die Zeit es nicht erlaubt, dem als Fischteich benutzten Graben seine Schätze zu entnehmen. Scharen von zahmen Enten, Gänsen und Hühnern kommen uns entgegen, wenn wir die Werfte betreten. Auch als Fremder ist man in der gastfreien Wohnung des Marschbauern willkommen. Wo dieselbe noch die altfriesische Einrichtung und Ausstattung beibehielt, macht sie den Eindruck höchster Sauberkeit und erscheint uns daher recht wohnlich und gemütlich. C. L. Jessens Verdienst ist es, die originellsten Einrichtungen friesischer Stuben im Bilde festgehalten zu haben. (Siehe die Bilder S. 70 u. 71, die dem Haupt'schen Werke: „Die Bau= und Kunstdenkmäler 2c." das wir allen unsern Lesern empfehlen, entnommen sind.) Die geräumigen Scheunen und Stallgebäude sind jetzt leer, selbst die Pferde sind entweder im Geschirr oder auf der Weide. Nur die Schwalben zwitschern, auf der offenen Stallthür sitzend.

Die Seele der ganzen Thätigkeit ist früher der Hausherr selbst gewesen, später sind nebenher Verwalter aufgekommen, Werktags überall, wo seine Leute thätig waren, Sonntags in der Familienkutsche im nahen Kirchdorf. Bei aller Umsicht indessen muß sich der Hausherr trotzdem sehr oft auf die Treue seiner Knechte verlassen; namentlich der erste Knecht muß ein tüchtiger Mann sein. Zur Ehre des Herrn sowohl als der des Knechts soll es hier gesagt sein, daß mancher fünfundzwanzig Jahre lang und mehr demselben Herrn mit der Umsicht und Treue eines Hawermann gedient hat. Aus solchem einträchtigen Wirken von Hausvater und Gesinde ist der Segen als der Mühe Preis erwachsen. Denn als einmal in einem entfernten Flecken der schleswigschen Westküste ein anderer Marschhof auf der Auktion aufgeboten wurde, behielt der gedachte Hofbesitzer das letzte Gebot und bekam den Zuschlag. Doch hatte man diesen nicht ohne Weiteres erteilt. Der Mann im einfachen blauen Rock erschien dem unbekannten Inhaber des Gegengebots für so hohe Summe nicht leistungsfähig. — So wurde der Auktionator veranlaßt, um Nennung eines Bürgen zu bitten, denn auch er kannte den Mann nur dem Namen, aber nicht den Umständen nach. „Bürgschaft verlangen Sie? Bitte, kommen Sie mit mir!" Der Angeredete folgte und sah nicht ohne Staunen, daß der Käufer einem Wagen zueilte, unter dessen Sitz die Bürgschaft lag: blank und baar legte der Bauer hunderttausend Mark auf den Zahltisch des Verkäufers, und heimgekehrt, rief er am andern Morgen seinen ältesten Sohn zu sich ins Zimmer. Ihm schenkte er für treue Arbeit diesen Hof. Und als es galt, den andern drei Kindern in gleicher Weise gerecht zu werden, bot sich ähnliche Gelegenheit. Der jüngste Sohn behielt den Hof, den wir besucht, während der Vater sich in einem nahen Dorf, von wohlerworbenen Gütern lebend, zur Ruhe setzte. Arbeit und Fleiß waren auch ihm, wie schon Fischart sagt, die Flügel gewesen, die über Thal und Hügel geführt hatten. Des Vaters Segen baute den Kindern Häuser. Größere Freude aber gab es auch für ihn noch im Alter nicht, als wenn er zur Frühlingszeit über die Felder schritt, die ihn und seine Thätigkeit so reich gesegnet hatten. An diese Dinge erinnert mich der Bauerhof der Marsch im Frühlingskleide. Er mahnt mich an die glückliche Kindheit und ich sehe vor mir dort ganz in der Nähe das Vaterhaus, über dessen Acker seitdem ein fremder Pflug gegangen ist.

Ob hier der Feldbau den Ertrag herbeiführt oder dort die Weidewirtschaft, in die Freude, die den Wanderer erfüllt, wenn er die Marschgefilde im Brautgewande des Frühlings erblickt, mischt sich die Hoffnung auf ein gutes Jahr.

Trifft dasselbe ein, so machen Viehstand und Erntesegen die Marschbewohner fähig, nicht nur den Kampf mit dem „blanken Haus", den die Sturmfluten des Herbstes durch Beschädigung der Deiche herbeiführen, erfolgreich zu bestehen, sondern auch die mehr oder minder große Abgeschlossenheit vom Verkehr mit der großen Welt, die der Winter nicht selten bringt, zu ertragen, zumal auch dann, trotz der Entlegenheit mancher Gehöfte und der erschwerten Verbindung der Ortschaften untereinander, ein verhältnismäßig reges und geselliges Leben in den stille gewordenen Marschen herrscht.

Schon Saxo Grammatikus († 1208) schrieb: „Den Winter über lieget ihr Landt stetes mit Waffer bedecket, und giebt das Ansehen, als ob es ein See wäre, dannenhero es zweifelhaft, wozu man dieß Landt eigentlich rechnen soll, dieweil man es zu Sommerzeit pflüget, zu Winterzeit aber mit Böten (Nachen) darüber fähret." Er deutet damit zweifellos auf die nach den Regengüffen des Herbstes angeschwollenen Gewäffer, welche aus den Geestdistrikten mit den Auen in die niedriger gelegenen Marschen abfließen. Noch heute verwandelt dies Waffer die Marschen zwischen den auf Werften liegenden Gehöften in Seen, sodaß man nur per Boot hinüber gelangen kann. Namentlich in der Gegend von Tondern und Lindholm durchschneidet die Marschbahn zeitweilig eine Landschaft, wo vereinzelt höhere Partien aus dem Waffer hervorschauen, das zu beiden Seiten des Bahndammes weite Strecken erfüllt. Zu solchen Zeiten hemmten früher die grundlosen Wege fast allen Verkehr, denn auch, wo das Waffer die Wege nicht deckte, konnte kein Wagen hindurch. Dann setzte man die Leiche in das Boot, um sie zum Kirchhofe zu bringen; führte der Wafferweg nicht so weit, so mußten vierspännige Wagen, so langsam es auch ging, aushelfen. Die seitdem weiter ausgebauten chauffierten Wege haben hierin etwas Wandel geschafft. Der Fußgänger war damals immer noch beffer daran als das Fuhrwerk. Ihn führten, — wie heute noch in vielen Kögen — die Stege oder Stöcke über die zwischen den leichter als der Weg passierbaren Grasfennen befindlichen, wenn auch bis an den Rand gefüllten Waffergräben. An der Seite des Brettes gab es freilich damals nicht wie heute ein Reck, an welchem man sich festhalten konnte; einem rechten Marschbewohner und selbst den Marsch= bewohnerinnen wurde es zugetraut, gleich einem Seiltänzer über das lange, schmale Brett hinüber zu balanzieren. Uns Knaben war manchmal eine Latte noch lieber als ein Brett. Waren keine Stege, so mußte der Springstock aushelfen — ein mit einem Querholz versehener circa drei Meter langer Stock — den man in die Mitte des Grabens setzend, zum Überspringen benutzte. Naffe Füße giebt es in der Marsch häufig, selbst Kniestiefel gewähren nicht immer hinreichenden Schutz. Als tägliche Fußbekleidung dienen meistens Holzschuhe, die den Fuß warm und trocken halten, wenn man sie im tiefen Klei nicht verliert oder das Waffer nicht von oben hineinläuft. Jetzt findet man allerdings häufig neben den Wegen mit Steinen belegte Fußsteige, an befonders grundlosen Stellen aber sind wie ehemals zur Ergänzung der Stege und Steige etwa kopfgroße Granitsteine so hingelegt, daß man von einem auf den andern hinüberschreitend trocknen Fußes fortkommt, wenn man nicht etwa in der Dunkelheit oder in der Eile irgend einen und alle folgenden verfehlt. Bei den aufgeweichten Wegen kommt es auch vor, daß man die Füße selbst aus den im Klei festsitzenden Stiefeln herauszieht. Sehr oft pflegen alsdann Reitpferde benutzt zu werden, die bei der Einkehr des Reiters oder der Reiter, denn auch Damen setzen sich neben den Reiter auf daffelbe Pferd, vor den Fenstern der Gaststuben oder an den Thüren der Gehöfte angebunden werden. Zu dem Zwecke sind hier an Zäunen und an den Maueranfern zu beiden Seiten der Hausthür eiserne Ringe angebracht. Nur bei längerem Ver= weilen bringt man die Tiere in den Stall.

Angenehmer gestaltet sich das Fortkommen in den Marschen, sobald der Frost eintritt, und es finden alsdann Zusammenkünfte unter den Nachbarn statt. Sobald das Eis trägt, gleitet man auf den Schlittschuhen über die blanke Fläche hin, wo sonst das Boot verkehrte. Wenn diese Art des Eislaufs nicht zusagt, dienen nägelbeschlagene Holzschuhe zum sicheren Schritt über die eisbedeckten Stellen. Der mit einer Eisenspitze versehene Stock, der „Piekstock" leistet treffliche Stütze, wenn man in anderem Fußzeug das Eis oder bei Glatteis die Wege beschreiten muß. Häufiger als bei Tau= wetter und schlechten Wegen suchen noch heute alsdann wie vor etwa fünfzig Jahren sonntäglich die Marschbewohner die oft weit entfernte Kirche auf. Freilich fehlte auch damals schon die ehemals allgemein übliche Nationaltracht, wenn es auch noch einige Befonderheiten in Tracht und Sitte gab.

Beobachter aus den vierziger Jahren schreiben: „Viele der uns auf der Promenade begegnenden Männer führten als Spazierstöcke 4½ bis 6 Fuß (1 m = 3½ Fuß) lange, runde, roth und grün vermalte Stäbe mit eiserner Spitze, und, weil man sie, um sich darauf zu stützen, nicht am Oberende faßt, ohne Knopf. Die uns selbigen Gang verherrlichenden jungen Kirchgängerinnen, stramm von Haltung, ungezwungen und munter, aber musterhaften Anstandes und Tactes im Wesen, meistens zarter, nicht selten feiner Gesichtsbildung, trugen als Putz große damastseidene Halstücher, hinten so zugeschleift, daß sie zwei lange Zipfel davon, wie Paniere des Schelmes im Nacken hatten und für ihre einfachen täglichen Käppchen von Baumwolle mit Gold gestickte. Die Garderobenstücke waren aus wollenem Zeuge. Die älteren Frauen trugen eine kleine Mütze mit dem weißen Vortuche und einer großen Schleife im Nacken. Am ersten Feiertage der großen Feste kamen sie gewöhnlich schwarz gekleidet zur Kirche. Statt des sommerlich üblichen Rückelsbusches aus Rosmarin, Lawendel und Goldlack nahmen sie das sogenannte Riechei, eine aus Silber verfertigte Büchse, (oft von sehr hohem Kunstwerthe) mit. In derselben steckte ein mit Eau de Cologne oder mit anderer wohlriechender Flüssigkeit getränktes Schwämmchen. Die Männer wanderten, aus ihren silberbeschlagenen Meerschaumpfeifen rauchend, zur Kirche; erst beim Hineingehen steckten sie die Pfeife in die Rocktasche. Einen erheiternden Anblick hat es mir gewährt, ein Ehepaar zur Kirche wandern zu sehen, von dem die Frau sich durch ihre Dicke auszeichnete, und infolgedessen gewöhnlich ihre Kleider an beiden Hüften mit den Händen angefaßt hatte, wahrscheinlich um sich das Gehen etwas zu erleichtern, während der Mann in der einen Hand seine silberbeschlagene Meerschaumpfeife, in der anderen ihre Feuerkieke ihr nachtrug. Diese Feuerkieke spielte früher bei den friesischen Frauen eine große Rolle. Dies Geräth ist aus Eisen oder Messingblech gefertigt, einem Theekessel-Comfort nicht unähnlich. Die obere Blechplatte war immer, manchmal auch die Seitenbleche, in hübsch durchbrochener Arbeit ausgeführt. Glühende Torfkohlen legte man in den Behälter hinein, um die Füße in der kalten Kirche an der Kieke warm zu halten. Waren nun einmal nicht genügend ausgebrannte Kohlenstücke hineingelegt, so stieg manchmal ein Rauch in der Kirche auf, aber nicht so schön duftend wie der Weihrauch!"

Jetzt sind die Feuerkieken, welche früher auch auf Wagen und Schlitten mitgenommen wurden, fast außer Gebrauch gekommen. Veränderte Herd= und Ofeneinrichtung, Kirchenheizung 2c. haben dazu beigetragen. Interessante Figuren und Gruppen aber bieten auch heute noch dem Beobachter die vor der Kirche versammelten, festlich geschmückten Marschbewohner. Nach dem Gottesdienste sehen wir sie ihren Gehöften und einem wohlbesetzten Tische zueilen. Im Herbst wird in den meisten Häusern tüchtig geschlachtet. Die Pökeltonne und die Rauchkammer pflegen bedeutende Quantitäten an Fleisch und Speck zu liefern, freilich sowohl für den Winter als für den Sommer, aber der Winter als vorwiegende Zeit des Genusses räumt schon unter den Vorräten bedeutend auf. Der Friese weiß, daß Fleischspeisen nahrhafte Kost sind; ganz besonders liebt er das Nationalgericht „Klump en Smeer", zu deutsch: Klöße und Fett. Rauchfleisch, Pökelfleisch und Speck werden in einer Brühe gekocht. Diese wird für die hineingelegten Mehlklöße als Tunke benutzt und das Fleisch mit Kartoffeln dazu gegessen. Fremde haben wohl versucht, die Brühe selbst mit Löffeln zu essen, sie wurden aber bald gewahr, daß das Gericht auch ohne Löffel sehr wohlschmeckend sei, nur meinten sie mit Recht, es gehöre ein friesischer Magen zur Verdauung desselben. Aber auch Kohl und Erbsen sind beliebt; sie schmecken vortrefflich, wenn am Fleisch und Speck nicht gespart zu werden braucht. Die rechte Genuß= und Freudenzeit der Marschbewohner fängt aber erst um Weihnachten recht an und dauert gewöhnlich bis Fastnacht. Während dieser Zeit finden viele Gesellschaften unter Verwandten und Bekannten statt. Dies Gesellschaftgeben und Ingesellschaftgehen heißt „Schulwen". Dabei spielen Essen und Trinken die Hauptrolle. Der Gänsebraten ist dann eine beliebte Speise, und es geniert nicht, in der Abendmahlzeit eine gehörige Portion davon zu vertilgen. Auch die fetten Enten, welche am Hofe so nebenbei zur Unterhaltung gezogen werden, schmecken gut, und Meister Lampe muß ebenfalls manchen saftigen Braten hergeben.

In solchen Gesellschaften geht es lustig her. Dabei thut der Theepunsch, ein eigens durch Marschverhältnisse entstandenes Getränk, seine Wirkung. Die häufig ungünstigen Wasserversorgungsverhältnisse führten einen starken Theeverbrauch in den Marschen herbei. Durch den Thee erscheint vielerorts das Marschwasser erst genießbar, und man findet daher den Theetopf den ganzen Tag zum beliebigen Gebrauch der Hausbewohner auf dem Ofen. Thut man nun zu dem Thee noch eine Quantität Zucker und ein Weinglas guten Rum, so entsteht der genannte Theepunsch, der, mäßig genossen, nicht nur ein für Einheimische wohlschmeckendes, sondern auch von Fremden geschätztes Getränk ist.

In diesen abendlichen Zusammenkünften wird gegenwärtig gern eine Skatpartie oder sonst ein Kartenspiel gemacht, die Neuigkeiten des Tages und die Veränderungen in der Wirtschaft, etwaige Verkäufe von Vieh u. s. w. werden besprochen. Auch manches Jagdstück wird zum Besten gegeben.

Die Marsch ist namentlich für Hasen ein ergiebiges Jagdfeld, zumal wenn hinreichend Rapsaatfelder die Tiere herbeilocken. Meister Reinecke macht gern einmal den Gänsen oder den Enten des Hofes einen Besuch; ein Umstand, der nicht selten die Jäger der Umgegend zur Klappjagd auf die Beine bringt. Namentlich der auf der weiten Ebene frisch gefallene Schnee läßt die Fußspuren des Jagdwildes erkennen. Bald haben die Hunde das Lager des Hasen aufgespürt, und fort gehts über die Stoppeln, die Gräben und Wege. Alle Kreuz= und Quergänge und Seitensprünge retten nicht mehr, der Schuß fällt, und der Jäger hat seine Beute. So leicht läßt sich Reinecke hier nicht fangen, zumal wenn er nur von einem Hunde verfolgt wird. Ich sah einmal, wie er außerhalb der Schußweite des Jägers, sich auf die Hinterbeine setzend, dem ihm nachsetzenden Windspiele die Zähne zeigte. Erst als der Jäger sich näherte, nahm er aufs neue Reißaus, der Hund folgte, bis sich die Scene von vorhin wiederholte. Dann eilte der Fuchs über den Deich und — war verschwunden und wahrscheinlich unbemerkt in seinen Bau geschlüpft.

Weniger als dem Jäger ist der Schnee dem Besitzer der Schafe willkommen. Diese Tiere fristen gewöhnlich bis tiefer Schnee die Erde deckt und die Gräben zwischen den Fennen ausfüllt ihr Leben auf den Grasfeldern. Vielleicht einmal den Tag' erhalten sie eine Krippe voll Außendeichsheu. Wie ihnen das aber schmeckt! In langen Reihen stehen sie am Troge, einen gehörigen Büschel auf einmal zum Fraß herausziehend. Wird der Winter härter, so sind sie sehr hungrig und erhalten zwei=, oft dreimal die Krippe gefüllt. Trägt das Eis der schneeerfüllten Gräben noch nicht, dann bleiben nicht selten einige Tiere in denselben stecken, den Raben und Krähen zur Beute. Steht Schneewehen in Aussicht, dann treibt der Landmann, wo anders die Zahl der Herde und der Raum es gestatten, seine Schafe unter Dach oder in das Schafhock neben dem Stall, welches gewöhnlich an windgeschützter Seite des Hauses angebracht ist. Sind die Herden indessen auf dem Felde vom Schneetreiben ereilt, so laufen sie meistens, dem aus Osten wehenden Winde folgend, dem Seedeiche zu. Sehr häufig findet man sie dann zusammengekauert in dem hier aufgestobenen Schneeberg, aus dem sie herausgegraben werden müssen; selten laufen sie über den Deich hin. Geschieht das, so sind sie meistens für den Besitzer verloren, da sie ohne Aufenthalt direkt ins Meer hineinlaufen, um hier eine Beute der nächsten Flut zu werden.

Bei solchem Wetter und in strengen Wintern ist es also keine angenehme Aufgabe, die Schafe zu passen. Gewöhnlich haben auf einem Hofe zwei Knechte damit zu thun. Die übrigen besorgen daheim den Stall und haben ein wesentlich leichteres Geschäft, wenn es auch manchmal schwer hält, einen genügenden Wasservorrat zur Tränke herbeizuschaffen. Heu und Stroh, überhaupt Material für Vieh= und Pferdefutter, pflegt genug vorhanden zu sein, es aus der Scheune oder vom Heudiemen herbeizuschaffen, ist so beschwerlich nicht. Auch das Schneiden des Häcksels für manchmal eine Pferde= reihe von zwanzig bis dreißig Stück, ist keine so schlimme Arbeit mehr, seitdem statt der Häckselkiste und dem Häckselmesser Maschinen in Gebrauch gekommen sind, die oft mit Pferdekraft getrieben werden. In den Vieh= und Pferdeställen herrscht eine angenehme Wärme, — tüchtige Bauern spazieren nicht selten auf der Mitte der langen Stalldiele hin und her, selbst das Thun und Treiben ihres Dienst= personals überwachend. Fast unmittelbar vor der Stallthür liegt der stattliche Düngerhaufen, der im Winter sehr oft ein buntes und wechselvolles Leben zeigt. Sagt doch schon das Sprichwort, daß jeder Hahn auf seinem Mist Herr und Meister sein will. Andere Hähne duldet er auch im Winter nicht gern unter dem Hühnervolke; wo sie sich einstellen, kommt es zum Kampf. Aber er muß es schon gestatten, daß zur Winterzeit Krähen, Enten, Sperlinge, Tauben und Hänflinge hier mit zu Tische gehen. Nicht selten ist bei liegendem Schnee nebenher auf dem Steinpflaster der Futterplatz für Haus= und Feldvögel, zumal wenn die Scheunenthore geschlossen sind, hinter denen sonst im Winter überall das „Klipp=Klapp" der Dreschflegel zu hören war.

Früher ließ fast jeder friesische Landmann der schleswigschen Marschen das Getreide von jütländischen Dreschern, welche jeden Winter einwanderten, ausdreschen. Friesen hielten sich meist zu gut für diese Arbeit und sahen mit Verachtung auf solche dänische Einwanderer herab. Schon in ihrer Sprache ist das zum Ausdruck gelangt, indem es gewöhnlich unter Friesen, wo von Dänen die Rede ist, heißt: „Das ist nur ein Däne!" Diese übrigens genügsamen und treu arbeitenden Drescher sind seit Einführung der Dreschmaschinen seltener geworden. Sie droschen gewöhnlich tonnenweise, d. h. sie bekamen so und so viel Schillinge für die ausgedroschene reine Tonne Korn. Die Kost erhielten sie auf dem Hofe. Für sie wie für die Knechte gab es morgens Brei aus Milch und Gerstengrütze und Warmbier, gewöhnlich aus Husumer oder selbstgebrautem Bier bereitet, und dazu Käse und Brot, aus Roggenmehl gebackenes Schwarzbrot. Butter gab es dazu nicht, aber der Käse mußte ebenso dick geschnitten sein wie die Brotscheibe. Dann galt die Kost für gut; Speck und Fleisch zum Mittagessen mit guten Klößen aus Gerstenmehl und abends Milch und frischgekochten Brei eingerechnet. Die Knechtekammer war gewöhnlich neben dem Stall und ohne Ofen; auf einigen Höfen saßen die Dienstboten abends an einem Tische im warmen Stall.

Außer den größeren Höfen giebt es in den Marschen auch eine Reihe kleinerer Landbesitzer und einzelne Tagelöhner, die meist auf die Arbeit bei den größten Höfen angewiesen sind. Anderen bietet der Deich und die zur Landgewinnung an den Vorlandsufern üblichen Arbeiten den Unterhalt. Diese besonders sieht man im frostfreien Winter mit dem blanken Spaten über den Seedeich eilen, angethan mit langen Stiefeln. Sie suchen die Partien des Vorlands auf, die wegen ihrer niedrigen Lage öfter als ihre Umgebung den Ueberflutungen des Meeres ausgesetzt sind. Hier ziehen sie nach der Hanfschnur parallele, etwa zwei Spaten breit tiefe und breite Gräben, sogenannte Grüppel; die ausgehobene Erde stellen sie in regelmäßigen Reihen so auf die Kante, daß sie bei neuen Überschwemmungen Schlickfänge, d. h. Widerstände für die von den Fluten mitgeführten erdigen Bestandteile bilden. Durch ihre Arbeit befördern sie also die Erhöhung des Landes und machen es ertragreicher. Wenn sie Abends nach der schweren Arbeit müde heimkehren, finden sie fast alle eine stille Häuslichkeit, in der man die Not mancher andern Gegend nicht kennt: eigentlich Arme giebt es wenige. Wo wirklich Armut einmal vorkommt, da treten die Begüterten durch Errichtung von Armen- und Arbeitshäusern ein, in denen nicht nur Wohnung, sondern auch Verpflegung teilweise oder ganz unentgeltlich gewährt wird. Das Leben und Treiben der Kinder in der Marsch auf dem Eise oder im Schnee gleicht demjenigen in andern Gegenden. Freilich so große gefahrlos zu beschreitende Eisflächen giebts nicht überall. Mit dem Schlitten den schneebedeckten Abhang der Deiche und der Werften hinabzurutschen, macht auch Freude genug. In anderer Beziehung müssen sie manche Genüsse der Jugend entbehren. Die Hauptfreuden sind hier die Veränderungen, welche Weihnacht und Neujahr mitbringen. Der Weihnachtsbaum freilich ist noch nicht in jedes Haus gekommen; dieselbe Freude bereiten hier die Gaben, welche über Nacht dem Kinde in den Teller, den es aufs Fensterbrett stellt, gelegt werden. Am Neujahrstage oder am Tage vorher ziehen sie vieler Orten mit einem Glückwunsch von Haus zu Haus und erhalten Kuchen und Nüsse 2c. zum Geschenk; von den Paten werden sie besonders reichlich bedacht.

In meiner Jugend erschien noch bisweilen ein alter Mann mit einem bunt bemalten, mit Glocken behangenen Stern. Sein Gefolge bildeten wir, die Kinder. Von Thür zu Thür ihm nachfolgend, erklang es uns wie frohe Botschaft:

> „Ach Sternlein, du darfst nicht stille steh'n,
> Du mußt mit uns nach Bethlehem geh'n,
> Nach Bethlehem, klein Davids Stadt,
> Wo Maria mit dem klein'n Kindelein lag."

Weniger gern gesehen war der Knecht Ruprecht. Verbreitet sind in den Marschen noch die sogenannten Losungen in den Zwölften. So wird beispielsweise an einem Orte das Geschirr, welches bei der Festmahlzeit am Weihnachts- oder Neujahrsabend gebraucht worden (Teller, Gabel, Messer), nicht wie sonst nach der Mahlzeit in der Küche gereinigt, sondern muß, von der Benutzung noch unrein, bis etwa zehn Minuten vor Mitternacht stehen bleiben. Alsdann nehmen es die jungen Leute des Hauses, gehen damit an eine Wasserkuhle und spülen es dort rein. Nach dem Volksglauben erscheinen ihnen bei der Thätigkeit die Gesichter der Liebhaber resp. Bräute. Dabei sollen sich, wie versichert wird, Personen, die sich früher nicht gesehen noch gekannt, von Angesicht zu Angesicht sehen. Sehen die vom Spülgeschäft Zurückkehrenden von außen durch die Fenster in die Wohnstube hinein, dann erscheinen die Personen des Hauses, welche im darauf folgenden Jahre sterben, ohne Kopf. Außer dem bereits erwähnten Schulwen giebt es für die Erwachsenen ab und zu eine größere Gesellschaft. In den Wirtshäusern sind zudem Klubabende, bei denen Karten gespielt wird, an der Tagesordnung. Bei den schwierigen Verkehrswegen kommt es vor, daß solche Zusammenkünfte Trauer im Gefolge haben, indem die Heimkehrenden im Schneegestöber oder in der Dunkelheit den Weg verlieren, wobei dann Unfälle aller Art vorkommen. Dann beschließt die Totenglocke die Festlichkeit bei einem Leichenzug.

Im allgemeinen ist Sinn für gute Lektüre vorhanden, und wo nicht größere Lesevereine bestehen, da thun sich wenigstens einzelne zum Halten guter Zeitschriften zusammen. In Gesangvereinen wird gern die Kunst des Gesanges und fröhliche Geselligkeit gepflegt. Im Monat Februar erwacht bereits die Hoffnung auf das kommende Frühjahr, und sorgfältig beobachtet der fürsorgliche Marschbewohner alle Zeichen des Naturlebens, die etwa geeignet sind, diese Hoffnungen zu beleben und zu stärken. Lichtmeß und Petritag (2. resp. 22. Februar) sind nach der Volksmeinung vorbedeutend für die Witterung; heißt es doch:

„Lichtmessen hell,
Schind't den Bur'n dat Fell;
Lichtmessen dunkel
Makt den Bur'n tom Junker;“

oder:

„Lichtmeß im Klee, — Ostern im Schnee“

und:

„So lange die Lerche vor Lichtmeß singt,
So lange nachher ihre Stimme verklingt.“ —

Am Petritage wirft Petrus einen warmen Stein ins Wasser, und die Macht des Winters gilt als gebrochen. Der Marschbewohner hat an diesem Tage gern einen starken Wind. Als alte Regel gilt nämlich, am Morgen des Tages etwas Heu auf den Düngerhaufen zu legen. Wird es fortgeweht, so darf man auf ein mildes Frühjahr hoffen, bleibt's liegen, so sammelt man es schnellstens wieder ein, da dann ein hartes Frühjahr in Aussicht steht. Stellen sich nach dem Verschwinden von Eis und Schnee Ende Februar oder Anfang März Star und Kiebitz ein, dann geht auch der Landmann bereits seiner Beschäftigung auf den zur Saat oder zur Weide bestimmten Feldern nach. Seine erste Sorge gilt der hinreichenden Entwässerung. An seiner Seite auf der Wiese zeigen sich die ersten grünen Halme, die mit dem frischen Weiß der Erstlinge unter den Lämmern, die neben der blökenden Mutter daherspringen, malerisch kontrastieren. Die Wintersaaten werden mit jedem neuen sonnigen Tage, deren der März „neun“ bringen muß, schöner grün, während sich im Grasteppich der Wiese alle Kräfte regen, König Lenz im Blütenschmuck empfangen zu können. Wenn dann die ballspielenden Kinder Felder und Wege aufsuchen und die lieblichen Vertreter der Blumen einander wettstreitend zurufen: „Ich bin länger!“, „Du bist länger!“ dann ist nach den trüben Wintertagen der Frühling mit seinen linden Lüften — über dasselbe Meer dahinziehend, welches diese Gefilde einst aufbaute — auch in die Marschen gekommen und die Ruhe des Winters ist ungeachtet verschiedener Aprilkünste überall dem geschäftigen Treiben der Marschbewohner auf den Fluren gewichen.

Hünengräber, Hügelausgrabungen, Burgen und Burgruinen im Bereich des Wattenmeeres.

Nach den neuesten Forschungen über die Sturmfluten, welche im Mittelalter die West= küste der cimbrischen Halbinsel trafen und ihre Zertrümmerung und heutige Ge= staltung vorbereiteten, sind manche Berichte von der einen Flut auf die andere übertragen und die verheerenden Fluten sind nicht so häufig gewesen als im allgemeinen angenommen wird. Wie sehr indessen auch die Zahl der Fluten beschränkt werden mag, immerhin lehren die Erfahrungen auch nur eines Jahrhunderts, daß die Veränderung der Meeresküsten und Inselufer im Laufe der Zeit eine bedeutende gewesen ist. Aber auch manche auf den Insel= trümmern noch vorhandene Dinge sowohl als diejenigen der Umgebung sind dafür Beweis genug. Ganz besonders berechtigen die auf den Inseln Sylt, Föhr und Amrum vorhandenen Grabhügel und Hünengräber zu dem Schluß, daß die Bevölkerung, welche diese Grabmale 2c. einst aufrichtete, ein weites und fruchtbares Land be= wohnte, welches nachmals die Fluten hinabschlangen in den Meeresschoß. Als um die Mitte des 18. Jahrhunderts J. F. Camerer Sylt besuchte, bemerkte er: „Aus diesen Riesenbetten allein und ihrer Berechnung ist der stärkste Erweis zu erzielen, daß diese Insel durchaus ehedem festes Land gewesen."*) Deutlicher noch tritt das bei Amrum hervor. Dr. Ludw. Meyn bemerkt da= her hier mit Recht, daß die gewaltigen Erd= und Stein= monumente dieser Insel aus alter Zeit, welche an Zahl und

Längendurchschnitt.

Der Hügel 90' lang, 36' breit, 10' hoch, Anfang Dezember 1876 geöffnet. Die Keller jeder 9' tief in Süd und Nord, 5' breit in Ost und West, 4' hoch, bedeckt mit grossen 1½' dicken schön gespaltenen Decksteinen; die Keller länglich rund, mit einem bedeckten Gang nach Süden. (' = Fuss.)

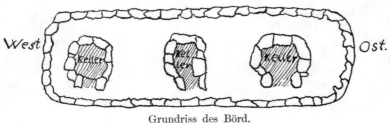

Grundriss des Börd.

Ein Börd oder Riesenbett auf Sylt.

*) Sechs Schreiben von einigen Merkwürdigkeiten. Leipzig, 1756. S. 21.

Größe vielleicht von keinem Teile Deutschlands übertroffen werden, beweisen, daß hier eine herrschende, eine reiche Bevölkerung wohnte; die also notwendig von hier aus ein weitgedehntes Marschland unter ihrer Botmäßigkeit haben mußte."*) Nicht nur das hohe Amrum lag damals wie ein gewaltiger diluvialer Hügel mit Heide bedeckt, mit Steinblöcken und Grabhügeln übersät innerhalb ausgedehnter

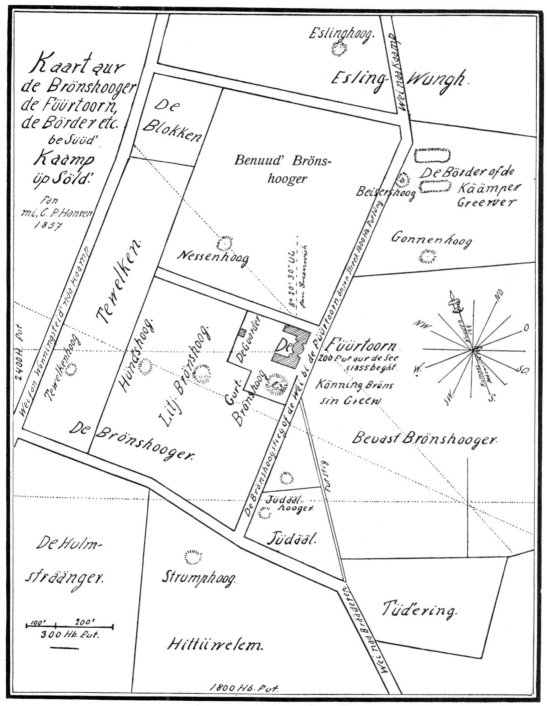

Die vorstehende Karte der Gegend südlich von Kampen auf Sylt mit friesischen Namen ist, soweit ich sehe, die erste dieser Art. Ihre Angaben dürften auch ohne besondere Übersetzung aus dem begleitenden Text verständlich sein.

*) Geognostische Beschreibung der Insel Sylt und ihrer Umgebung. Berlin 1876. S. 684.

Marschlandschaften, die im Westen von einer Dünenkette umsäumt waren, sondern auch die hochgelegenen mit Riesenbetten und Grabhügeln bedeckten ausgedehnten Heideflächen von Sylt und Föhr waren ebenso von Marschen umgeben, an deren Westrand Dünen standen. Die Dünen wanderten landein= wärts, das überschrittene Marschland den Wellen preisgebend, bis sie, am Rande der Geest auch die Grabhügel bedeckten und sie teilweise überschritten, um ihre Gräber allmählich den Fluten zu über= liefern. Auf einen bei Rantum 1895 am Strande bloßgelegten Grabkeller machten wir bereits auf= merksam (Seite 21), bei Amrum kam gelegentlich eines Sturmes zu Anfang dieses Jahrhunderts „ein Hügelgrab zum Einsturz, aus dem eine Urne herausfiel, die einen goldenen, aus drei Schlangen zusammengewundenen, Ring enthielt." *) In einem bei Alt=Eidum bloßgelegten Hünengrab fand man ein steinernes Schlachtschwert, anderswo am Sylter Strande zwei kreuzweis im Sand steckende steinerne Streitäxte.

Schon dieser Umstand läßt erkennen, daß im Laufe der Jahrhunderte mehrere Grabhügel zer= stört worden sind. Manche von dem Sandstaub verschonte Hügel, Steinkammern und Burgwälle, denn auch diese sind ein Denkmal alter Zeit, innerhalb des Dünenschutzes fielen derweil der Menschenhand zum Opfer, „der Pflug ging über sie hin", oder das Steinmaterial war bei Bauten willkommen. Trotzdem sind heute noch nach der Inselfläche bemessen verhältnismäßig viel kegelförmige Hügel, einige Riesenbetten und zwei Burgwälle übrig.

Zu Anfang des 18. Jahrhunderts sollen auf Sylt noch zehn solcher Riesenbetten — hier Börder genannt — vorhanden gewesen sein, welche die Volksmeinung bis in die Gegenwart als gemeinsame Grabstätte der in Schlachten gefallenen Käämper (Krieger) bezeichnet; um 1845 waren noch sechs oder sieben derselben vorhanden, die fast alle vor 20 bis 30 Jahren zur Gewinnung von Stein= material für Straßen= und Buhnenbauten ausgebeutet worden sind. M. R. Flor**) beschreibt um 1740 ein solches von der Heide zwischen Kampen und Braderup, dessen Größe er: „Länge 30 Schritt, Breite 3 bis 4 Ellen, Höhe 2½ Ellen", angiebt. „Sie bestehen", sagt er, „aus lauter großen, hart aneinander liegenden Feldsteinen, in deren Mitte eine mit Quadersteinen, etwa zwei Ellen auf allen Seiten befindliche Kammer. Diese gilt ihm als Ruheplatz des Generals, während um dieselbe herum in Urnen „die Asche vieler Todten verwahrt worden, etwa nach einer Bataille." Ein ähnliches Riesen= bett (Abbildung S. 78), auf der friesischen Karte (S. 79) das südliche, wurde 1876 zerstört, doch gelang

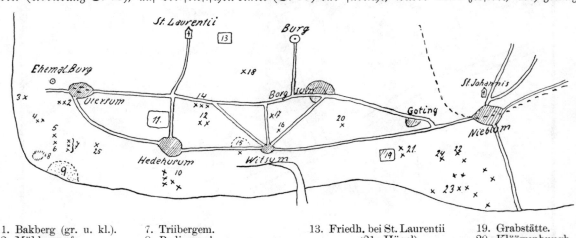

1. Bakberg (gr. u. kl.).	7. Triibergem.	13. Friedh. bei St. Laurentii	19. Grabstätte.
2. Mühlenwarf.	8. Bodjeswaal.	(21. Hügel).	20. Klööwenhuugh.
3. Sandberg.	9. Niederlassung Greens-	14. Hügel.	21. Hügel.
4. Döschker.	bott.	15. Grabstätte.	22. Gratberg.
5. Hadjesberg.	10. Wasterbergem.	16. Hügel.	23. Gotinger Berge.
6. Siekesberg.	11. Grabst. b. Hedehusum.	17. Hügel.	24. Lusberg.
	12. Hügel.	18. Hügel.	25. Jadenhuugh.

Der südwestliche Teil der Insel Föhr.
(Die Hügel sind durch ein Kreuz bezeichnet).

---

*) Dr. Meyn, Geognostische Beschreibung 2c. S. 684.
**) In J. F. Camerer, Vermischte histor. u. polit. Nachr., Flensburg u. Leipzig. Band II, Seite 676.

es, die mannigfaltigen Altertümer desselben — Bronze=, Steinsachen 2c., 41 Nummern — dem Museum vaterländischer Altertümer in Kiel einzusenden. Drei schöne Steinkammern mit platten Deck=steinen und bedeckten Ausgängen nach Süden bargen neben den Waffen und Geräten Gebeine von Menschen und Tieren. Die östliche Kammer enthielt fast alle Steinsachen und zwei Thongefäße, die mittlere vermoderte Gebeine, die westliche Goldring, Bronzeschwert, Thongefäße, Flintspäne, Bernstein=perlen 2c. In einem Riesenbett bei den Krockhügeln fand Dr. Handelmann nur eine Grabstätte in Gestalt eines backofenförmigen, rundlichen Steinbaues, 150 cm lang, 50 cm breit. Das nördliche Börd auf der beigefügten Karte war 1876 bereits ausgeebnet. Von großen Steinen umgeben, war es 38½ m lang, 8 m breit, 1½ m hoch. Am Ostende standen zwei große Steine aufrecht. Der Volksglaube bezeichnete einen in der Mitte desselben liegenden großen platten Stein als Opferaltar. Auf Föhr und Amrum waren ehemals „ein paar länglich viereckige" unter dem Namen „Riswalar" (Riesenwälle)*) vorhanden, die ebenfalls teilweise, um die Steine zu gewinnen, ausgeebnet sind. Ein Amrumer Riesenwall in der Nähe von Steenodde war von Kaninchen durchwühlt, von deren Verfolgern er zerstört wurde. Einzelne enthielten Grabkammern mit Leichenresten.

Zahlreicher als diese sogenannten Hünengräber sind auf den drei genannten Inseln Hügel, welche mehr konische Form haben, die in der Volkssage neueren Ursprungs gelten als jene, obwohl die Aufdeckungen nicht überall dafür sprechen. Vor 50 Jahren gab C. P. Hansen**) die Zahl derartiger Hügel mit 200 an; die Morsumheide hatte ca. 60, die Sylter Marsch 8, die Keitumer Ackerfelder hatten 9, die Tinnumer und Westerländer resp. 17 und 2 oder 3, die Heide im Norden oder Osten von Kampen 20, diejenige südlich von Braderup und Wenningstedt ungefähr 60, und es lagen zwischen den drei Norddörfern reichlich 40 Hügel. Doch schätzt man die Zahl der vor der Aufteilung der Ackerfelder vorhandenen Hügel (also um 1770) auf ca. 400. Auf seiner Karte von Sylt führt Hansen um 1866 64 Namen von Hügeln, resp. Hügelgruppen an. Doch sind seitdem mehrere verschwunden, zu ähnlichem Zwecke das Material liefernd wie die Riesenbetten. Der Strumphoog (Hoog=Hügel) (s. Karte Seite 79), enthielt allein außer zahlreichen Altertümern an 100 Fuder Feldsteine. „Vor Zeiten gab es", so schreibt P. J. Peters***) um 1820, „eine Menge Grabhügel auf Föhr, wovon noch mehrere vorhanden sind. Sie liegen alle auf dem Westerlande.†) Seit der Landaufteilung, welche vor etwa 40 Jahren im Dorfe Nieblum und vor 20 bis 30 Jahren auf dem ganzen Westerlande (1800 bis 1802) vorgenommen wurde, hat die Anzahl der Grabhügel sehr abgenommen. Zu der Zeit, da noch sämtliche Hügel vorhanden waren, fand man einen Teil derselben auf Nieblumer Grenze zwischen Mittelberg und dem Dorfe Nieblum, südlich von dem Wege, welcher von Nieblum nach der St. Nikolaikirche und dem Flecken Wyk geht. Dieser Teil ist beinahe ganz verschwunden.††) Ein zweiter Teil wurde auf Gotinger Grenze, im Süden und Westen von diesem Dorfe gefunden, von denen noch mehrere vorhanden sind. Hier sieht man noch ein sogenanntes Riesenbett. Ein dritter Teil lag zwischen den Dörfern Goting, Witsum und Hedehusum, aber die Zahl derselben hat, seitdem der Landbau sich gehoben, abgenommen." Nach andern Angaben waren um 1790 noch über 400 Gräber in Hügeln auf Föhr vorhanden. In den letzten 45 Jahren sind mehr als 100 Hügel verschwunden, nachdem in der ersten Hälfte des Jahrhunderts noch mehr abgetragen waren, sodaß gegenwärtig etwa 150 Grabhügel übrig sein dürften. Auf Amrum sind von den Hügeln, die das Volk Huughar nennt, verhältnismäßig viele noch vorhanden, und man kennt noch etwa 40 Namen†††) alter Wälle, Hügel und Hügelgruppen, deren eine, diejenige von Ual=Höw, 87 kleine Hügel umfaßte, während den 18 m hohen Esenhuugh einst 40 kleinere Hügel umstanden.

Die runden kegelförmigen Hügel hatten ursprünglich verschiedene Bestimmung. Einige waren als Oferplätze heilige Hügel. Daher führten sie oder führen noch jetzt Namen wie Hell= oder Hellig=,

---

*) Chr. Johansen, Die Insel Amrum. In Jahrbücher für die Landeskunde, Band IV, Kiel 1861. S. 244.
**) Die Insel Sylt in geschichtl. und statist. Hinsicht. Falks Archiv, Jahrgang 4, 1845, Seite 54.
***) Schleswig-Holsteinische Provinzialberichte.
†) Bereits vor 1231 zerfiel die Insel in die Landschaften Oster= und Westlandföhr. Die Teilung bestand bis 1864.
††) 1898 waren hier keine Hügel mehr.
†††) Die Amrumer Steingräber (Stiandöster) hatten keine besonderen Namen.

Hüls-, Wedns-, Wed- oder Winjs- (Wodans-) Hoog, (Sylt), Halagh-Laanki (Amrum). Andere waren Volksversammlungsplätze wie Klöwenhoog (Sylt), Klööwanhuugh (Amrum), Gratberg (Goting-Föhr) oder die Thinghügel (Sylt), die einstmal Thing- und Gerichtsstätte gewesen sind. Andere mögen zur Erinnerung an merkwürdige Begebenheiten (Bridfiar- = Brautfahrtshügel-Sylt, der nun verschwundene Steinhaufen bei Hedehusum-Föhr 2c.) aufgeworfen sein. Doch hat die bisher erfolgte Aufdeckung ergeben, daß bei weitem die Mehrzahl nur oder nebenher als Grabstätte diente. Professor Dr. Handelmann nennt Sylt mit Recht ein „Schatzkästlein" prähistorischer Altertümer; Dr. Meyns Ausspruch sichert Amrum denselben Namen, und namentlich die neueren Untersuchungen Föhrer Gräber beweisen, daß auch die Südwestecke Föhrs in dieser Beziehung nicht zurücksteht. (Karte Seite 80.)

Nach seinen ersten Untersuchungen Sylter Gräber war Handelmann geneigt[*), einzelne Hügel, wie den Tipkenhoog bei Keitum, die Stapelhügel bei Kampen 2c. als Malhügel (Kenotaphien) zu bezeichnen, doch neigte er später zu der Ansicht, daß zwischen den aufgehäuften Handsteinen ein Leichnam verpackt gewesen, der vollständig verging. Er nennt sie seitdem Grabhügel mit Steinkern.

Bereits um 1754 forderte J. F. Camerer zur näheren Untersuchung[**) der Sylter Riesenbetten und Grabhügel auf, konnte auch über eine 1756 erfolgte Ausgrabung von zwei Hügeln, welche der Amtmann v. Holstein aus Tondern vornehmen ließ, Bericht geben und mehrere Fundstücke abbilden. Er schildert wie damals schon mit den Hügeln umgegangen wurde: „Es ist der gemeine Mann auf dem Felde bei seinen Herden öfters müßig. Er wühlet in den Hügeln zum Zeitvertreib, weil er aus der Sage weiß, daß man Gold in denselben finden kann. — — Er zerbricht die schönsten Instrumente, aus Furcht vor der Strafe, und wenn er in die See läuft, nimmt er seinen gefundenen Schatz mit, ihn in Holland feil zu bieten — — wir verlieren über diese Weise die Schätze der ältesten Zeit." Angesichts dieses Umstandes empfiehlt er, die Fundstücke wenigstens fleißig zu zeichnen. „Wenn ich nach meiner Idee graben, untersuchen und beschreiben dürfte", sagt er, „würde ich Nordstrand, Pellworm, Amrum, Föhr, Sylt, Helgoland durchreisen, und das merkwürdigste von ihnen anmerken." M. R. Flor[***) hebt hervor, daß die Vorfahren wegen der Überschwemmung die Grabstätten vorwiegend auf den hochgelegenen Inselteilen angelegt hätten; er meint, daß manche Hügel ihren Namen nach den darin bestatteten Bewohnern erhielten, inmitten deren Eigentumsländereien sie einst errichtet wurden.

Er schreibt: „Die verbrannten Gebeine sind in Töpfen verschiedener Größe und Formen, als auch Couleuren aufgehoben, und die mehrsten Hügel sind nach meiner Wahrnehmung so verfertigt, daß man die Urne des Mannes oftmals auch, welches glaublich, weil etliche Mal, zwei große Urnen, in der Mitte des Hügels auf der Erde stehend, nahe zusammen gefunden worden, der Frauen zugleich nebeneinander auf der Erde niedergesetzet, und nachdem selbige mit großen Feldsteinen rings umher besetzt, und die Urnen, mit platten Steinen wohl bewahret geworden, hat man gleichfalls von großen Feldsteinen, einen Kreis in der Runde etwas entfernet, davon gemacht, und so die Erde zu der Höhe aufgeführet, wie selbige nun vorhanden." „In den Urnen habe ich oben auf der Asche allerley von vermischten schlechtem Metalle und Erzsorten, item von Messing oder Kupfer verfertigte Spangen, Schnallen, Haarnadeln, als ein Zänglein formirte Instrumente, kleine Incisionsmesser, Spornen, Dolche und dergleichen, ja einen bernsteinern Ring, in Größe eines Reichsthalers sauber gegossen, gefunden. Auch habe ich wahrgenommen, daß fast oben auf den Hügeln, an der Südostseite, kleine Urnen, als die Gebeine und Asche eines Kindes, fassen könnten, eine Viertelelle tief, in die Erde gesetzt, und mit einem platten Steine zugedecket waren." Glaubwürdige Leute erzählten ihm, „daß sie Goldreifen, in der Dicke als ein eisern Strickdraht in den Urnen gefunden." Im Jahre 1766 ist in einem der 13 Barminghooger bei Westerland ein gläsernes Grabgefäß von 5$\frac{1}{2}$ Zoll Höhe und 3 Zoll Durchmesser gefunden. Das Glas ist blau und römischen Ursprungs. Es gelangte durch König Christian VIII. 1843 in das Kopenhagener Museum. Auf dem jetzigen Mittelpunkt des Westerländer Badelebens stand früher eine Gruppe Hügel, die Katshooger, deren Fundstücke: Urnen, Flintmesser, Bronzeschwerter,

---

*) Die amtlichen Ausgrabungen auf Sylt 1870, 1871, 1892, Kiel 1873 und Heft 2, Kiel 1882, Seite 6 Anmerkung.
**) Sechs Schreiben von einigen Merkwürdigkeiten, Leipzig 1756, Seite 20 ff.
***) Camerers Vermischte hist.-pol. Nachrichten, Flensburg und Leipzig 1762, Band II, Seite 672 ff.

=Knöpfe, =Dolche, Lederriemen 2c. nach Kopenhagen gekommen sind, während ein großes Bronzeschwert und zwei Urnen nach Kiel gelangten. Nach der Überlieferung aber sind die kostbarsten Sylter Funde des vorigen Jahrhunderts unweit der Tinnumer Mühle im Hemmelhoog gemacht: ein Schwert mit goldenem Griff, ein goldenes Armband und eine goldene Stange, die damals fahrenden Händlern in die Hände fielen.

Die ältesten aller Sylter Hügel, die zweifellos von einem hier vor den Friesen wohnenden Urvolke herstammen, sind diejenigen, in den man nur Steinwaffen und Steinsachen gefunden hat. Von diesen zeichnet sich besonders der 1868 durch Professor D. F. Wibel aus Hamburg untersuchte und beschriebene *) prächtige Gangbau des Denghoog **) bei Wenningstedt aus, der seit seiner Aufdeckung, da er offen gelassen wurde, eine Wallfahrtsstätte der Touristen und Badegäste geworden ist.

Der Denghoog bei Wenningstedt auf Sylt.

Dieser Gangbau von 17 Fuß Länge, 10 Fuß Breite und 5 Fuß Tiefe, der aus Findlingen mit Gletscherschrammen besteht, enthielt sehr viele und schöne Urnen und seltene Steinsachen und die Leiche eines kleinen Menschen, vielleicht des einstigen Bewohners der Höhle, die auch eine Feuerstätte hatte. Ein 27 Fuß langer Gang führt, allmählich enger werdend, nach Süden (Süd-Süd-Ost) hinaus. ***) Ein ähnlicher Gangbau ist der Middelmarschhoog südlich von Archsum. Derselbe stammt auch aus der Steinzeit, wenngleich er wiederholt als Begräbnisplatz benutzt sein mag. Jetzt ist er Viehtränke. Die Kammer, 5,27 m lang, 1,88 m breit, 1 m hoch, ist auf 12 Tragsteinen erbaut und mit 4 großen Decksteinen geschlossen. Richtung des Eingangs Süd-Süd-Ost. Der Siallehoog nördlich von Westerland, der Greenhoog bei Tinnum und die Jerk-Neggelshügel nördlich von Keitum, der Strumphoog, die Ringhooger, ergaben ebenfalls Steinsachen als Fundobjekte.

Bronzener Dolch aus dem Eslinghoog.

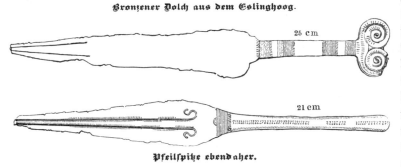

25 cm

21 cm

Pfeilspitze ebendaher.

Professor Dr. Handelmann, der sich um die Erforschung der Sylter Altertümer große Verdienste erwarb, fand bei seinen Untersuchungen viele Hügel bereits durchwühlt, andere, bei denen die Grabesbeigaben ausgeraubt waren; ein Umstand, der uns nach den gegebenen Aufzeichnungen des vorigen

---

*) Der Gangbau des Denghoogs bei Wenningstedt auf Sylt. Kiel 1869.
**) Nach den späteren Ausgaben seiner „Sagen" hält Hansen den Denghoog für König Finns Wohnung. Den Namen erklärt er mit Anlehnung an Thing = Versammlungshügel. Die Sage bezeichnet den weiter östlich gelegenen Reisehoog als Finns Wohnung. (Siehe die Karte von Wenningstedt im folgenden Abschnitt.)
***) Auch Dr. Gustav Freytag aus Leipzig ließ 1868 südöstlich vom Kamper Leuchtturm einen Hügel öffnen, der Flint- und Bronzesachen enthielt.

Jahrhunderts erklärlich erscheint. In seinen amtlichen Berichten über die Ausgrabungen, welche in zwei Heften*) vorliegen, führt er im 1. Heft 30 auf Sylt untersuchte Hügel auf, von denen 23 auf der Norderheide, nördlich von den Feldgrenzen Keitum=Tinnum=Westerland, belegen sind. Von diesen unter= suchten Hügeln konnte er keine mit voller Sicherheit soweit zurückdatieren als den Denghoog. Desto besser fand er „die Anfänge des Bronzealters vertreten, wo man die (unverbrannten) Leichen in sarg= förmigen Steinkisten beisetzte, welche ca. 2—2½ m lang und am westlichen Kopfende etwas breiter sind, als am östlichen Fußende." Grabgeschenke waren Flintsteinsachen (vereinzelt), bronzene Schwerter und Dolche mit hölzernen Scheiden, bronzene Meißel und Messer, Schmucksachen von Bronze und Gold.

Die Leichen wurden mit Rinde, Bast und Bastgeflecht oder mit Sand zugedeckt. Wollenstoff fand sich nur in einer sargförmigen Steinkiste, aber neben verbrannten Gebeinen. In diesen sargförmigen Steinkisten mit verbrannten Gebeinen waren bronzene Schwerter mit Holzscheiden, bronzene Messer und Schmucksachen, löffel= förmige Schabmesser aus Flintstein beigegeben. Die in späteren Gräbern kleinerer Steinkisten erklären sich daraus, daß die verbrannten Reste wenig Raum erforderten. Manche der am Abhange solcher Hügel beigesetzten Urnen gehören

Schwertgriff
aus dem Turndälhoog
bei Kampen.

Broncemeißel
aus dem östlichen Thinghoog, durch einen spiralförmig umwickelten Bronzedraht mit dem Holzstiel zusammen gehalten.

der Bronzezeit, manche andere der Eisenzeit an, resp. beide also der Metallzeit. Im allgemeinen erschienen größere Hügel für die Altertumkunde ergiebiger; die andern waren oft durchgraben, ihre Gräber leer. Im 2. Heft giebt Professor Handelmann über 11 Hügel der Norderheide Berichte. Von diesen beansprucht ein östlich von Kampen belegener Hügel besonderes Interesse. Derselbe enthielt nämlich einen eigentümlichen Doppelbau. Der oberste Deckstein, 160 cm lang, 90 cm breit, 14 cm dick schloß eine Südost=Nordwest erbaute Steinkiste, die im weißen Sande einen Bronzedolch und kleine Bronzeteile enthielt.

Den Boden bildeten drei mittelgroße Steine, die man aufhob und eine von Ost nach West gerichtete Steinkiste öffnete, welche verschiedene Bernsteinschmuckstücke enthielt. Handelmann vermutet, daß es Kinderbegräbnisse aus der Periode vor dem Leichenbrand gewesen. Die sargförmige Steinkiste des Tewelkenhooges zeigte außerdem in ihrer Bauart und Form bemerkenswerte Eigentümlichkeiten. Sie war aus Handsteinen aufgemauert und ovalförmig, an den Enden gerade abgeschnitten. Außer zwei Bernsteinperlen fand man im Sande ein sogenanntes Hexenschlüsselchen, die auf Sylt in Gräbern mehrfältig gefundenen sagenhaften Erzeugnisse der Unterirdischen, von denen bereits früher die Rede**) war. In einem Anhange bespricht Handelmann die Zerstörung der erwähnten Börder oder Riesen= betten und einige Hügelgräberfunde. Der bereits wegen seines Steinreichtums genannte Strumphoog (s. Karte, Seite 79) an der Südseite des von Wenningstedt nach Braderup führenden Weges wurde 1877 abgetragen, er lieferte auffallend viel Bernsteinschmuck (Gehänge und Perlen verschiedener Form und Größe, zusammen 65 Stück) einige Thonbecher und Steinsachen: Doppelart von Diorit, Keile, Meißel, Lanzenspitzen und Splitter aus Flint.***) Die Ausgrabung des Tanzhügels in Keitum=Osteringe bestätigte das bei Untersuchung des Middelmarschhoog in der Wiese gleichen Namens bei Archsum gewonnene Resultat, „daß die großen Gräber des Stein= und Bronzealters nicht ausschließlich auf die hohe Geest beschränkt sind, sondern auch auf dem Alluvium vorkommen."†)

---

*) Heft 1. Die amtlichen Ausgrabungen auf Sylt. 1870 bis 1872, Kiel 1873. Heft 2. 1873, 1875, 1877 und 1880, Kiel 1882.

**) Wanderung III, Seite 8.

***) Frl. J. Mestorf giebt auf Tafel X, XV, XVI, XVII ihrer „Vorgeschichtl. Altertümer 2c." Hamburg 1885 interessante Abbildungen von Fundstücken der Sylter Steinzeit (Riesenbett, Denghoog, Strumphoog).

†) Handelmann, die amtl. Ausgrabungen, Heft II, Kiel 1882, Seite 41.

Die Unterſuchung Sylter Hünengräber und Hügel hat verhältnismäßig viele Fundſtücke der Bronzezeit ergeben. Aufgefundene Gußformen weiſen auf die Herſtellung im Lande ſelbſt. Ein Spitzknauf aus dem 2. Tüderinghoog wie auch eine Fibel von Zinn mit Goldblech belegt zeigt die

Knauf.

Verwendung des erſteren reinen Metalls neben der Bronze (10% Zinn, 90% Kupfer) und dem meiſt zum Schmuck verwendeten Golde.*) Einige Hügel auf Morſumheide und Morſumkliff gehören dem Eiſenalter an. „Von der Inſel Sylt gilt dasſelbe“, ſagt J. Meſtorf,**) „was von Amrum und Föhr geſagt: Es iſt ſchwer unter den bis jetzt vorliegenden Gräberfunden aus der Eiſenzeit die älteren von den jüngeren zu unterſcheiden. Die irdenen Gefäß, namentlich die jüngeren, ſind ſchmucklos und grob. Bemerkenswert iſt ein Töpfchen, welches zeigt, daß man bisweilen dem Thon ſtatt Feldſpath oder Quarzkörner, zerkleinerte Muſchelſchalen beimengte. Das Material war indeſſen weniger dauerhaft, da die verwitterten Schalen das Gefäß bröckelig und mürbe machten. Dem Anſcheine nach ſind die Gräber auf der Morſumheide älter als auf Morſumkliff. Ich beſchränke mich auf die Mitteilung zweier Funde, die ſicher ſind, a) zwei eiſerne Nadeln, gefunden neben verbrannten Knochen und Holzkohlen unter einem Steine auf der Spitze des Markmannshoog und b) eine bauchige, 32 cm hohe Urne mit gerade anſteigendem 4 cm hohem Halſe. Inhalt außer

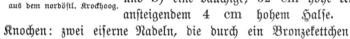

Schwertgriff aus dem nordöſtl. Krockhoog.

Knochen: zwei eiſerne Nadeln, die durch ein Bronzekettchen mit einander verbunden waren und einen Schmuck bildeten. Von der Kette iſt nur ein 4 cm langes Stück erhalten. Ein etwas größerer Bronzering bildete vielleicht die Mitte der Kette.“

Bronzemeiſel aus dem nordöſtlichen Krockhoog.

Der beſte Kenner der Inſel Sylt, C. P. Hanſen in Keitum, deſſen Sammlung nicht wenig Fundſtücke aus Sylter Gräbern enthält, ſpricht ſich

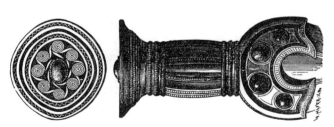

Griff des Schwertes aus dem ſüdöſtlichen Krockhoog.

(78 cm langes Schwert.)

Schwert mit Reſten der Holzſcheide und Ortband. Südöſtl. Krockhoog.

über die Lage der Sylter Hügel der verſchiedenen Zeitalter folgendermaßen aus: „Faſt alle unweit des Rieſenlochs und der inneren Enden des alten Frieſenhafens gelegenen mehrenteils kleineren Hügel

---

*) J. Meſtorf a. a. O. Tafel XX, XXIII bis XXVII, XXIX, XXXI, XXXV.
**) Die Urnenfriedhöfe in Schleswig=Holſtein, Hamburg 1886, Seite 44.

gehören der Steinzeit an, haben, soweit sie untersucht sind, fast nur Steinwaffen geliefert. . .
(Vergl. Karte von Wenningstedt S. 105.) Alle diese möchten von einem zwergartigen Urvolke angelegt
sein. Die meisten der mehr nördlich, östlich und südlich gelegenen, mehrenteils größeren Hügel
haben hauptsächlich Bronzesachen ergeben und scheinen einem größeren Volke, den sogenannten
Kämpern anzugehören; namentlich die nördlichsten dieser Hügel, die Krockhooger, in welchen 6 bis 7 Fuß
lange Gerippe gefunden sind. Die jüngsten der Sylter Hügel aus der Eisenzeit liegen östlich
auf der Insel, besonders auf der Morsumheide, haben fast alle echt friesische Namen und, soweit sie
untersucht sind, meistens eiserne Geräte*) geliefert, möchten daher jedenfalls Gräber unserer friesischen
Vorfahren, mithin germanischen Ursprungs sein.**)

Über die Grabhügel und Hügelausgrabungen auf Föhr und Amrum liegen leider nicht so
zuverlässige gesammelte Nachrichten vor als über diejenigen von Sylt; zudem wurden Einzelberichte über
dieselben in früheren Jahren zum Teil in wenig zugänglichen Zeitschriften veröffentlicht,***) während
die Fundstücke nur zum kleinen Teil dem Museum vaterländischer Altertümer in Kiel zugeführt worden
sind. Schon 1864 fiel ein mächtiges Steingrab bei Hedehusum auf Föhr der Jagd nach Steinen zum
Opfer. Nach mündlicher Mitteilung des Besitzers schildert Chr. Johansen den gewaltigen Steinbau,
dessen Wandsteine auf der inneren flachen Seite „allerlei wunderliche Figuren" hatten, die von Menschenhand herrührten. Die Steine sind leider gespalten und für bauliche Zwecke verwendet worden. Herr
Dr. May aus Hamburg ließ 1869 drei Eisengräber beim Dorfe Goting öffnen. In jedem der
1,7 m hohen, 3,4 m im Durchmesser haltenden halbkugelförmigen Hügel fand man eine große Urne,
welche mit verbrannten Knochen, Schlackenresten, Holzkohlen und Erde gefüllt war. Dieselben, rotbraun
und von gewöhnlicher roher Form ohne Ornament, enthielten Waffen und Gerät aus Eisen und zusammengeschmolzene Eisen= und Bronzereste. Die Fundsachen wurden dem Kieler Museum geschenkt.
An gleicher Stelle wird über eine 1872 im sogen. großen Berge bei Goting unternommene Aus=
grabung berichtet, die Herr Generalmajor von Gottberg an der Südseite des 6 m hohen Hügels vornehmen ließ, während die Kronprinzlichen Kinder, unter ihnen unser jetziger Kaiser Wilhelm II. hier
zum Kurgebrauche weilten. Es wurde ein Steinhaufen ohne Grabstätte gefunden. Im August desselben
Jahres setzte Dr. Handelmann†) die Durchforschung des Hügels fort, wobei allmählich drei kleine
Begräbnisse am Südabhange bloßgelegt wurden. Das Hauptgrab lag etwas weiter nach Südwesten
als die Spitze des Hügels auf dem Urboden. Ein backofenförmiger Steinbau erwies sich als bereits
früher ausgeleerte Grabstätte. In einem benachbarten kleineren Hügel hatte 1843 der nachmalige
König Friedrich VII. von Dänemark Nachgrabungen anstellen lassen und ein Bronzeschwert gefunden.

Hauptsächlich zur Gewinnung von Steinen wurde in den siebziger Jahren nahe der
St. Laurentiikirche ein Hünengrab geöffnet. Als man einen Eingang nach der Mitte des kegelförmigen
Erdhügels, der die Höhe eines kleinen Hauses hatte, grub, stieß man auf mächtige Feldsteine, die in
der Weise zusammengestellt waren, daß sie eine Kammer von 10 Fuß Länge, 4 Fuß breite und 2,5 Fuß
Höhe einschlossen. Hier lagen verschiedene Bronzesachen, ein guterhaltenes Schwert von 17 Zoll Länge,
einige 4 Zoll lange Nadeln und auch verschiedene kleinere Sachen. Der Stein, welcher als Deckel
diente, war ca. 3000 Pfund schwer. Unter der Grabkammer befand sich ein doppeltes Steinpflaster,
welches mit grobem Sand bedeckt war. Die Fugen zwischen den Blöcken waren mit Lehm ausgefüllt.
Oberhalb der Kammer, nur einige Fuß unter der Oberfläche, standen in der Erde fünf thönerne Grab=
urnen, welche sämtlich mit Asche und Knochen angefüllt waren. Sie zeigten keine Verzierung und
waren ziemlich roh in Form und Ausführung. Beim Herausnehmen zerfielen sie. Die Bronzesachen
fanden 1883 ihren Platz im Kieler Museum (Nr. 5543). Die Steine sollten zum Schutze des Seedeichs passende Verwendung finden. In der Sitzung der Berliner anthropologischen Gesellschaft vom

---

*) J. Mestorf, Vorgeschichtliche Altertümer, bildet Tafel LIX einen Beinkamm dorther ab, dessen Deck=
platten mit eisernen Nieten versehen sind.
**) Die Kliffe der Insel Sylt in archäologischer Hinsicht. „Itzehoer Nachrichten" 1878.
***) Professor Handelmann giebt in seinen Ausgrabungen auf Sylt, Heft 1, veranlaßt durch Föhrer Ausgrabungen,
denen er gelegentlich beiwohnte, folgende Quellen an: „Antiquarisk Tidskrift", 1843—1845, 1846—1848; „Mémoires
de la Société Royale des Antiquaires du Nord", 1845—1849 und „Worsaae, Nordiske Oldsager", Nr. 499; Bericht
XXVIII der Schlesw.-Holst.-Lauenb. Altertumsgesellschaft, Seite 18—19.
†) Ausgrabungen auf Sylt von H. Handelmann, Seite VIII—XI, Kiel 1873.

15. Februar 1890 berichtete Dr. Olshausen*) über einen Grabfund von Hedehusum auf Föhr, den er am 7. August 1880 gemacht hatte. Olshausen öffnete zwei Hügel der N.N.O. von Hedehusum liegenden dichtgedrängten Gruppe, die 1890 63 kleine Grabhügel umfaßte. Während der eine nichts als Asche und Kohle enthielt, lagen in dem zweiten zwei Schnallen, bei deren einer der Dorn fehlte, zwei Knöpfe, eine Niete, ein Sporn aus Bronze, letzterer mit eisernem Stachel, zwei geschlossene Dreiecke aus Eisendraht. Knöpfe und Nieten, sowie die größere Schnalle, gehörten wohl zum Gürtel, die kleinere Schnalle zum Spornriemen oder zum Pferdegeschirr. Nach Vergleichung mit ähnlichen Funden von Föhr und Amrum, die der gleichen Zeit angehören und deren erstere in den vorhin angegebenen Quellenwerken von 1843—1849 beschrieben sind, bezeichnet er den ganzen Fund als frühkarolingisch. Der erste Fund der „Antiquarisk Tidskrift" 1843—45, der auch in den „Mémoires etc." 1845—49 beschrieben wurde, enthielt nach Olshausen „ein zerbrochenes, auf eine Urne gelegtes eisernes Wikingerschwert."**) „Dazu gehörten noch eine ovale Schnalle, eine Wurf=speerspitze, 3 Messer, 1 Schildbuckel und ein Beschlag, alles aus Eisen." Der zweite Fund, welcher 1846—48 beschrieben wurde, lieferte ein zerstörtes Schwert auf einer Urne, einen zusammengesetzten Kamm mit gewölbtem Rücken und Kleinigkeiten. Olshausen vermutet daher auch das Hedehusumer Grab als einem Wikinger angehörig. Die Grabungen auf diesem Gräberfeld der jüngeren Eisenzeit setzte Dr. W. Splieth,***) Kustos am Museum vaterl. Altertümer in Kiel in der ersten Hälfte des Oktober 1890 fort, indem er 15 Hügel daselbst durchgraben ließ. Die Höhe der Hügel wechselt zwischen 0,5 und 2,5 m, der Durchmesser zwischen 5 und 20 m. Nur bei 10 Hügeln ergaben sich Fundobjekte: 9 Urnen (1 mit Ausguß), braun, rötlichbraun, rötlichgrau, rot, dunkel ꝛc. von Farbe und verschiedener Größe und Gestalt, zwei becherförmige Gefäße, ein Kamm aus Bein, eiserne Messer, geschmolzenes Glas. In den Urnen lagen Reste verbrannter menschlicher Gebeine, Knochenreste von Hund und Vogel (wahrscheinlich Falken). „Die Hügel schließen sich", sagt W. Splieth, „nach Bauart und Inhalt ähnlichen von Amrum und Sylt bekannten, den friesischen Geestinseln eigentümlichen Gräbern an und sind mit diesen, als der Zeit der Wikinger entstammend, zu betrachten und etwa in das IX.—X. Jahrhundert zu setzen. Die vorliegenden Fundsachen geben jedoch keinen Anhalt für eine genauere chronologische Datierung". — Das eigenartige Gräberfeld ist durch die Verfügung der Königlichen Regierung in Schleswig vom 1. September 1882 vor Zerstörung geschützt; seine braun=bewachsenen Hügel machen auf jeden Beschauer, der gern den Spuren alter Zeit nachgeht, einen bleibenden Eindruck.

Im Frühjahr 1890 wurde westlich vom Dorfe Hedehusum ein großer Hügel†) durch den Besitzer desselben, H. C. Grumsen, teilweise aufgedeckt. Zunächst der Oberfläche des Hügels, die er mit dem Pfluge auflockerte, fand er 30 bis 40 Urnen, namentlich an der Südostecke. Er wollte Steine gewinnen. Als er indessen bei Durchgrabung des Hügels in der Richtung Ost-West auf ein Grab stieß, benachrichtigte er mich davon. Das Grab war, wie ein zweites bereits durchwühlt, ehe ich herzukam, weil inzwischen die Steindecken der Gräber eingestürzt waren. Das erste Grab war recht=eckig angelegt und nach der Beschreibung 6 Fuß lang und 2½ Fuß breit. Außer verbrannten Knochen=resten fand sich, ⅓ der Länge vom südlichen Ende entfernt, ein Armband aus Bronze, ebenfalls ein Knopf aus demselben Metall. 3 Meter nordwestlich von diesem Grabe lag inmitten eines kreis=förmigen Steingrabes ein Bronzeschwert, das mit Holzscheide versehen war, die aber leider von dem Druck der Steindecke zerbröckelt wurde. Das Schwert konnte nur in sieben Stücken, zusammen 44 cm lang, herausgehoben werden. Die beiliegenden Knochenreste waren verbrannt. Bei Fortsetzung der Grabung parallel der Grundfläche der beiden Gräber, die 4 Fuß über dem Urboden sich befand, stieß G. auf die Spitze eines steinernen Gewölbes, senkrecht unter der Spitze des Hügels belegen, das wahrscheinlich das Hauptgrab enthielt, welches auf dem Urboden angelegt war. Nach Bloßlegung des Steinkernes ergab sich, daß derselbe 3,20 m lang, 1,90 m breit und 0,90 m hoch war. In demselben

*) Verhandlungen der Berliner anthr. Gesellschaft. Seite 178—180. Berlin 1890.
**) Abbildung bei J. Mestorf. Vorgeschichtl. Altertümer. Hamburg 1895. Nr. 700.
***) Mitteilungen des Anthropol. Vereins in Schleswig-Holstein. V. Heft. Kiel 1892, Seite 27—33.
†) Derselbe wurde von den Hedehusumer Kindern benutzt, am 21. Februar daselbst Büken zu brennen.

befand sich, wie G. mir sagte, eine Grabkammer in der Richtung Westnordwest=Ostsüdost. An den beiden Enden war dieselbe durch je einen Stein geschlossen und im Westen 58 cm, im Osten 50 cm und in der Mitte 65 cm breit, während sich eine Länge von 2,10 m ergab. (Alles inneres Maß.) An der Seite der Kammer standen jeseitig sechs Steine. Das beim Öffnen noch unversehrte Skelett der Leiche lag mit dem Kopf nach Westen, nur mit Sand oder Lehm überdeckt. Länge der Leiche (der aus= gefallene Fuß wahrscheinlich mitgemessen) 1,97 m. Bei Berührung zerfiel das Gerippe teilweise, doch wurden einige Reste aufbewahrt. Grabesbeigaben fehlten.

In den letzten Jahren hat sich Herr Lehrer Philippsen in Ütersum um die Hebung interessanter Hünengräberfunde auf Föhr verdient gemacht und bereits eine nette Sammlung hiesiger Altertümer erbeutet. Im Juli 1897 öffnete derselbe südlich von Goting einen Hügel, dessen Grab insofern eigentümlich war, weil es aus einem großen Haufen von Steinen bestand, die aufeinander gelegt waren, eine Form, die hier häufiger, auch wo Beigaben fehlten, von Philippsen*) beobachtet wurde. Grabes= beigaben: eine Bernsteinperle, ein Trinkbecher aus rotem Thon, ein 25 cm langer, sehr sorgfältig bearbeiteter und gut erhaltener Flintdolch. Ähnliche Grabstätten der jüngeren Steinzeit waren bis

Hünengrab auf Föhr.

dahin auf Föhr nicht nachgewiesen (Philippsen); eine geöffnete Steinkiste im Hügel 3 auf S. 80 gehört derselben Zeit an, doch giebt es auf Föhr nur wenig Gräber dieser Periode. Eine im September 1897 auf einem Hügel= feld der Wikingerzeit bei Goting vorgenommene Ausgrabung ergab ähnliche Begräbnisweise, Urnen und Beigaben wie diejenigen von Hede= husum**), nur zeigt Goting „größeren Wohl= stand und längere Kulturperiode". Fundstücke: Eisenmesser, Nägel, Schnallen, Kneifzangen von Bronze, Hornkämme, Henkel vom Eimer, Figuren zum Brettspiel aus Bernstein. Zwischen den Knochenresten einer Urne fanden sich zwei vertrocknete Äpfel. Bei einer andern Urne waren in Glas kleine Goldplatten eingeschmolzen. Am wertvollsten aber ist eine

Urne mit Ausguß ähnlich derjenigen, die bei Hedehusum gefunden wurde. Die Mehrzahl der Föhrer Hügelgräber stammt aus der Bronze= und der Eisenzeit.

Im Herbst 1891 wurden nordwestlich von Groß=Dunsum von dem Landmanne Danielsen bei Bearbeitung seines Ackers Urnenscherben, Zähne 2c. anscheinend in einem Muschellager gefunden. Ich sandte Ende März 1892 Konchylienproben dieses Feldes an Herrn Geheimrat Prof. Virchow in Berlin, der die große Freundlichkeit hatte, nicht nur die Muscheln 2c. durch Prof. Möbius bestimmen zu lassen, sondern auch eine chemische Untersuchung des Materials herbeizuführen. Möbius fand Mytilus edulis, Cardium edule, Littorina littorea in dickschaligen Varietäten, wie sie jetzt noch an den Küsten der Insel Föhr leben und in den Muschelbänken der Watten vorkommen, die zur Kalkgewinnung heraus= gegraben werden. Kohlensaurer Kalk war auch das Hauptergebnis der chemischen Analyse. So erschien Virchow das Ganze als ein natürliches Vorkommnis, „wenn nicht noch andere Dinge gefunden" wurden. Später konnte Lehrer Philippsen am Fundort außer Schaltieren Knochen von Rind, Schaf, Ziege, Schwein, Pferd und Edelhirsch***) sammeln. Wenige Thonscherben „von ziegelroter oder braunroter Farbe", „ein aus Walfischknochen geschnitztes Gerät unbekannter Bestimmung", „zwei aus Röhrenknochen größerer Säugetiere geschnitzte Speerspitzen", faustgroße Gerölle, Sandsteine, Quarzite und als „wichtiges

---

*) Gütige briefliche Mitteilung.
**) Vergleiche Seite 87.
***) W. Splieth. Ein Kjøkenmödding (Muschelhaufen) aus der Völkerwanderungszeit. Mitteil. des Anthrop. Vereins in Schleswig=Holstein. 9. Heft. Kiel 1896. Seite 15—19.

Fundstück ein weberschiffchenförmiger rötlicher glimmerhaltiger Quarzit mit umlaufender breiter Furche, 10 cm lang, 4 cm breit und 3 cm dick" führten Splieth, der im Frühjahr 1895 hier war, zu der Ansicht, daß ein Wohnplatz der Vorzeit vorliege, der in seiner äußeren Erscheinung „denjenigen der älteren Steinzeit gleicht, nach seinem Inhalt aber in eine viel jüngere Periode gesetzt werden muß". Das Vorkommen unserer Haustiere, die Scherben und der erwähnte Quarzit in Form eines Weberschiffs deuten ihm, solange nicht andere Funde vorliegen, auf die Völkerwanderungszeit. Obwohl dieser Muschelhaufen nicht in direkte Verbindung mit den Hügelausgrabungen gesetzt werden kann, so liegt wenigstens die Vermutung nahe, daß er mit einem kleinen Urnenfriedhof derselben Feldabteilung in Beziehung gesetzt werden darf; zudem ist er als der einzige Wohnplatz ähnlicher Art in Schleswig-Holstein bekannt. Er verdient darum bei Besprechung der Föhrer Altertümer besondere Beachtung.

Wie bereits angedeutet, kamen nach schweren Stürmen an der Westseite Amrums wertvolle Fundstücke aus zerstörten Gräbern zum Vorschein, außerdem boten alsdann die dortigen Dünen mit ihrem staubenden Sande sehr häufig Gelegenheit zu interessanten Beobachtungen. Bemerkenswert sind in dieser Beziehung das Skalnasthal, nordwestlich von Nebel, A Siatlar, südwestlich von Norddorf und Hamhughdeal, nahe dem Leuchtturm, geworden. Chr. Johansen berichtet darüber in den Jahrbüchern*) der Landeskunde und in den antiquarischen Berichten XXII—XXIV., worauf ich in meinem Buche**) aufmerksam gemacht habe. Daselbst ist auch eine Abbildung des Skalnasthals gegeben. Skalnas war vor der Überschüttung mit Dünensand eine Ebene mit Grabhügeln. Während hier um 1840 nur ein kleiner Hügel zeitweilig aus dem Sand hervorschaute, kam nach einem Wintersturm 1844/45 der Thalgrund fast in ursprünglicher Gestalt zum Vorschein. Auf einer Fläche von 4500 qm waren außer dem erwähnten Hügel 22 verschiedene Steinkreise von 6—12 m Durchmesser mit Thorsetzungen 2c. 4 dreieckige und 2 viereckige Steinsetzungen 2c. bloßgelegt. Der ganze Hügel wurde durchwühlt und es kamen eine große Menge Urnen mit Asche und Knochensplittern zutage. Sie zerfielen bis auf eine in Scherben. Außer den Urnen fand man 3 kleine, 2 Zoll im Durchmesser haltende Schleifsteine aus Sandstein, 1 Glättstein, 1 krummes, 5 Zoll langes eisernes Messer, 2 kleine Scheren aus Bronze, 2 Schnallen aus Bronze und mehrere blaue und gelbe Glasperlen. Skalnas war zweifellos dem Volke einst eine ehrwürdige Stätte im Hallagh Laanki***); vielleicht wurden einst innerhalb der Steinsetzungen die Leichen verbrannt, da man hier Holzkohlen und Knochensplitter, kleine Bruchstücke bronzener Sachen und auffallend viele traubenförmig zusammengeschmolzene bläulich grüne Glasperlen fand. Viele im Skalnasthal gefundene Flintspäne zeigen sämtlich nur schwache Spuren von Bearbeitung. Von ähnlicher Beschaffenheit waren viele Flintsteingeräte, die in einem kleinen zu den Siatlar gehörigen Dünenthal auf einer Fläche von etwa 50 qm durch den Wind bloßgelegt wurden, sodaß Chr. Johansen, der davon 67 unvollendete Messer und Pfeilspitzen erhielt, hier eine Lagerstätte oder gar eine Künstlerwerkstätte der Steinperiode vermutete.

Im Hamhughdeal hinter der Großdüne wurde vom Urboden des Thales der Sand fortgeweht. Man sah jetzt zwei Gartenbeeten ähnliche Erhöhungen, die sich als Begräbnisplätze auswiesen und zwar als sogenannte Muschelgräber, da zwischen den Schaltieren, Mießmuschel, Herzmuschel und Wellhorn eine Urne mit verbrannten Knochensplittern und verkohlte Knochen eines menschlichen Skeletts gefunden wurden. Unter den kleinen Beigaben ist ein eisernes Gerät erwähnenswert. Ähnliche Muschelgräber sollen noch in nördlichen Dünenthälern versandet sein. Diese Muschelgräber sind Urnenfriedhöfe. Den Hamhugh selbst, den südlichsten aller Amrumer Grabhügel, untersuchte 1861 Chr. Johansen†) als er vom Besitzer des Hügels darauf aufmerksam gemacht wurde, daß derselbe „voll von Urnen sei." Der Rasen wurde vorsichtig von oben abgeräumt. Es zeigte sich aber, daß die Erde und die Urnen von den Wurzeln des Heidekrauts gelockert, umsponnen und auseinandergehoben waren, sodaß die Gefäße, welche teilweise Verzierungen hatten, und außer einem mit einer eisernen Schnalle, nur Knochensplitter enthielten, zu Scherben fielen — es ergaben sich die Reste von etwa

---

*) Kiel 1860, 1862, 1863, 1864.
**) Die nordfriesischen Inseln Sylt, Föhr, Amrum und die Halligen. Hamburg 1899. S. 67—69.
***) Ein Dünenthal in der Nähe von Skalnas heißt so = Das heilige Ländchen.
†) Zweiundzwanzigster Bericht der Königl. S. H. L. Gesellsch. Kiel 1862, Seite 15 bis 17.

20 Urnen und eine ganze Schicht Knochensplitter. Die meisten übrigen Gräber, welche bis heute vom Dünensand verschont geblieben sind, wurden seitdem geöffnet. Manche Fundstücke aus denselben gingen in die Sammlung des früheren Leuchtfeuermeisters Christiansen und in Pastor Mechlenburgs Sammlung

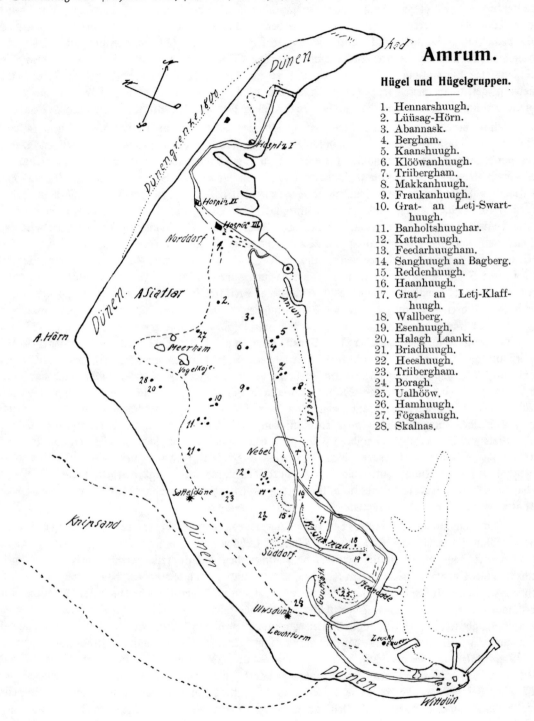

Amrum.

Hügel und Hügelgruppen.

1. Hennarshuugh.
2. Lüüsag-Hörn.
3. Abannask.
4. Bergham.
5. Kaanshuugh.
6. Klööwanhuugh.
7. Triibergham.
8. Makkanhuugh.
9. Fraukanhuugh.
10. Grat- an Letj-Swart- huugh.
11. Banholtshuughar.
12. Kattarhuugh.
13. Feedarhuugham.
14. Sanghuugh an Bagberg.
15. Reddenhuugh.
16. Haanhuugh.
17. Grat- an Letj-Klaff- huugh.
18. Wallberg.
19. Esenhuugh.
20. Halagh Laanki.
21. Briadhuugh.
22. Heeshuugh.
23. Triibergham.
24. Boragh.
25. Ualhööw.
26. Hamhuugh.
27. Fögashuugh.
28. Skalnas.

über, sind aber leider später hierhin und dorthin verstreut worden. Eine Reihe bedeutsamer Unter= suchungen konnte Herr Professor Dr. Olshausen aus Berlin im Anfange der 80. Jahre vornehmen und es ist sehr zu wünschen, daß er seine Beobachtungen vollständig bekannt macht. In einem interessanten Vortrag über Leichenverbrennung*) kommt derselbe auf die Amrumer Funde zurück. Bei Untersuchung des Hügelgräberfeldes der Wikingerzeit am Esenhuugh**) wurde ihm mehrmals Gelegenheit, das beim Leichenbrande eingehaltene Verfahren zu beobachten. Er stellte fest, daß man nach Beendigung des Leichenbrandes die Gebeine und größeren Kohlenstücke zusammenlas, die übrige Glut mit etwas Sand vollständig erstickte und darauf die Knochen und Kohlen niederlegte, erstere vielleicht in einem hölzernen Eimer oder Kasten. In einem mittelgroßen Hügel fand sich eine ziegelrote Brandschicht und auf derselben die Gebeine mit Kohlen. Indem Olshausen anführt, daß als ältestes Bronze-Brandgrab des Kieler Museums das aus dem kleinen Brönshoog auf Sylt gelte, bespricht er aus seiner Sammlung einen Steenodder Hügel Nr. 4, dessen Grab aus Handsteinen in der Form der Körpergräber gebrannte menschliche Gebeine enthielt und ein Schwert und eine Fibel, und den Grat-Swarthuugh, der im Steinhaufen eine im Lichten 1,75 m lange, 0,34 bis 0,40 m breite und 0,40 bis 0,45 tiefe Stein= kiste zeigte, auf deren Boden gebrannte Knochen neben den Beigaben: Fibel, Messer und Dolch aus Bronze lagen. Ein weiterer Hügel bei Steenodde und einer in Hamhuugh umschlossen je eine Stein= kiste mit Urne, Schwert und Dolch. Die Funde bestätigen außerdem, daß die Beigaben vor der endgültigen Niederlegung absichtlich beschädigt worden sind. Außerdem fand Dr. Olshausen Gelegenheit, an Amrumer und Sylter Funden das Zinn in Bronzegräbern der cimbrischen Halbinsel bestimmt nachzuweisen. Weißgares Leder, Bernstein, Goldringe aus Doppeldraht wurden ebenfalls gefunden. Chr. Johansen berichtet, daß man in einem Hügel der Esenhuughgruppe eine Steinkammer von 5 bis 6 Fuß Länge und 4 Fuß Breite fand, aber keine Altertümer.

Sehr viele Amrumer Hügel enthielten Steinkammern, beispielsweise Klööwanhuugh, Fraukanberg, Feedarhuugh, Sanghuugh und Bagberg, Walberg, Heeshuugh, Hamhuugh ꝛc. Die Mehrzahl gehörte der Bronzezeit an. Goldene Ringe sind u. a. in Bergham, Heeshuugh und bei Steenodde gefunden worden, eine goldene Perle in Triibergham, wo, wie in Hamhuughdeal, ein Muschelgrab vorkam. Die Steingräber (Stiandösker) und Riesenbetten enthielten Steinkammern***). In den abgetragenen und weggepflügten Grabhügeln hat man gewöhnlich Urnen, steinerne Äxte und Messer gefunden, die auch in Triibergham, Feedarhugham, Banholtshuughhar und bei Steenodde in einzelnen Hügeln vorkamen. Einzelne dieser Hügel gehörten der Steinzeit an. (Briefliche Mitteilung von B. F. Bonken). Häufig sind auch auf ebener Erde Urnen, steinerne Keile und Pfeilspitzen gefunden worden.

Die Namen der Grabhügel und Hügelgruppen klingen herüber aus einer längst vergangenen Zeit und lassen nur in wenig Fällen sichere Deutung zu. Merkwürdig erscheint, daß diese im Volks= munde lebenden Namen auf Sylt und Amrum häufig vorkommen, während auf Föhr nur etwa 14 bekannt sind. Einzelne Sylter Namen wie Friis=, Bram=, Kats=, Barming=, Ring=, Bröns=, Krockhügel erinnern an hervorragende Geschlechter und Familien, andere gelten für echt friesischen Ursprungs: Boikenhoog, Wielshoog, Harhoog, Aarnhoog, Öwenhoog, Klöwenhoog, Gonnenhoog ꝛc. Auf Amrum scheint der Name häufig Ortsbezeichnung zu sein, so: Banholts=, Klaff=, Kaanshuugh, Walberg; auch die Zahl war hier wie auf Föhr ausschlaggebend: Triibergham (zweimal auf Amrum, einmal auf Föhr); die Größe ver= anlaßte auf allen drei Inseln öfter die Beifügung von „groß" und „klein". Feedar=, Klööwan=, Henners=, Fraukanberg= und Hamhuugh auf Amrum, Hadjesberg, Siekesberg, Bodjeswal auf Föhr erinnern an Personen oder Geschlechter. Bei der Mehrzahl hängt die Bezeichnung mit der Bestimmung zusammen, welche die Hügel einst im Volksleben hatten. Thinghoog=Gerichtshügel, Bak=,†) Biak=, Biiken=Berg, Sanghuugh=Gesanghügel (letztere der Ort, wo Freudenfeuer vor Petritag gebrannt wurden) ꝛc. — Der Klööwenhuugh auf Amrum soll gleich dem Klöwenhoog auf Sylt und dem Clofesho nördlich der Themse in England uralter Versammlungshügel sein und noch zur Zeit der

---

*) Verhandlungen der Berliner anthropol. Gesellschaft, Sitzung vom 20 Febr. 1892, S. 129, 144 bis 145, 167.
**) Abb. von Fundsachen aus Esenhuugh. S. J. Mestorf, Vorgeschichtliche Altertümer, Tafel LVI 692, 696, 697 bis 699, LIX 718, 719, 730.
***) Chr. Johansen, Jahrbücher für die Landeskunde, Band IV. Kiel 1861.
†) Der Name kommt auch auf Helgoland vor; wo der alte Leuchtturm auf dem so genannten Hügel errichtet wurde. Hier fand man Urnen und Gebeine. Das Grab im Moberberg, welches wahrscheinlich irrtümlich als dasjenige des Königs Radbot bezeichnet wird, wurde 1845 geöffnet. Es enthielt ein Skelett, zwischen Gipsplatten gebettet, Gold= ringe und ein Bronzeschwert. Spätere dortige Ausgrabungen wurden von Dr. Olshausen, Berlin, vorgenommen.

Einführung der Reformation als solcher gegolten haben. Die Sage von versunkenen Schätzen findet sich freilich hier nicht wie bei dem Sylter Hügel, in welchem ein sagenhaftes goldenes Schiff vergraben liegt, welches einst durch Zauber vor den Augen derer, die darnach gruben, nachdem sie ein Wort gesprochen, auf Nimmerwiedersehen verschwand; aber der Amrumer Hügel enthielt ein Grab, der Sylter nicht. Auch mit andern Hügeln sind ähnliche Sagen von wertvollen Schätzen verknüpft.

Die Mehrzahl der für wissenschaftliche Zwecke durchgrabenen Hügel wurde wieder in der ursprünglichen Form hergestellt. Seitdem hat die braune Heide dieselben aufs neue mit ihrem Mantel zugedeckt. Dieselbe malerische Landschaft erfreut zur Sommerzeit den Wanderer, der seine Gedanken in jene graue Zeit schweifen läßt, als hier eine eigenartige Kultur zu Grunde ging. Die jetzt in den Museen geborgenen Fundsachen deuten mit einem Streifen Lichts in jene dunkle Vorzeit. Gar mancher möchte gern noch ein „Waffenstück" dort finden; bei der zerstörenden Thätigkeit des Meeres und der früheren, mit Rücksicht auf Altertumsgegenstände achtlosen Durchwühlung vieler Hügel und Opferplätze gelingt das auch nicht selten. Manchmal indessen muß auch oft für prähistorisch gelten, was so alt nicht ist. Vor Jahren ging beispielsweise die Nachricht von einem wichtigen Fund, den Badegäste am roten Kliff auf Sylt gemacht haben wollten, durch die Blätter. Herr Professor Handelmann erfuhr davon und erhielt schließlich eine Nachbildung des vielbesprochenen Fundobjektes. Ihm erschien die Sache, daß man es hier mit einem Hünengräberfund zu thun habe, mehr als fraglich. Er wandte sich deshalb an mich mit der Frage, ob nicht ähnliche Dinge noch auf Sylt in Gebrauch seien. Als ich jemand die Abbildung zeigte, wurde mir entgegnet: „Dat is ja en Piepenkratzer!" Thatsächlich fand ich derartige aus Eisen gefertigte hammerförmige Pfeifenkratzer in Gebrauch. Am Tabakskasten oder am Tabaksbeutel war das Gerät durch eine Kette befestigt. Halmpflanzende Sylter hatten das Fundstück wahrscheinlich gelegentlich in einer Frühstückspause an dem Fundorte verloren.

Während die Hünengräber und Grabhügel, sofern sie untersucht wurden, wichtige Aufschlüsse über die Kultur der einstigen Meeranwohner geliefert haben, bieten sich wenig sichere Anhaltspunkte rücksichtlich des Alters und der Bedeutung der am Rande des Wattenmeeres einst zahlreichen Burgen und Burgruinen, deren Zweck und Bedeutung von verschiedenen Beobachtern verschieden gedeutet wird, und die teilweise mit sagenhaft klingenden historischen Überlieferungen verbunden sind.

Früher gab es Burgen und Freiberge in Eiderstedt, die, wie die berüchtigte Burg der Wogens=mannen bei Westerhever, nicht mehr vorhanden sind. Nach den Mejer'schen Karten gingen im Bereiche des Wattenmeeres und an der Westseite von Sylt mehrere unter, andere liegen im Sande der Dünen begraben oder sind wie die auf Amrum, die in Archsum auf Sylt und die zu Ütersum auf Föhr ganz oder teilweise abgetragen worden.

Die beiden noch vorhandenen ringförmigen Erdwälle zu Tinnum auf Sylt und zu Borgsum auf Föhr werden häufig aufgesucht. Wiederholt wurden auch Untersuchungen und Ausgrabungen angestellt, die nur das sicher erkennen ließen, daß die Wälle einst von Menschenhand aufgeworfen sind; irgend welche Gerätschaften, die Schlüsse auf das Alter dieser Erdbauten zulassen, ergaben sich aber nicht. Im ganzen sind beide einander ähnlich, nur ist die Borgsumer, welche einen Flächenraum von 1390 Quadratruten bedeckt, die größte. Beide Ringwälle fallen nach außen ziemlich steil ab, nach innen allmählich resp. absatzweise. Der äußere Umfang des Walles der Tinnumburg beträgt 400, der der Borgsumer 450 m, die senkrechte Höhe jenes 6, dieses 11 m über die Fläche der Umgebung, während die senkrechte Höhe im Verhältnis zur umwallten inneren Fläche beim Borgsumer Wall 6, beim Tinnumer kaum 4 m ist, so daß also bei beiden Burgen die Innenfläche höher liegt als die Umgebung. Die Stärke der Wälle ist eine erhebliche, wie man das an der Einfahrt zur Tinnumburg, die nach Nordost geöffnet ist, erkennt, wo der Wall etwa 20 m stark sein dürfte. So ergiebt sich, daß der innere Umfang der Borgsumburg etwa 310, der der Tinnumburg 220 m beträgt. Beide Burgwälle haben außer der ursprünglichen, nach Norden oder Nordost gerichteten Ausfahrt eine solche nach Süden oder Südost, die später entstanden ist und bei der Tinnumburg hergestellt wurde, um dem sich im Laufe des Winters in der Burg ansammelnden Regenwasser einen Abfluß zu gestatten. In beiden Burgen war früher je ein Wassertümpel, der sogar im Sommer Wasser hielt und nur bei großer Dürre es zuließ, daß man allenthalben gehen konnte. Zu Zeiten fing man hier Fische oder tränkte das Vieh. Allmählich aber wurden die Vertiefungen durch eine von Pflanzenfasern durchsetzte Erdschicht ausgefüllt, so daß jetzt das Innere der Burgen sowohl als auch die Wälle mit Gras überzogen sind und beweidet werden. Bei der Borgsumburg ließ sich noch vor etwa 40 Jahren ein dem Hauptwall parallel laufender äußerer Ringwall unterscheiden, doch ist derselbe, da die Borgsumer Burg nicht so sorgfältig wie die Sylter erhalten wurde, gegenwärtig fast verschwunden.

Während die Tinnumburg auf einer kleinen Geesthalbinsel belegen ist, die sich von Tinnum her westwärts in die Marsch zwischen feuchte Wiesen hinein erstreckt, liegt die Borgsumburg auf einer flachen, fast sumpfigen Gegend der Marsch, etwa 650 m von der Geest entfernt; beide Burgen aber waren einst an einem ins Meer führenden Gewässer belegen: die Tinnumer am Döplemsee, der nach Süden zum Wattenmeer abfließt, die Borgsumer an einem nach Norden durch die Föhrer Marsch führenden Gewässer, das inzwischen ausgefüllt wurde, aber als Niederung in seinem Verlaufe noch sichtbar ist.

Wie bereits erwähnt, wurden die Burgen zu Archsum auf Sylt, die zu Ütersum auf Föhr und der Wall der Amrumer abgetragen, doch hat man nur bei der Abtragung der beiden erstgenannten einige große Feldsteine, Geröllblöcke (Archsum), einige Münzen und einen alten achtzehnfüßigen an dem einen Ende zugespitzten Balken aus Eichenholz gefunden (Burg und Burgplatz bei Ütersum). Der Amrumer Burgwall schloß sich an einen Hügel an, aus dem man vor 80 Jahren eine Steinkiste herausgrub, in welcher ein vermester Leichnam lag mit einem Bronzeschwert auf der Brust.

Bei so geringer Ausbeute sowohl der Ausgrabung als Abtragung, die Spuren von Gebäuden innerhalb der Burgwälle nicht nachweisen lassen, ist es erklärlich, daß verschiedene Mutmaßungen über Alter und Zweck der Burgen existieren, je nachdem die Beobachter und Untersucher verschiedene Momente als mehr oder minder wesentlich ansehen. Der Geologe Dr. Ludwig Meyn*) hebt hervor, daß Archsum auf einer Gruppe des Mitteldiluviums, aus dessen Lehm überall Granitblöcke gebrochen sind, belegen, öfter durch Hochfluten gefährdet sei, und daß, als die Wurten oder Werften zum Hausbau noch nicht errichtet waren, für Menschen und Vieh keine andere Zuflucht als der größte und höchste dieser Diluvialhügel, die sogen. Burg, übrig geblieben sei. In jener Zeit war das umsomehr bedeutsam, als die Sylter Marsch damals größer und nur von oft durchbrochenen niedrigen Sommerdeichen geschützt war. Die Zufluchtsstätte mußte darum gegen die allerhöchsten Fluten dienen und genügendes Trinkwasser enthalten. „Die Lage des Platzes gegen die Marsch, die so ganz von selbst gebotene Benutzung des natürlichen Hügels, erklärt das Dasein der „Borg" und selbst ihren Namen, welcher bei allen friesischen Burgen derselbe, und niemals durch ein nomen proprium individualisiert ist, so vollständig, versetzt ihre Herstellung in eine so altersgraue Vorzeit, daß man vom Standpunkte des Naturforschers der Sage und sagenhaften Geschichte unbedingt widersprechen muß, zumal auch nicht der kleinste Brocken von Mauerwerk in den Umwallungen zu entdecken ist. Diese Erläuterungen schließen aber freilich nicht aus, daß die späteren Zwingherren auch die Burg besetzten."

Noch in höherem Grade spricht die Lage der Tinnumburg, welche durch ein sumpfiges Riet von der höher gelegenen Feldmark getrennt ist, für die Benutzung derselben als Zufluchtsort bei Hochfluten, die schneller noch, als in Archsum, die Marschherde vom höher gelegenen Lande abschneiden konnten. Der zur Burg und zur Tränke umgestaltete diluviale Lehmhügel wurde schon so benutzt, seit die Menschen sich in dieser Gegend ansiedelten, um ihr Vieh der Marschweide zuzuführen. Ähnlich stellt sich das riesenhafte Erdwerk der Borgsumburg als ein größerer Hügel von Mitteldiluvium dar, „der in verständiger Weise am Fuße ringsum abgetragen, aus dem so gewonnenen Material oben mit einem Ringwall umgürtet und also durch verhältnismäßig geringe Arbeit in eine Tränke und Zufluchtsstätte für große Mengen Rindvieh verwandelt wurde." Der ursprünglich um den Fuß laufende Graben sollte wahrscheinlich nur das Vieh auf einen einzigen Zugang anweisen. Mit derjenigen Dr. Meyns scheint die Ansicht des um die Kartographie der Westküste hochverdienten Generalmajor Dr. F. Geerz übereinzustimmen. Derselbe giebt auf seiner „Historischen Karte von den nordfriesischen Inseln Nordstrand, Pellworm, Amrum, Föhr, Sylt u. s. w., der kontinentalen Marsch zwischen Hever und Königsau,

---

*) Geognostische Beschreibung der Insel Sylt 2c. Seite 656 ff., 690.

sowie von der Friesischen Vorgeest" bei den Bezeichnungen für die Amrumer, Archsumer, Tinnumer, und die südlich von Rantum in den Dünen belegene Ratsburg an: „Vormals Hürde und Tränke" und fügt nur bei der Borgsumburg ein Fragezeichen hinzu, während er die Ütersumer als „Burg" benennt. Diese Ausnahme beruht auf einer von Michelsen „Nordfriesland im Mittelalter" unter 9 mit= geteilten lateinischen Urkunde vom Jahre 1360, wonach „all und jeder Grundbesitzer zu Uettersum und Blegsum dem Vorzeiger dieses Erico Riind alles und jedes Grundstück, worauf die Veste (Burg) in Föhr erbaut ist, nämlich den Grund, den Weg, die Gräben und die Gewässer, sowohl wie das Land, worauf der „Bauhof" erbauet ist, in Güte mit eigenem Willen verkauft und verbrieft haben zum ewigen Besitz."

Diese Übertragung geschah vor versammeltem Dinggericht der Westerharde, die ihr Siegel dem Dokument anhängte, welches die Zeugen namhaft macht, die bei der Verhandlung zugegen waren. Der Historiker machte nach dieser Urkunde über die eine Burg den Schluß, daß alle Burgen Nord= frieslands um jene Zeit entstanden seien, obwohl Mejer dieselben auf seinen Karten bereits ein Jahrhundert früher erscheinen ließ. Nach Michelsen wurden die Burgen um die Mitte des 14. Jahrhunderts von dänischen Rittern und Vögten errichtet.

Nach Professor Dr. Handelmanns Bemerkungen über „die Bauernburgen auf den nordfriesischen Inseln"*) hat es sich zu der von Michelsen berührten Zeit nur um Errichtung befestigter Blockhäuser, die mit Graben und Pallisadenzaun umgeben waren, gehandelt, in denen die Ritter Waldemar Zappi und Erich Riind eine Zeitlang hausten, um das „Hausgeld" von den Friesen einzutreiben, die es sofort nicht mehr zahlten, als die Zwingherren fortzogen. Auch der Sylter Chronist Kielholt, welcher seine Mitteilungen in das Gewand der Sage kleidet, scheint das anzudeuten, indem er von Riesen spricht, die das Volk knechteten und die Tinnumburg „Tinseburg" nennt, „dar see Jarlicks ere schat unde tinse gebrocht hebben."

Nach der Volkssage war die Borgsumburg einst der Zufluchtsort des Ritters Claus Lembeck, als derselbe bei dem Könige Waldemar Atterdag in Ungnade gefallen war und von diesem in der Burg belagert wurde. Als er die Burg aus Mangel an Lebensmitteln nicht mehr halten konnte, entwich er nachts auf dem nördlichen zum Wattenmeer führenden Gewässer in einem Boote nach der Wieding= harde. Doch scheint es zweifelhaft, ob nicht diese Begebenheit nur auf Lembeck übertragen wurde, mit seinem Sohne aber in einer andern Burg geschah. Die Tinnumburg wird wie die Borgsumer Lembecksburg genannt, obwohl dort von einem Aufenthalt des Ritters daselbst nicht geredet wird. Handelmann meint, es sei jetzt wohl allgemein anerkannt, „daß die ringförmigen Erdburgen in der vorgeschichtlichen Zeit als befestigte Zufluchtstätten dienten, wo, wenn der Feind das Land mit Krieg überzog, unter dem Schutz der waffenfähigen Mannschaft die wehrlosen Familien, das Vieh und die fahrende Habe geborgen wurden."

Nach unserer Meinung dürften sich diese verschiedenen Ansichten dahin vereinigen lassen, daß die Burgen vor Erbauung der festen Deiche den Zweck hatten, bei Überschwemmungen Sammelplatz für Menschen und Vieh zu sein. Nebenher waren sie auch Zufluchtsort für Seeräuber. Als aber im 14. Jahrhundert dänische Ritter in diese Gegend gesandt wurden, die ausgebliebenen Steuern einzutreiben, wurden die Burgen ihr Aufenthaltsort, an dem sie sich verschanzten und von welchem aus sie das Volk zu zwingen und zu knechten versuchten. Die Friesen benutzten zu ihrem Schutz ebenfalls Burgen, wie beispielsweise die Ratsburg, und siegten bald über ihre Zwingherren, die nach 1362 in der Sylter Chronik nicht mehr genannt werden und nach 1420 die Benutzung der Burgen zu kriegerischen Zwecken nicht mehr notwendig erscheinen ließen. Jedenfalls aber verdienen die Burgen und Burg= ruinen am Wattenmeer wegen ihres hohen Alters und der unzweifelhaft großen Bedeutung im Kampfe des Volkes mit dem Meere, den Volksunterdrückern und Feinden die Beachtung aller derer, die sich für das untergehende Friesenvolk und seine Vergangenheit interessiren.

---

*) Zeitschrift der Gesellschaft für Schleswig=Holstein=Lauenb. Geschichte, Band III, Kiel, Seite 54 bis 75, 430 bis 431, Band IV Seite 50 bis 52.

Sagen und Sagenhaftes.

---

1. Die Sage von den Brautfahrtshügeln.

Das schleswigsche Wattenmeer mit seiner umrauschten Inselwelt ist der Schauplatz einer verhältnismäßig reichen Sage. Dieselbe redet hier, wo sich am Meeresufer Entstehen und Vergehen die Hand reichen, nicht nur von untergegangenen Ortschaften und von der Zukunft der Wasserländer, sondern auch von heidnischer Gottesverehrung, von Kultusstätten, von Riesen und Zwergen und Pucken und Klabautermännchen, sie spricht von Hexen und Gespenstern sowohl als von Verwünschungen und Wundern, von Wahrzeichen und Ahnungen, von Vorspuken und Vorbrennen, mögen diese letzteren nun für eine Feuersbrunst, für einen Sterbefall oder für eine Strandung am Meeresufer vorbedeutend sein. Vorwiegend sind die Hügel der Heide sagenumwoben. Bei einzelnen derselben hat die Ausgrabung Beziehungen zu der Sage erkennen lassen; manche andere sind abgetragen, ohne daß solchen Spuren nachgegangen wurde. Waren sie Opferhügel, so trägt das Feld ihren Namen, sofern es nicht vom Meere zerstört oder vom Dünensand begraben wurde. Auch verschwand die Sage nicht aus dem Gedächtnis, wenn die Hügel einst Wohnung der Zwerge gewesen oder vielleicht als Denkmal einer wunderbaren Begebenheit überliefert waren.

Als solches Denkmal galten die Brautfahrtshügel (Brid'fiarhooger), welche ehemals nördlich von Tinnum auf Sylt unfern den Thinghügeln sichtbar waren (Siehe die Karte S. 97). Zur Warnung vor Untreue und falschen Schwüren wurden sie nach der Sage einst aufgeworfen, — die so an das Lied von Gudrun erinnert, welches ebenfalls dem Sagenkreis der Nordsee angehört, — in welchem aber die strengste Treue einer deutschen Frauenseele zur Erscheinung kommt. Da Treue ein Grundzug im Charakter der Altvordern war, so ist es kein Wunder, daß noch heute die Sage von den Brautfahrtshügeln, welche warnend von der Untreue einer Braut berichtet, lebendig ist, obwohl die Hügel bereits vor 70 Jahren abgetragen worden sind.

Eine Jungfrau aus Eidum (1436 von der Flut zerstört), so erzählt die Sage, hatte sich mit einem Jünglinge verlobt und dabei geschworen, daß sie eher zu Stein als die Gattin eines andern werden würde. Auf ihre Treue bauend, ging der Verlobte bald seinem Berufe nach, zur See hinaus. Als er indessen unerwartet lange ausblieb, vergaß sie seiner und ihres Schwures. Sie stand mit andern stundenlang bei der Thür; dem Dänen freilich, der Herz und Hand von ihr erbeten, nachdem er Kisten und Kasten und Scheune und Viehstall in ihres Vaters Hause gesehen hatte, gab sie den

Laufpaß; aber der Werbung eines Keitumer Jünglings widerstand sie nicht. Die Verlobung wurde gefeiert und der Hochzeitstag bestimmt. Alle Vorbereitungen zu demselben waren ungestört getroffen, endlich brach er an. Bald erschienen die geladenen Freunde im Hause des Bräutigams auf bekränzten Pferden. Nach einem guten Frühstück begaben sie sich mit ihm auf den Weg, paarweise reitend, Bräutigam und Vormann voran, die Braut zu holen. Sie fanden die Thür verschlossen. Lange war alles Klopfen vergeblich. Endlich erschien eine schmutzige Köchin, um die Harrenden mit der Weisung zu bescheiden, hier sei keine Braut zu holen.*) Altem Brauche treu, öffnete darauf der Hauswirt, sie ins Haus zu führen. Erquickt verließen sie dasselbe und nahmen nun aus der Hand des Vaters die geschmückte Braut in Empfang. Schon spielte auch der „Bierfiedler"; alles eilte vor die Hausthür zum Tanz. Dann hob der Brautheber die Braut und ihre zwei Brautjungfern über die Wagenleiter und ritt im Zuge neben dem Brautwagen, der dem Vormann und dem Bräutigam, welche den zur Kirche nach Keitum eilenden Zug eröffneten, folgte. Auf der Mitte des Weges indessen kam ein altes Weib dem Hochzeitszuge entgegen. Eine solche Begegnung galt schon an und für sich als ein böses Omen, besonders am Hochzeitstage; umsomehr mußte man erschrecken, als die Alte warnend rief: „Uu Eidemböör, uu Keid'emböör, ju Brid', jü es en Hex!" („O Eidumer, o Keitumer, Eure Braut ist eine Hexe!") Aller Augen richteten sich auf die erbleichende und stumme Braut, die augenblicklich ihres Schwures gedachte, als sie die Stimme des Vormannes vernahm, der, erbittert über die Störung der Frau entgegnete: „Wan üüs Brid' en Hex wiar, da wild' ik, dat wii jir altemaal dialsook, en wedder apwugset üs grä Stiin!" („Wenn unsere Braut eine Hexe (eine Ungetreue) wäre, so wollte ich, daß wir alle in die Erde sänken, um als graue Steine hervorzuwachsen!")

Die Worte waren noch nicht verhallt, so sank der Hochzeitszug mit Braut und Bräutigam in die Erde. In graue Steine verwandelt, wuchsen sie zu halber Mannshöhe aus derselben hervor. Fünf solcher Steine standen etwa hundert Schritte von den Hügeln entfernt, die zur Erinnerung an diese Verwandlung aufgeworfen und seitdem Brautfahrtshügel genannt worden sind. Soweit die Sage. Sie wurde zuerst von dem Sylter Chronisten und Sagenerzähler C. P. Hansen aufgezeichnet und 1845 in Falck's Archiv, später auch in Müllenhoff's Sagen veröffentlicht; 1859 hat Hansen sie in seine Fremden= führer aufgenommen. Weitere Verbreitung und größere Beachtung sollte eine spätere Hansen'sche Bearbeitung der Sage von den Brautfahrtshügeln finden, die er unter dem Titel: „Die Bridfiar= hoogher üp Söld', of Dit Mirakel fan Eidem. En uald'ing Dächt üp Söldring Spraak", abfaßte. Die Handschrift sandte er 1868 an die „Friesch Genootschap van geschied-oudheid en taalkunde in Leeuwarden", welche dieselbe Dr. Johan Winkler mit dem Auftrage vorlegte, er möge das 340 Verszeilen (deren je zwei sich reimen) umfassende Gedicht ins Holländische übertragen, damit es in der Zeitschrift „De Vrije Fries" Aufnahme finde. Der um die friesische Volkskunde hochverdiente Mann unterzog sich nicht nur gern dieser Mühe, sondern er fügte gleich eine Übersetzung in die westfriesische Sprache hinzu. Diese Sprache wird in der nieder= ländischen Provinz Friesland großenteils und auf Terschelling noch gesprochen. Dr. Winkler befleißigte sich, eine möglichst wortgetreue Übersetzung zu liefern, er fügte außerdem eine ganze Zahl interessanter Anmerkungen hinzu, die namentlich darauf abzielen, den Lesern die vielen Besonderheiten vom alten Sylter Volksleben, welche Hansen, dem Faden der Sage folgend, mit derselben verflocht, näher zu bringen. In manchen Fällen konnte er die entsprechenden Reime, mit welchen z. B. die Vögel bei ihrer Ankunft im Frühlinge begrüßt werden, mit den von Hansen verwendeten Sylter Reimen zu= sammenstellen und Beziehungen zwischen Ost= und Nordfriesen nachweisen.

Unter der Hand des Dichters C. P. Hansen bekam die Sage ein etwas anderes Gesicht, als er sie nach der Überlieferung aufzeichnete. Die Tochter Ose des reichen Tam Erichs aus Eidum, der sein Geld durch Strandraub erworben hatte, war darnach schön, aber eitel und leichtsinnig, schwärmte nachts mit ihren Buhlen umher, jagte aber einen dänischen Freier fort, sodaß er über das Kliff hinunter= stürzte und den Hals brach. Zuletzt ergab sie sich der Hexerei; ihrem Vater aber sagte sie, daß sie die Vogelsprache erlerne. Als Hexe flog sie mit vielen anderen einst in der Walpurgisnacht zum

---

*) Siehe Hochzeitsgebräuche, Nordfriesische Inseln, Seite 299 bis 311.

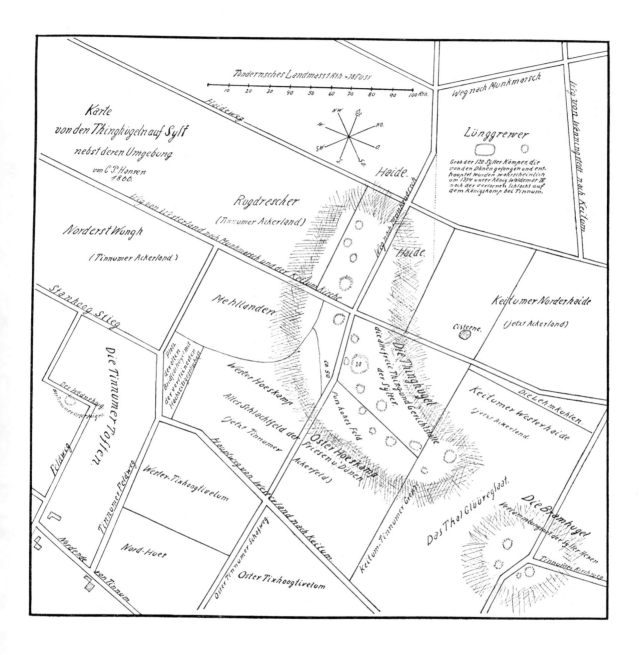

Karte
von den Thinghügeln auf Sylt
nebst deren Umgebung
von C.P. Hansen
1860.

Hexentanz nach dem Ellenbogensberge. Hier verliebte sich der Teufel in sie, erklärte sie für die Schönste und für seine auserwählte Braut. Erschreckt schwur sie dem Teufel, daß sie eher zu Stein, als eines andern Braut würde. Darauf schloß sie sich ein und grämte sich sehr, bis sie endlich einem Traume glaubte, der ihr vom Tode des Teufels berichtet hatte. Nun verlobte sie sich mit dem neuen Freier Buh Tetten aus Keitum, und es erfolgte die merkwürdige Scene auf dem Hochzeitswege, von der wir oben bereits berichteten.

Durch diese Umgestaltung der ursprünglichen Sage gewann Hansen Gelegenheit, alle die im Volksmunde lebenden Reime aufzunehmen, „welche von dem Treiben der finsteren Mächte der Nacht reden, die im Dunkel umherschreiten und die finsteren und öden Orte lieben." Mancher Kinderreim über die Vogelsprache und mancher Volksreim über die Beziehungen der Männlein und Fräulein auf Freiersfüßen findet sich außerdem in dem Gedicht, so daß man auch bei diesem, obwohl es noch keine 50 Jahre alt geworden ist, ältere und neuere Bestandteile unterscheiden kann. Durch jene alten Reime, Lieder und Redensarten ist die Erzählung für die durch Geburt und Leben damit Verwachsenen mit manchen belebenden Einzelheiten durchwebt und bringt so dem Sylter Leser „Klänge und Gedanken-reihen, die ihn als alte vertraute Jugenderinnerungen anheimeln." Dieser Ausspruch B. Bröns' jr. aus Emden, der 1874 eine Bearbeitung der Sage in ostfriesischer, speziell Ember Mundart im „Ostfriesischen Monatsblatt" veröffentlichte, wurde wahrscheinlich der Anlaß, daß Hansen die Dichtung 1875 der zweiten Auflage seiner „Sylter Sagen und Erzählungen", (III. A. 1895 von Chr. Jensen,) einfügte und die Sage selbst in Form einer kurzen Inhaltsangabe folgen ließ.

Keine noch so genaue Übertragung kann freilich den Reiz der alten Klänge und Lieder aus der Jugendzeit so wiedergeben wie das Original für den einheimischen Leser, und es ergiebt sich sehr häufig für den Übersetzer die Unmöglichkeit bei der wörtlichen Übersetzung die entstehende Form zu wahren. Und doch übernahmen beide Übersetzer die Arbeit in der Hoffnung, daß die Sage selbst Eigentum ihres Volksstammes werden möge. Bröns antwortet auf die Frage, ob sie es werden könne: „Mir scheint es gewiß. Ihren lokalen, gewissermaßen Klangwert, den wir verloren geben müssen, überragt weit ihr tiefsinniger, in jeder Menschenseele wiederklingender Gehalt. Auf dem dunklen Hintergrunde der blutigen Missethat des Vaters heben sich die leichte, zwischen Schuld und Irrtum im fröhlichen, mut-willigen Lebensgenusse schwankende, reizende Mädchengestalt der Tochter und die treuherzige echte Liebe des kräftigen Buh Tetten lichtvoll ab; sie alle, Schuldige und Unschuldige, umschlingt das Schicksal mit düstern Fäden, die Schuld des Vaters auch an dem Kinde und durch dieses rächend."

Außer dem Bestreben, die Sage bei seinem Volke heimisch zu machen, tritt bei Winkler die sprachwissenschaftliche Behandlung der Dichtung mehr als bei Bröns hervor, und er fügt aus diesem Grunde die Anmerkungen hinzu, um unverständliche Ausdrücke und Wendungen sprach- und sitten-geschichtlich zu erklären.

An der ganzen festländischen Nordseeküste, wo Friesen wohnen oder jemals wohnten, wurde also, wie die Bearbeitungen der Hansen'schen Dichtung zeigen, der Sage von den Brautfahrtshügeln auf Sylt ein lebhaftes Interesse entgegengebracht, und dieser Umstand war es besonders, der mich veranlaßte, dieselbe an dieser Stelle neben den mythologischen und Zwergsagen, die vielleicht ein weiter-gehendes Interesse beanspruchen dürften, zu geben. Sie ist die einzige am Gestade des Wattenmeeres entstandene Sage der Nordfriesen, welche zu den West- und Ostfriesen ging und dort gehaltvoll genug erschien, den Stammesgenossen in der Volks- und Umgangssprache dargeboten zu werden.

2. Zur Mythologie der Nordfriesen.

Als um die Mitte des 18. Jahrhunderts der Prediger M. R. Flor zu Tondern für Camerers Nachrichten*) einen Beitrag über die Insel Sylt lieferte, wo er bis 1740 Prediger gewesen war, erachtete er es „annoch" zu bemerken für nötig, „wie das Volk zum Tanzen und läppische Lieder dabei zu singen sehr geneigt, wobei die Alt= und Jungen auf ihren Hochzeiten und anderen Gastereyen alte Götzen= und Heldenlieder, in ihrer Sprache unter einander einmütiglich singen," und wie dieses Unwesen sich allmählich verliere. Schade nur, daß er diese Lieder nicht durch Aufzeichnung vor dem Untergange rettete, denn sie hätten alsdann vielleicht interessante Einblicke in die dunkle Götterlehre der Altvordern gestattet, von der heute nur noch Sagen reden, die teilweise an bestimmte Örtlichkeiten anknüpfen, und an die einige Redewendungen im Volksmunde und etliche zumeist zum Kinderspiel herab= gesunkene Bräuche erinnern.

Doch führen uns diese Bräuche, welche beispielsweise alljährlich noch am Vorabende des Petri= tages bei dem sogen. Bükenbrennen, das in christlicher Zeit geschieht, „um Peter zu Bett zu leuchten," geübt werden, zu der obersten Gottheit der heidnischen Nordfriesen, dem Wodan, den sie Weda, Wede oder Winj nannten und nach welchem der Mittwoch in der friesischen Sprache noch Winjs= oder Web'ns und Wodnsdai heißt. Ihm zu Ehren zündeten sie im Frühjahre auf den heiligen Hügeln oder an heiliger Stätte das Opferfeuer an. Er allein gab als Windgott den Schiffern günstigen Fahrwind. Als Wassergott wandelte er auf den Wellen, beschwichtigte sie und gab dem Schiff, in welches er verkleidet sich aufnehmen ließ, eine glückliche Fahrt. Krähen und Raben waren heilige, dem Wodan geweihte Vögel. Die ersteren kehrten mit den nordfriesischen Seefahrern im Herbste heim; ihnen opferte man im Winter die Reste der Mahlzeit, und wenn der Frühling kam, zogen diese Vögel mit den Seefahrern aus Nordfriesland fort. Die Sage berichtet, daß die Friesen einst eine Krähe in ihrer Fahne geführt haben; ihr Schwur lautete: „Das ist bei den Raben wahr!" Dem Wodan waren der große und der kleine Karlswagen, der große und der kleine Bär, geweiht, die in Holland Woens= wagen genannt werden. Auf dem großen Wagen machte Wodan allnächtlich Reisen am nördlichen Himmel herum, sich an denselben feststehenden Stern, den Nordpolarstern, haltend, der auch den Friesen auf ihren Seefahrten als der wichtigste Wegweiser galt. Später sah man in dem Karlswagen das Gefährt, welches einst Elias und Christus zu ihrer Himmelfahrt benutzten; hatte Wodan es doch vorher benutzt, die verstorbenen Helden nach Walhall zu führen. Dabei dachten sich die Friesen sehr oft die Erde wie ein großes Schiff, welches sie „Mannigfuald" nannten, und das im Himmelsmeere, dann aber auch bisweilen auf irdischen Meeren schwamm und von dem „Uald", dem Allvater, geführt wurde. „Sie selbst waren die Matrosen des Schiffes, welches freilich ab und zu durch die Thorheit und Ungeschicklichkeit der Mannschaft in allerlei mißliche Lagen geriet, dann aber jedesmal durch die Macht und Weisheit des „Uald" wieder errettet wurde."

Später fügte die Überlieferung dieser Mythe noch folgende Erläuterungen hinzu. Die Größe des Schiffes begreiflich zu machen, wurde erzählt: Der Kommandant müsse auf dem Verdeck zu Pferde herumreiten und seine Befehle erteilen. Die Matrosen kletterten jung in die Takelage des gewaltigen Schiffes, dessen Masten wie Berggipfel in den Himmel ragten, hinauf und kamen mit grauem Bart und weißem Haar wieder herunter. Unterwegs kehrten sie fleißig in die Blöcke des Tauwerks, welche Wirtsstuben enthielten, ein, um sich zu erholen. Dem Reisenden J. G. Kohl, der mit Vorliebe aus= führte, wie die Friesen ein echtes See= und Fischervolk seien, erschien mit Recht gerade diese Sage von dem Riesenschiff besonders charakteristisch. Gilt die Oberfläche der Erde den Indern als eine schöne Lotosblume, andern Völkern als ein von der Sonne bebrütetes Riesenei, und lustigen Dichtern als eine mit Göttergaben besetzte Tafel, so ist es natürlich, daß die Friesen sagen: „Die Welt sei ein Schiff, das in nie endender Reise in dem flimmernden, leuchtenden Meere des dunkelblauen Äthers zwischen den Gestirnen dahinsegele. Die hohen Bergpfeiler sind die Masten, die weißen Wolken stellen die Segel vor, die Fläche Frieslands ist das Verdeck. Das Takelwerk in diesem Schiffe ist gar bunt und mannigfaltig, wie die Maschinerie dieser Welt und die Ereignisse dieses Lebens. Der Steuermann

---

*) Vermischte historische und politische Nachrichten, Flensburg und Leipzig 1762. II. Teil. V. S. 699.

läßt bald dieses, bald jenes Segel aufziehen, bald befiehlt er, die Stricke so oder so zu ordnen oder zu spannen. Es gehen oft viele lange Jahrhunderte darüber hin, bis seine Befehle vollführt werden, und die Matrosen altern und sterben oft weg, bevor sie eine Wirkung von diesem oder jenem Manöver, das sie mit ausführen halfen, erblicken."*) Die Fahrten des, wie die Götter der Griechen zur Erde herabgestiegenen Weltschiffes waren oft mit Hindernissen verbunden, die der Kapitän desselben glücklich zu überwinden verstand. Vom atlantischen Meere in den britischen Kanal hineinsteuernd, war dem Riesenrumpf des Schiffes das Fahrwasser zwischen Dover und Calais zu eng. Da hatte der Kapitän den Einfall, die ganze Backbordseite, welche gegen das englische Ufer stieß, mit weißer Seife bestreichen zu lassen. Das Schiff gelangte daher glücklich vorüber in die Nordsee hinein, aber die Felsen von Dover behielten seitdem von der abgescheuerten Seife und dem entstandenen Schaum die weiße Farbe. In der Ostsee indessen war die Not und die Gefahr für das einst flottlos gewordene Schiff erheblich größer. Hier erging der Befehl des „Uald", den Ballast nebst Schlacken und Asche der Kombüse über Bord zu werfen. Gesagt, gethan! Aus dem Ballasthaufen erwuchs die Insel Bornholm, während aus den Schlacken und der Asche das daneben liegende Christiansöe entstand — und schadlos glitt das Fahrzeug von den Untiefen in den endlosen Ocean.

Während Wodan am nördlichen Himmel um den Polarstern kreiste, versetzten die Friesen seine Gemahlin, die Frigg, in das Sternbild des Orion am südlichen Himmel, wo die drei Sterne, welche den Gürtel dieses Sternbildes ausmachen, Friggs Rocken heißen. Die Göttin des ehelichen Hauses verehrten sie als die besondere Segenbringerin im Hauswesen beim Spinnen und Stricken, sie war auch ihnen wie allen Germanen das Ideal einer wirtschaftlichen Hausfrau. Sie nannten das Schwert des Orion Morirok (Rocken der Frigge) und den Gürtel desselben Peripik. Hansen schreibt: „Wenn die friesischen Weiber einander des Abends Strickvisiten machten, richteten sie sich, um die Zeit des Nachhause= und Zubettegehens zu bestimmen, nach der Stellung, die der Morirok und der Piripik am Himmel einnahmen. Ebenso wichtig waren den friesischen Halfjunkengängern**) Peripik und Morirok zur Zeitbestimmung während der Nacht." An den Dienst der Göttin erinnerte auf Sylt vor etwa zwanzig Jahren noch der Zuruf „Kumst Frigge!" womit man bei Begegnung eine geliebte Freundin begrüßte. Obwohl der Donnergott „Thor" weniger bestimmt in der Mythologie der Friesen auftritt als Wodan, so erscheint das Geräusch des Donners hier als dasjenige eines durch die Lüfte rollenden Wagens — „der Gott fährt seine Feuerung heim", sagt man beim Gewitter; auch wirft er mit Steinen um sich, die manchmal tief in die Erde hineingeschleudert und von den Menschen als versteinerte Seeigel (Echiniten) aufgefunden werden. Man hebt sie als sogenannte Glücksteine auf, da sie nach dem Volksglauben Schutzmittel gegen die zerschmetternde Kraft des Blitzes sind. Den Blitz wußten die Alten nicht zu erklären.

Als der Sender von Sturm und Unwetter gilt auf den friesischen Inseln „Pitje fan Skotlönd'," der namentlich als Veranlasser des verheerenden Nordweststurmes dem Nordfrieslande viel Schaden zufügte. Er erscheint als ein Feind des segenspendenden Thor, da die zerstörenden Begleiterscheinungen des Gewitters sein Werk sind. Die Beteuerung „Bi den Donner", hört man nicht selten. Mehr aber als von dem Gott des Ackerbaues redet die nordfriesische Sage von dem Meergotte, dem Meerriesen Ägir, Ögis, Eigir, Ekke, Gis (Helgoland). Während die Helgoländer ihn als segenbringend beim Fischfange verehrten, indem sie ihm noch lange nach Einführung des Christentums alle Jahre in feierlicher Prozession ein Opfer brachten, tritt er in der Sylter Sage neben seiner Gattin, der Ran, der im Wasser hausenden Todesgöttin auf, denen zu Ehren die Sylter ihre Dörfer an der See Eidum (Eigirsheim) und Rantum (Ransheim) nannten. Als Freier hatte Ecke bei der schönen Rantumer Fischerstochter im „Küssethal" auf Hörnum wenig Glück trotz seiner poetischen Werbung:

*) J. G. Kohl. Die Marschen und Inseln der Herzogtümer Schleswig und Holstein, Band II. Leipzig 1846, Seite 257.
**) Chr. Jensen, Die nordfriesischen Inseln Sylt, Föhr, Amrum und die Halligen vormals und jetzt. Hamburg 1899, Seite 274 ff.

„Jk mei di — mut di haa!
Meist dü mi? — Skedt mi faa.
Wedt dü ek — feist mi dagh.
Med' ön Week — haa wat Lagh.
Man kjenst fii — wat if jit,
Da best frii — best mit quitt!"

Deutsch: Ich mag dich — muß dich haben!
Magst du mich? — Sollst mich kriegen.
Willst du nicht: — kriegst mich doch
Mittewoch — hab'n wir Gelag (Hochzeit).
Doch kannst sagen — wie ich heiß',
Dann bist frei — bist mich los.

Das mit goldenen Ringen und Ketten beschenkte über diese Werbung unglückliche Mädchen belauschte den Alten als er geschäftig seiner nahen Hochzeit gedachte und dabei sang:

„Delling skel if bruu;
Miaren skel if baak;
Aurmiaren wel if Bröllep maak.
Jk jit Ekke Nekkepenn,
Min Brid' es Jnge fan Raantem,
En bit weet nemmen üs if alliining."

Deutsch: „Heute soll ich brauen,
Morgen soll ich backen,
Übermorgen will ich Hochzeit machen.
Ich heiße Ekke Nekkepenn,
Meine Braut ist Jnge von Rantum,
Und das weiß niemand als ich allein!"

Froh kehrte sie zum „Küssethal" zurück — und als er sich ihr nahte, rief sie ihm zu: „Du heißt Ekke Nekkepenn, und ich bleibe Jnge von Rantum!" So holte sich der Meermann ein „blaues Schienbein!"*) Welle und Wind machten nun Hörnum zur Sandwüste, während die salzmahlende Ran Schiffer und Seeleute in ihre Netze hinabzog auf den Meeresgrund. Ein anderer friesischer Gott, „Balder" oder „Bolder", der Boldixum auf Föhr erbaute, freite um „Nanna", das schönste Mädchen in Friesland. Als aber sein Nebenbuhler Hother, der Erbauer des Fleckens Hoyer, merkte, daß sie lieber Balder als ihn leiden mochte, wurde er Balders Feind. Er überfiel ihn in der Nacht auf dem Wege zur Braut, erschlug ihn und nahm Nanna mit Gewalt zur Frau. Als Balders Bruder Buh im Herbste von der See nach Sylt, wo er wohnte, zurückkam und erfuhr, wie sein Bruder ums Leben gekommen war, wurde er sehr zornig und dem Hother böse. Er schnaubte und fluchte, als wenn es donnerte, warf mit Steinen und Eisstücken um sich und fuhr wie ein Sturm nach dem Festlande. Er fiel Hother grob an, kämpfte lange mit ihm, überwand ihn zuletzt und schlug ihn tot, wie er es verdient hatte um Bolder. Der Sohn des Frühlings= und Lichtgottes Baldur und seiner Nanna ist Forseti, der Gott des Rechts. Eine Sage von der Entstehung des Rechts der Friesen deutet an, daß der Gott ihnen selbst das Recht zeigte. Vielleicht hieß Helgoland als Ort dieser Rechtfindung einst „Fositesland".

Als später Karl der Große die 12 friesischen Ratmänner aufforderte, neue Rechte zu machen, trieben sie ratlos auf einem segel= und steuerlosen Schiff dem Meere zu. In der Not wandten sie sich an den dreizehnten Ratmann, der einst als Gott auf Erden gewohnt hatte. Nun saß Jesus am Ufer und steuerte mit einer Art das Fahrzeug gegen Strom und Wind der Heimat zu, wo sie das Recht fanden, das nach des Großen Karls Ausspruch bis ans Ende der Tage gelten sollte.*) Unter den Sagen der Friesen, welche sich auf himmlische Körper beziehen, sind diejenigen über den Auf= und

---

*) Siehe Chr. Jensen, Die nordfriesischen Inseln, Seite 275 ff.
**) C. P. Hansen, Beiträge zu den Sagen, Sittenregeln und Rechten der Nordfriesen. Deezbüll 1880. Seite 68, 69.

Untergang der Sonne und der Sterne und von dem Mann im Monde die merkwürdigsten. Die erste Sage vergleicht den Himmel mit dem Dach eines Hauses und die Erde mit den unteren Teilen des= selben. Sie läßt an jedem Abend die Sonne am westlichen Rande des Himmelsdaches, „bi Wäster Öcken", jenseits des Meeres niedersinken. Die verstorbenen alten Jungfern in jener fernen Welt beschäftigen sich dann damit, aus den alten, abgenutzten Sonnen Sterne zuzuschneiden, welche am östlichen Himmelsrande von verstorbenen alten Junggesellen, die auf Leitern dort hinaufklettern, auf das Himmelsdach hinaufgeblasen werden. Über die Erde hinwegschwebend, fallen die Sterne im Westen in den Schoß der Jungfrauen, die im Verein mit den Junggesellen geschäftig dieselben zur neuen Sonne, die nun im zauberischen Schimmer eines Chors der Jungfrauen am östlichen Horizonte aufsteigt, zusammen= ballen. In den dunklen Flecken des Mondes glaubten die Friesen der Vorzeit einen Riesen zu erkennen, der zur Zeit der Flut stets gebückt stehe, weil er alsdann Wasser schöpfen und es auf die Erde gießen müsse, um damit die Flut zu veranlassen. Zur Zeit der Ebbe richte er sich auf, um von der Arbeit auszuruhen, und so gewinne das Meerwasser Zeit, sich wieder in den Ozean zurückzuziehen.

Die Verehrung der heidnischen Götter geschah sehr oft während der Nacht unter freiem Himmel auf den heiligen Hügeln oder Stätten, die man noch in der Nähe der älteren Dörfer friesischen Ursprungs nachzuweisen vermag. Kehren in den Sylter Hügel= und Feldnamen die Bezeichnungen Weda, Thor und Hel wieder, so giebt es auf den übrigen Inseln Quellen und Stätten, die noch als heilig bezeichnet werden, wenn auch ihr besonderer Name dem Gedächtnis des Volkes entschwand. In einigen Gegenden dauerte die Verehrung der heidnischen Götter noch lange nach Einführung des Christentums im geheimen fort — und verhältnismäßig lange, teilweise bis in unsere Zeit hinein, hat sich der ebenfalls dem Heidentum entstammende Glaube an Erd= und Wassergeister, an Haus= und Schiffskobolde, an Hexen und Vorspuk resp. Gespenster erhalten. (Vergleiche Karte von den Thing= hügeln nebst Umgebung, S. 97.) Als Mittelwesen stellte sie der Volksglaube einst hinein zwischen Götter und Menschen. Heute reden von ihnen die Sagen und besonders ausführlich von den Zwergen. Diese Sagen sollen uns im nächsten Abschnitt beschäftigen.

---

3. Die Zwerge in der Sage der nordfriesischen Inseln.

In unserer dritten Wanderung am Meeresstrand begegneten wir bereits den Zwergen. Lernten wir die Hügel der Heide als ihren Wohnplatz kennen, so die Heide selbst als den Kampfplatz mit den Riesen und die Kliffe als ihre Töpferwerkstatt. Von hier flüchteten sie später als sogenannte Pucken in die Häuser und Scheunen und als helfende Klabautermännchen auf die Schiffe. Jedenfalls ist es interessant, einen Augenblick bei diesen verschwundenen Männlein (denn von Fräulein ist verhältnis= mäßig selten die Rede) zu verweilen, die nach der Sage von größeren Bewohnern, teilweise erst nach harten Kämpfen, verdrängt worden sind. Thatsächlich sind diese Sagen so gedeutet worden, als ob ein finnischer Volksstamm von Germanen verdrängt wäre.

Vorwiegend werden die Zwerge als Unterirdische bezeichnet, denn sie heißen Onnerbalkissen, Onnerbänkissen, Otterbaankin (Föhr und Amrum), Önnereesken (Sylt), Anerbansken (Helgoland), Unnerbiertswogter (Wiedingharde), Onnerersken (Breklum) 2c., Bezeichnungen, die auf die Entstehung und den Aufenthaltsort deuten. Entstanden aus den verleugneten, im Keller verborgenen häßlichen Kindern*), weilten sie zuerst und am liebsten in unterirdischen Wohnungen. Hier, namentlich in den zahlreichen Hügeln der unfruchtbaren Heide, in schluchtenartigen Kliffen und Ufern, in den mit Gestrüpp bewachsenen Thälern zwischen Anhöhen, am Rande der Sümpfe hatten sie Wohnung und Werkstatt, als die Friesen die fruchtbaren Gegenden der Umgebung bevölkerten, erst später kamen sie, nachdem sehr viele im Kampfe umgekommen, auch in die menschliche Wohnung, unter die große Treppe auf

---

*) Dr. K. J. Clement, Lappenkorb, Leipzig 1846, S. 330.

Helgoland und in den Schiffsraum. Namentlich die Sylter Sage weiß von diesem großen Kampf zu erzählen.*) Ehe wir indessen denselben näher erörtern, wollen wir kurz zusammenfassen, was die Sage über Gestalt und Lebensführung des Zwergvolkes aufbehalten hat. Sie hatten einen großen Kopf, kurze krumme Beine, aber trotz ihrer kleinen Gestalt waren sie sehr stark. Vom Puck wird ausdrücklich erzählt, daß er lange Arme, kurze Beine, großen Kopf und kleine, aber kluge Augen gehabt habe. Das Sylter Sprichwort sagt noch heute von dem, der anhaltend etwas scharf anblickt: „Hi glüüret üs en Puck!"**) Die Kleidung ist fast überall eine rote Jacke, eine kleine weiße Zipfelmütze (Schlafmütze), die nicht selten auch von roter Farbe war. Die Helgolander Aenerbansken trugen rote Beinkleider und grüne Mützen. Der Puck machte eine Ausnahme, er hatte eine rote Haube, eine kleine grüne Jacke und rote Hosen an; auf großen weichen Pantoffeln schlarrte er auf Böden und Treppen umher. Die Zwerge lebten von Fischen, Heidelbeeren, Vögeln und Vogeleiern; Brei mit einem Stück Butter darin war ihnen eine beliebte Speise. Ihre Messer, Äxte und Pfeilspitzen waren aus Stein, sie verfertigten aber auch allerlei künstliche Schmiede- und Töpferarbeiten; letztere hießen auf Sylt Önnereeskpottjüg, auf Amrum Traalbasker, Hexenschüsselchen. (Vergl. S. 8). Sie verwandelten sich nicht selten in Kröten und Mäuse, konnten sich aber auch unsichtbar machen und waren kräuterkundig. Sie liebten Tanz und Spiel, liefen auch Schlittschuh. Es giebt Hügel auf den Inseln, um welche sie im Monden- schein lustig tanzten (Seite 38), nachdem sie tags ihre Wäsche an den Abhängen der Hügel getrocknet hatten; war es eine helle Winternacht, so liefen sie auf den gefrorenen Sümpfen Schlittschuh um die Wette, bis der dämmernde Morgen sie in ihre Hügelwohnung trieb. Im Sande der Dünen bemerkte man bisweilen ihre Fußtritte, und Grasringe auf den Wiesen waren Spuren ihrer Ringelreihen. In ihrem Bestreben, die Menschen zu ärgern, preßten sie durch Fußtritte aus den niedrigen Gegenden der dünnen Erdscheibe das überflüssige Quell- und Flußwasser heraus.

Auf ihren Wanderungen über die Heide besuchten sie die Häuser der Menschen, um Wechsel- bälge in die Wiegen zu legen und die Menschenkinder zu stehlen. Besonders gern stellten sie hübschen Frauenzimmern nach, denen sie ihre Heiratsanträge machten. Ihr König Finn, der in einem großen Hügel der Sylter Heide, dem Reisehügel oder dem Denghoog bei Wenningstedt, wohnte, hatte das Glück, eine Braderuperin heimzuführen. Eine prächtigere Hochzeit, als er sie feierte, hatten die Zwerge noch nie erlebt. Sie waren alle gekommen, von der ganzen Morsumheide, vom Ell-Meerysee auf Föhr, vom Fögashuugh auf Amrum und aus den Hügeln der Norddörfer Heide. War das ein Leben, als sie nacheinander, prächtig geschmückt und mit Geschenken aller Art ausgestattet, vor dem Königspaar erschienen! Namentlich der Anblick der herrlichen Königsbraut, die einen Kranz aus Heideblumen auf dem Haupte trug, der mit Edelsteinen verziert war, und ein Kleid anhatte, so durchsichtig wie Libellen- flügel, begeisterte sie zu einem Liede, welches die tanzende Gesellschaft vortrug, und welches heute noch im Kinderreime fortlebt. Finn selbst saß neben der Braut auf seinem Sesselstein im Mantel aus weißen Mausfellen und mit der Krone aus Edelsteinen, die wie ein versteinerter Seeigel geformt war, und spendete Beifall.

Selbst der Meeresgott Ekke, der in seiner ursprünglichen Gestalt als Freier wenig Glück bei der schönen Inge von Rantum gehabt hatte, verschmähte es nicht, sich in einen Unterirdischen zu ver- wandeln und als Wohnung einen Hügel am roten Kliff zu beziehen, hier um ein junges schönes Zwerg- mädchen zu freien, das ihm aber spöttisch und hochmütig zur Antwort gab: „Ene mene mei: Akel Dakel Dummeldei. Ülwer, bülwer, bop. Din uald' Quop, Ekke, fat: Bundis Kat." (Einer — mein —

---

*) Vergleiche: C. P. Hansen, Beiträge zu den Sagen ꝛc., Deezbüll 1880.
Derselbe. Sagen und Erzählungen der Sylter Friesen. 3. Auflage. Von Christian Jensen, Garding 1895.
**) Der Puck zu Bombüll in der Wiedingharde besang sich selbst folgendermaßen:

„Kopf groß,	Geschickte Hand . . .
Weisheit viel,	Saat ins Land,
Aug' so rund,	Beinchen kurz,
Ist nicht blind,	Doch nicht kurz,
Zahn so spitz,	Bell, fluch und schlag,
Der sicher beißt,	Puck ist zu geschwind,
Züngelzung',	Puck, Puck, Puck,
Näscherzung'.	Er ist klug."

Christian Johansen. Die Nordfriesische Sprache. Kiel 1862. S. 270.

(den ich) mag: Akel Dakel Dummeldei. Wölfe, Hunde oben, Du alte Quappe, Effe, bekommst Bundis Katze.)

Voll Zorn kehrte ihm Effe den Rücken zu und rief: „Järe, miäre gude Frinjer; Pik, Pak wegh!" d. h. „Ehre, mehre gute Freunde, Pik, Pak weg!"*)

Selbst König Finns guter Rat, bei dem Effe unterwegs vorsprach, war nutzlos, da Effe durch seine Schwatzhaftigkeit den günstigen Verlauf der Freierfahrt vereitelte. Statt der hübschen Dorte Bundis erhielt er tote Kälber und Hunde und eine stinkende Katze, die man ihm in Spottreimen zur Braut anbot. So verließ er auch das Aasthal (heute noch so genannt) und zog meerwärts. Dabei lockte er König Finn, der ihm eine gewaltige Strafrede hielt, vom Thron, dem Sesselstein, herab. Dann bestieg er den Königssitz, von dem ihn selbst die Neugier nicht heruntertrieb, als ihm Finn mitteilte, daß ein Schiff mit Affen am Bord im Riesenloch gestrandet sei. Lieber trug er den schweren Stein keuchend zum Affenthal, wo er weder Schiff noch Affen gewahrte. Am frühen Morgen noch saß er auf dem Königsstuhl, voller Erwartung der Dinge, die da kommen sollten. Endlich nahte sich ihm ein Trupp Zwerge, über die Dünen kommend, vom Strand herauf. Sie schleppten ein wunderliches großes Ding herbei. Es war in der Mitte so dick wie eine Tonne, hatte einen Kopf wie ein Mensch und einen Schwanz wie ein Fisch; es heulte und weinte und wollte nicht mit. „Oha!" rief Effe, als sie näher kamen. — „Es ist mein altes Meerweib Ran. Kommt nicht näher! Bringet das alte Beest wieder ins Wasser, ich will nichts mehr von ihr wissen." Sie aber hatten ihn wohl nicht verstanden oder nicht gehört — sie kamen immer näher. „Bleibt mir vom Leibe mit ihr!" rief er. „Ich bin nun euer König. Effe sitzt auf dem Sesselstein und dann sollt ihr ihm gehorchen!" Es half nichts, sie kamen immer näher. Da ließ er den Stein liegen, lief westwärts über das Kliff hinunter nach dem Strande, sprang ins Wasser und schwamm südwärts und kam nimmer wieder zu den Zwergen. Sein altes Weib kam bald nach und war ihm immer auf den Fersen. Der Sesselstein aber liegt noch bei dem Affenthale und Riisgap, dem Riesenloch. (Siehe die Karte, Seite 105.)

Aber Effe hatte die Unterirdischen bei den übrigen Insulanern in üblen Ruf gebracht; niemand wollte mehr mit ihnen zu schaffen haben, und so kam es zu dem Kampfe, in welchem die Zwerge endlich unterliegen mußten.

König Finn forderte seine Unterthanen in der nächsten Mondscheinnacht zur Erhebung auf, und „Krieg!" war die Losung, als man sich zum Kampf gerüstet bei den Stapelhügeln östlich von Kampen traf. Doch die kriegerische Stimmung der Zwerge und ihre Geschäftigkeit war den Syltern nicht entgangen; sie hatten das Braderuper Licht, die Kriegsfackel, und alle Büken der umliegenden Dörfer angezündet. Von allen Seiten strömten sie zu Fuß oder zu Wagen zusammen bei den Thinghügeln (Karte Seite 97), und von dem größten derselben her vernahmen sie den Ruf ihres Königs Bröns: „Euer aller Heil!" Vielstimmig erscholl darauf aus der Menge dem Könige das „Euer Heil auch!" entgegen. Nachdem festgestellt worden, daß nur Freunde in der Versammlung seien, wurden die Klagen laut über das kleine Volk. Dem Schmied entwendeten sie Bier aus dem Keller, einem Keitumer stahlen sie die Frau, einem Dritten verwechselten sie die Kinder. Andere waren von ihnen genect oder um die Milch der Kühe, um Käse und Butter 2c. betrogen.

Der Krieg war damit beschlossene Sache und die Wahl der drei Anführer wurde auf des Königs Vorschlag vorgenommen. Der durstige Schmied, der die Biertonne als Trommel benutzte, ging neben Jasper voran, der eine tote Krähe an einer langen Stange hochhielt, die von Allen im Zuge gesehen wurde. Ihnen zunächst kam Tjüül von Archsum mit seinen Scheunenthüren, mit denen er zwanzig Zwerge zugleich töten wollte, dann folgten die Rantumer, welche sich, um schußficher zu sein, mit getrockneten Stachel= und Glattrochen behängt hatten. Der Seekönig Ring war an seinem vergoldeten bootförmigen Hut erkennbar. Er und Barming hatten die Seeleute und Fischer von Eidum, das ganze flinke Katzengeschlecht und die Strandläufer um sich gesammelt und bildeten eine bewegliche Gruppe, die vor dem Königswagen, der vergoldet war, herging. Im Wagen saßen König Bröns und sein Sohn, beide im Ringpanzer und im Helm mit goldenem Adler. Sein Ratgeber

---

*) Der Reim kommt mit unmittelbarem Anschluß der Effeschen Äußerung als Auszählreim beim Spiel der Kinder vor. Vergl. Jensen, die nordfriesischen Inseln 2c. Hamburg 1899. S. 258.

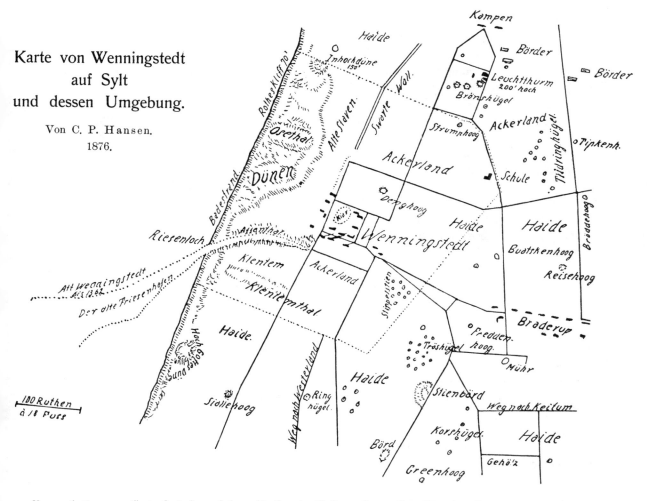

Karte von Wenningstedt
auf Sylt
und dessen Umgebung.

Von C. P. Hansen.
1876.

Bram hatte vergoldete Knöpfe auf dem Rock, wie Austern so groß. Tix, der königliche Schreiber, war an einem goldenen Halsband kenntlich. Sogar des Königs Narr mit dem Weidenzweig um den Hals war mit im Zuge. Dem Wagen folgte der bunte Hund des Königs und die Leibgarde, unter der des Königs Stallknecht, der den Heubaum als Springstock mitgebracht hatte, besonders hervorragte. Der Adler von Tinnum mit den Keitumern, sowie der Boll von Morsum, der einen eisernen Bügel um den Kopf und einen gleichen Flegel in der Hand hatte, mit den Seinen schlossen sich dann an, und Sialle, der in einer Meerschweinhaut steckte, und Kjalbring mit den Walfischkinnbacken, sowie der Narr des Königs bildeten den Schluß des stattlichen Heerzuges, — der auf dem Felde, wo jetzt der Kamper Leuchtturm steht, dem nicht minder zahlreichen Heere der Unterirdischen begegnete.

Doch als es zum Kampfe kam, krochen viele der Zwerge in ihre Hügel und ins Gebüsch, so daß es den großen Leuten schwer wurde, sie zu finden. So lange der Hund sie aufscheuchte, wurden viele Zwerge erschlagen, aber als sie diesen vergiftet hatten, war guter Rat teuer. Sialle mit dem Meerschwein bekam den Auftrag, sie auszustinken. Das gelang, denn die Zwerge hatten feine Nasen. Die Puckleute, eine Abteilung der Zwerge, verzagten zuerst und schlossen Frieden, um später in den Häusern und auf den Schiffen der Riesen eine Stätte zu finden, zunächst wohnten sie im Puckthal. Die übrigen setzten tapfer den Krieg fort, König Bröns und viele der Riesen verloren im Kampfe mit ihnen das Leben. Der Rest zog sich bis zum Riesenloch zurück. Zum Glück kamen ihnen hier die um ihre Männer besorgten Weiber entgegen und hatten vorsorglich einen Grapen heißen Breis zur Stärkung derselben mitgebracht. Nun machten nicht nur die Männer Halt! sondern der heiße Brei flog bald den Zwergen in die Augen, daß sie blind wurden, während viele von ihnen beim Anblick der hübschen Mädchen und Frauen das Fechten vergaßen. Ehe es Abend ward, lagen daher alle Zwerge erschlagen auf der Heide, die meisten im Affenthal und dem Kiar bei Wenningstedt. Nur König Finn lebte noch; als aber die Sonne untergegangen war, stieß er sich sein steinernes Messer tief ins Herz, um Reich und Volk nicht zu überleben. Vier Könige waren an einem Tage tot, außer Bröns und Finn auch Ring und Neske. Die Sieger verzehrten darauf den Rest ihrer Grütze und ihrer Fische und zogen vergnügt mit ihren Frauen heim.

Am folgenden Tage bestatteten sie die Vornehmsten, wo sie gefallen, nachdem die Asche der verbrannten Leichname in Töpfe gethan und die Waffen darauf gelegt waren. So entstanden Hügel, welche die Namen der gefallenen Könige und Zwerge tragen, und Riesenbetten auf der Heide. (Vergleiche Karte Seite 79 und 105.) Wo sie zuerst gekämpft, bauten sie Kampen und Wonstadt oder Wenningstedt, wo sie den Sieg errungen hatten.

Wo seitdem die Zwerge in den Häusern von Amrum, Föhr und Sylt Aufnahme gefunden, gingen die Wiegen von selbst, Sense und Pflugschar, die man abends stumpf hinlegte, waren morgens scharf 2c., aber es durfte auch die Butter im Brei, den man für den Zwerg hinstellte, nicht fehlen. Ein ähnliches, friedliches Verhältnis bestand zwischen der Schiffsmannschaft und dem Klabautermann. Nur einzelne Klagen über die diebischen Zwerge hörte man. Besonders im Hause des Niß Schmidt in Morsum trieben sie es nach wie vor arg; immer war die Biertonne im Keller leer und das Brot war fortgetragen. Endlich fanden alle, durch eine frühere Gespielin verraten, im brennenden Hause ihren Tod. Entfliehen konnten sie nicht, weil man Wagenräder vor jede Thür gestellt hatte, sodaß die Speichen Kreuze bildeten, und gegen das Kreuz konnten sie nicht an, auch den Klang der Glocken liebten sie nicht. Sie wurden also besiegt und vertrieben durch metallene Waffen, durch das Kreuz, das Feuer und den Lichtschein. Im Aberglauben des Volkes aber lebten sie noch lange fort und verwechselten wie früher die ungetauften Kinder. Doch kannte man auch hier die Schutzmittel und steckte eine Stopfnadel in die Windeln (Hallig Galmsbüll), stellte ein Messer mit der Spitze nach oben an der Wiegenkante auf, legte eine Schere kreuzweis vor, eine Bibel in die Wiege und stellte ein brennendes Licht neben diese. Auf Helgoland bestrich man dem Kinde zum Schutze gegen Zwerge die Füße mit Butter.

Die Sage läßt sie heute vor uns aufsteigen, wenn wir im Anschauen ihrer Wohnungen, Werkstätten, Kampfplätze und Gräber die nordfriesischen Insellande durchwandern, und mit ihnen erscheint das Riesenvolk der Altvordern in unbändiger Naturwüchsigkeit und Kraft und vervollständigt und belebt das Bild der vom Wattenmeer umrauschten Landschaft.

Zur Charakteristik der Nordfriesen.

1. Allgemeines.

Dem Volksstamme der Friesen wurde von jeher ein lebhaftes Interesse entgegengebracht, wie das die verhältnismäßig weitschichtige Litteratur über denselben beweist. Soweit geschichtliche Kunde zurückreicht, finden wir die Friesen am Rande der ruhelosen Nordsee, wo sie Tacitus und Dio Cassius zuerst erwähnen. Wie und von woher sie an diese Stelle gekommen sind, ist eine noch ungelöste Frage. Was die Chronisten über eine Herkunft aus Indien erzählen, ist Sage. Als Pytheas seine Reise ins Bernsteinland unternahm, fand er bereits Teutonen an einem Teile der deutschen Nordseeküste, von denen Professor Virchow*) kaum glaubt, daß sie von den nachmaligen Friesen verschieden sind. Nach Tacitus bildeten diese wohl einen Teil des ingävonischen Stammes, der in Kimbern, Teutonen und Chauken zerfiel. Die Ingävonen sind es, welche wenigstens in Westdeutschland noch jetzt als die Hauptträger der klassischen Merkmale der Germanen erscheinen. Dies Ergebnis der lehrreichen Untersuchung Virchow's, der in dem „eigentlichen Kern der friesischen Stämme noch jetzt die historischen Hauptmerkmale des germanischen Aussehens bewahrt fand", wird von dem Westfriesen Johan Winkler in Haarlem bestätigt. Derselbe sagt, nachdem er hervorgehoben, daß sich die Friesen seit dem Bestehen ihres Stammes unter den Germanen besonders ausgezeichnet haben, „die Friesen waren und sind echte typische Germanen. Ja, manche allgemein germanische Volkseigenheit, sowohl an Leib als an Leben, war vorzugsweise den Friesen in stark ausgeprägter Form eigen. Unter den Friesen fand das germanische Urbild seinen vollkommensten, seinen edelsten Ausdruck."**) Nirgends tritt diese Eigenart stärker hervor als bei den niederländischen Friesen, sie findet sich aber sowohl bei den Ost- als bei den Westfriesen, obwohl die politische Verteilung aller Friesen wie auch die natürlichen Verhältnisse des von ihnen bewohnten Landes dem Zusammenhange der ethnographischen Einheit schädlich gewesen sind. Und doch kann man wie Winkler mit vollem Recht behaupten, daß sich „dennoch viel ureignes auf ethnographischem Gebiete bei den Friesen bis zum heutigen Tage erhalten hat. Mehr, viel mehr als bei einem andern germanischen Volke. So viel, daß man in der That noch im ethnographischen Sinne von einem einigen Volke der Friesen sprechen kann und muß, von einem einigen Volke friesischer Brüder, obgleich sie im politischen Sinne als Deutsche und Niederländer, ja bis vor einigen Jahren noch als Dänen und Engländer von einander geschieden waren."***) Ich habe an anderer Stelle †) den Versuch gemacht, den Sitten und

---

*) Beiträge zur physischen Anthropologie der Deutschen, mit besonderer Berücksichtigung der Friesen. (Abhandlungen der Königl. Akademie der Wissenschaften, Berlin 1877.)

**) Globus, Band 60, Nr. 2 bis 6. Braunschweig, Vieweg & Sohn.

***) Daselbst. Sonderabdruck, Seite 4.

†) Die nordfriesischen Inseln Sylt, Föhr, Amrum und die Halligen vormals und jetzt. Mit besonderer Berücksichtigung der Sitten und Gebräuche bearbeitet. Hamburg 1899. Verlagsanstalt und Druckerei A.=G. (vorm. J. F. Richter.)

Gebräuchen der nordfriesischen Insulaner ein Denkmal zu setzen. Bei dem Umfange des dort vorliegenden Stoffes war es mir indessen nicht möglich, die verschiedenen Seiten der Volkskunde in
gleichem Maße ausführlich zu behandeln, und ich mußte mich beispielsweise im Schlußkapitel darauf
beschränken, die Verbreitung der Friesensprache, die ein Wesentliches vom geistigen Teile des Volks-
lebens ist, darzulegen. Die physische Erscheinung des Volkes konnte ich hier nur mit der Bemerkung
streifen: „Die Friesen sind durchgehends hoch gewachsen, haben blaue Augen und blondes, nicht selten
dunkelblondes Haar. Feine Formen des Gesichts sind hauptsächlich dem weiblichen Geschlechte eigen;
mehr ernste Züge und ein scharfer Blick charakterisieren im allgemeinen den Gesichtsausdruck des
männlichen Geschlechts."

Und doch liegen über diese Seite der Volkserscheinung sowohl als über manche andere
erwähnenswerte Dinge des Volkscharakters zahlreiche Aufzeichnungen von Chronisten und Schriftstellern
älterer und neuerer Zeit vor, daß es sich der Mühe verlohnt, sie im nachfolgenden als Beitrag zu
einer Charakteristik der Nordfriesen, die in Insel- und Festlandsfriesen zerfallen, mit einigen eigenen
Beobachtungen zu verknüpfen.

Als charakteristische Merkmale der physischen Erscheinung typischer Germanen nennt die
historische Überlieferung im Anschluß an Tacitus: große Statur, blondes, resp. rötliches Haar, blaue
Augen und helle Haut mit rosiger Färbung des Gesichts. Diese finden wir auch bei den Nordfriesen.
Danckwerth schreibt über die Marschbewohner Schleswigs: „in den feisten Marschländern seynd die
Leute gemeinlich groß von Leibe, langk, starck und dick, hingegen auf der Geest kleinlich oder subtiel!"*)
„Die Böckingharder", sagt er, „seynd friesischen Herkommens — starck von Leibe, hoch von Geist,
steiff von Sinnen."**) Dr. K. J. Clement von Amrum ergänzt diese Angaben, indem er hervor-
hebt***: „Es giebt unter diesen Marschfriesen (Festlandsfriesen) außerordentlich viele, teils wohl-
gestaltete, teils schöne Menschen beiderlei Geschlechts, besonders schön ist das weibliche zwischen dem
Ockholmer- und Christian Albrecht-Koog", also in der Böckingharde. „Die Inselfriesen sind häufig
von höherem Wuchs als jene." „Die größten und schlanksten Seeleute sind die Nordfriesen; auf der
Insel Amrum allein, die nur 700 Bewohner hat, sind mehr als 50 Männer von 6 Fuß Länge und
darüber."†) Vorzugsweise von den Inselfriesen sind die Mehrzahl mager. Vielleicht ist die zehrende
Seeluft davon Miturfache. „Bei allen Friesen††) — das fremde Gemisch ausgenommen — sind die
himmelblauen Augen, das blonde Haar, die Wohlgestalt und vor allem die schiere Farbe charakteristisch.
Sie haben im Durchschnitt einen scharfen Blick und ernste Züge. Im Ganzen genommen ist etwas
Edles und Reines im friesischen Angesicht. Häßliche Nasen giebt es bei den Friesen fast garnicht.
Auf den Halligen und auf Amrum und Föhr ist das weibliche Geschlecht durchgängig schöner als auf
den andern Inseln. Sehr schöne Menschen giebt es auch in Westfriesland und Gröeningerland."
„Der physische Menschenschlag auf den Inseln ist im allgemeinen von markirten, hübschen und regel-
mäßigen Zügen, früher muß er viel hübscher gewesen sein, als die Züge des Angesichts und Charakters
so mancher noch unverändert, unverdorben und unvermischt waren durch Untugend und durch Fremde."†††)
„Die große Mehrzahl der jungen Mannschaft ist wohl gewachsen, rasch, lebhaft und scharfsinnig; das
Frauenzimmer zart von Haut und fein von Gesichtszügen; charakteristisch ist das äußerst lebhafte,
sprechende und schöne Auge; doch verliert sich oftmals frühe die jugendliche Frische der Gesichtsfarbe."*†)
„Die Außeninseln liegen hoch und frei in der See, das Trinkwasser hier ist nächst Bergwasser das
beste, was es giebt, der aufwachsende Mensch wird an Enthaltsamkeit gewöhnt und zugleich an Arbeit,
seine Speise ist gesund und einfach, sein Brot gutgebackenes Roggenbrot, das Klima macht seine Brust

---

*) Newe Landesbeschreibung rc. Anno 1652. Seite 22.
**) Desgleichen Seite 88.
***) Lebens- und Leidensgeschichte der Friesen. Kiel 1845. Seite 136.
 †) Derselbe. Einleitung zur Geschichte Dänemarks 1839. Seite 136.
 ††) Ein englischer Arzt und Naturforscher zeichnet die Angeln in Yorkshire so: „Angeln: ovales Gesicht,
rundliche Stirn, weiche Züge, dünner Nacken, volle Brust, hohler Rücken, die untern Glieder groß und von der senkrechten
Körperlinie rückwärts abstehend, volle Lenden, gesunkene Schultern, starkes blondes, flachs- oder braunes Haar, blaue
Augen, lymphatisch-sanguinisches Temperament, behutsam, mißtrauisch und klug, aber im allgemeinen redlich und bieder".
 †††) Clement, Lebens- und Leidensgeschichte der Friesen. Kiel 1845, Seite 136, 140 und 141.
 *†) J. v. Warnstedt, die Insel Föhr. Schleswig 1824. Seite 73.

hoch und weit, die Kinder werden von gesunden Eltern geboren."*) Ich setze die Zeichnung der Angeln als Anmerkung zu diesen Sätzen Clements hinzu, weil er dort bemerkt, daß der „hohle Rücken" das Merkzeichen der Friesen sei.**)

„Auch wegen der scharfen Luft haben die friesischen Insulaner so starke, scharfe und weit= bringende Augen, welche daran gewöhnt sind durch Wind und Sonne, Allem ausgesetzt zu sein, nicht geschont durch Schatten und Windstille — fast keine Bäume sind da — und es weht fast immer. Die Augen haben hier keinen Ruhepunkt, sind überall von Licht und Luft umgeben, der ganze offene Raum fällt zugleich hinein, des Insulaners Auge wird daher von Jugend auf daran gewöhnt, stark und kräftig, und der Festländer fühlt, daß er ein solches Auge nicht hat. Es sind viele Taube auf unsern Inseln; mehrere auf Amrum sagten mir, sie hörten bei stillem Wetter wenig, bei stürmischem viel mehr. Die Insulaner hier sprechen sehr laut, dies harmoniert mit ihrer Körperkraft."***) Der Reisende J. G. Kohl bezeugt: „Endlich haben die Friesen wie die Engländer, ihre Nachkommen, den vorzüglichsten Wuchs, die reinste Hautfarbe, den fleckenlosesten Teint, den hellsten Verstand, das zarteste Herz. Die große friesisch=englische Schönheit spricht sich im Körperbau und besonders in der Form des Angesichts der friesisch=englischen Weiber aus. Sie besitzen das edelste Weibesantlitz auf der Welt."†) „Die eigentümlichen Züge, welche überall den Friesen kenntlich machen, sind auch dem Sylter††) ein= geprägt. Die breite Gesichtsform, die grünlich blauen Augen, die dunkeln, langgebogenen Brauen hat er mit dem ganzen Friesenstamm, die viereckige Schädelform mit den nördlichen Deutschen und die starken Backenknochen mit allen Bewohnern der Nordseeländer gemein. Von dem Dänen unterscheidet er sich hinsichtlich des Körpers durch dunkleres Haar, breitere Kinnbacken, kürzeres Gesicht und schlankeren Wuchs." Die Sylterinnen sind schlank gewachsen, haben das sanfte blaue Auge und blondes, zumeist dunkelblondes Haar. Gelegentlich einer großen Strandauktion auf Amrum fand ein Reisender Gelegenheit, folgende Bemerkungen zu machen: „Von allen erwähnten Insulanern unterschied man sehr leicht nicht bloß die Dänen und Nordschleswiger, welche teils als Bauernknechte auf Föhr dienten, teils sich dort als Landwirte und Tagelöhner niedergelassen hatten, sondern auch die friesischen Marsch= bauern des Festlandes. Erstere waren mehrenteils kürzer von Statur, armseliger bekleidet, hatten hellere Haare und weniger bestimmte Gesichtszüge als die eingeborenen Föhringer. Die friesischen Bauern des Festlandes zeichneten sich gegenteils durch ihr feistes Aussehen und ihren hohen Wuchs vor allen Anwesenden aus. Es fehlte aber den friesischen und andern anwesenden Landleuten das rasche Wesen der Amrumer, das gemütliche der Föhrer, der offene freie Blick der Sylter und das sorgenvolle Aussehen der Halligbewohner, um sie gleich den Inselfriesen mir interessant zu machen."

Obwohl Professor Virchow bei seiner Untersuchung†††) keine Schädel aus älteren Grabstätten Nordfrieslands vorlagen, als derselbe an der Hand solcher Vorlagen aus Ost= und Westfriesland fest= stellte, „daß der am meisten hervortretende Charakterzug dieser Schädel ihre Niedrigkeit sei, weshalb er sie chamaecephal" nannte, so hat dieser hervorragendste Forscher der Jetztzeit dennoch in dem genannten Werk auf Grund einer Schulerhebung den folgenden wertvollen Beitrag zur physischen Erscheinung der Nordfriesen geliefert.

Virchow stellte die nordfriesischen Inseln, die sog. Uthlande (Föhr, Sylt, Pellworm, Nordstrand, Amrum, Röm), sowie die Kreise Tondern und Husum, welche die eigentlich friesischen Festlandsbezirke nebst den Uthlanden (die also in der Zusammenstellung zweimal, einmal für sich, dann als Kreisteile vorkommen) rücksichtlich die Häufigkeit der hellfarbigen Bevölkerung mit den Nachbarkreisen und der ganzen Provinz Schleswig=Holstein folgendermaßen zusammen:*)

---

*) Clement, Lebens= und Leidensgeschichte der Friesen. Kiel 1845. Seite 136, 140 und 141.
**) Clement, Schleswig, Altona 1862. Seite 41.
***) Lebens= und Leidensgeschichte der Friesen. Kiel 1845. Seite 142.
†) Die Marschen und Inseln der Herzogtümer Schleswig und Holstein. Dresden und Leipzig 1846. Band II, Seite 2.
††) C. P. Hansen. Handschriftlich.
†††) Beiträge zur physischen Anthropologie der Deutschen mit besonderer Berücksichtigung der Friesen. Berlin 1877, Seite 36.
*) Beiträge zur physischen Anthropologie der Deutschen, mit besonderer Berücksichtigung der Friesen. (Abhand= lungen der Königl. Akademie der Wissenschaften zu Berlin. Aus dem Jahre 1876. Berlin 1877. Seite 32 ff.

	Uthlande	Habers= leben	Tondern	Husum	Eiderstedt	Schleswig= Holstein
1. Blonde Haare, blaue Augen, weiße Haut,	52,81	52,22	50,83	46,64	39,43	43,35
2. Braune Haare, braune Augen, weiße Haut,	3,29	4,64	4,02	4,27	5,25	5,45
3. Braune Haare, braune Augen, braune Haut,	0,93	1,03	0,69	0,63	0,77	1,21
4. Schwarze Haare, braune Augen, braune Haut,	0,55	0,15	0,30	0,26	0,26	0,24
5. Summe von 2—4. (Brünette Rasse.)	4,77	5,82	5,01	5,16	6,28	6,90

Vergleicht man dies Ergebnis mit demjenigen für Ostfriesland: 1. 44,04; 2. 5,29; 3. 0,79; 4. 0,22; 5. 6,30 und mit Preußen: 1. 35,47; 2. 8,40; 3. 2,47; 4. 0,76 und 5. 11,63, so ergiebt sich, daß die ganze Provinz Schleswig=Holstein ein ähnliches Bild wie Ostfriesland gewährt. Die Hellfarbigkeit der nordfriesischen Inselbevölkerung zeigt sich besonders bei Zusammenstellung der Einzelergebnisse in Bezug auf Haar= und Augenfarbe:

$$\text{Augen} \begin{cases} \text{blaue} \quad 60,66 \,\%; \\ \text{braune} \; 11,14 \,\%; \end{cases} \qquad \text{Haare} \begin{cases} \text{blonde} \quad 82,40 \,\%; \\ \text{braune} \quad 15,53 \,\%; \\ \text{brandrote} \;\; 0,55 \,\%. \end{cases}$$

Auch die Bewohner der seit 10. August 1890 Deutschland zurückgegebenen Felseninsel Helgoland sind Friesen. „Männer und Frauen Helgolands können im allgemeinen für schön gelten, besonders umgiebt die jungen Mädchen ein Zauber von Anmut und Lieblichkeit, der in solcher Allgemeinheit nur selten gefunden wird. Schlank, von zartem Gliederbau, durchsichtig weißem Teint, haben sie durchgängig eine vornehme Haltung, die sehr für sie einnimmt."*) Friedrich Ötker**) meint, daß ihnen trotz mancher Einflüsse und Botmäßigkeiten von außen außer der eigenen Mundart auch mancher eigentümliche Charakterzug in Fehlern und Vorzügen des alten Friesenvolkes verblieben sei. Weniger hat nach ihm „die äußere Leibeserscheinung Bestand gehabt" . . . . „Germanisches Blond, himmelblaue Augen der Friesen sieht man nicht viel; dunkles Haar und dunkle Augen sind vorherrschend." . . . . „Die Männer sind meist kräftig und hoch gewachsen; unter den Alten giebt es einige Gestalten, die mit ihren gebräunten, sturmdurchwetterten Zügen (und adlerscharfen Augen, Willkomm) die Aufmerksamkeit erregen." Die Weiber sind schlank, oft zierlich gebaut, von leichter Haltung und zarter Farbe, namentlich die Jugend. Man sieht viele hübsche Kinder; aber sie verblühen schnell, manche, noch ehe sie sich zu voller Lebenskraft entwickelt haben." Willkomm vergleicht die während des Schlummers der Elemente unthätigen Helgoländer zur Zeit der Not, beim Brüllen der stürmenden See mit Feldherrn, deren Heldenthaten in marmorne Gedenktafeln eingegraben zu werden verdienen, und mit einem Geschlecht von Königen, dagegen nennt Ötker ihr „Auftreten ernst, zurückhaltend, gemessen, fast schleppend." „Die Frauen sind nett und ungezwungen," sagt er, „die Mädchen freundlich und schalkhaft, die Kinder munter, die Jungen bis zur Ungezwungenheit lebhaft."

Aber die alten Römer und ihre hervorragendsten Schriftsteller betrachteten die Germanen und speziell die Friesen nicht nur wegen ihrer Körperbeschaffenheit und äußern Erscheinung mit Furcht und Bewunderung, sondern mehr noch wegen der Gesinnung, der Tugenden und guten Sitten, die ihnen hier entgegentraten. Wie den Germanen in ihren Wäldern die Freiheit als das höchste Gut galt, so auch den Friesen in ihren feuchten Marschniederungen und auf ihren umrauschten Inseln. Hier war es, wie einer der besten ihrer Geschichtschreiber***) hervorhebt, „wo Volksgemeinden sich bildeten und

---

*) Ernst Willkomm, Wanderungen an der Nord= und Ostsee. Leipzig 1850. S. 28.
**) Helgoland, Berlin 1855, Seite 122/123.
***) Dr. A. L. J. Michelsen, Nordfriesland im Mittelalter. Schleswig 1828. S. 33/35

im Mittelalter sich erhielten, die durch ihre einzelfreien Verfassungen, durch ihren hohen Mut, ihren kecken Trotz, ihr hartnäckiges Bestehen auf ihr Recht, ihren glühenden Freiheitsstolz vor allen Deutschen hervorragten." „Die Seefahrt," heißt es dann weiter, „macht den Körper gewandt und stark, den Sinn fest und gesetzt. Der Schiffer, ungebundener Herr in seinem schwimmenden Reiche, hat wider Stürme und Ungewitter gekämpft, hat Lebensgefahren oft ruhig ins Auge blicken müssen, und dies vormals, als die Seefahrtskunde mit allem Fahrzeuge und Schiffsgeräte noch weniger ausgebildet war, weit mehr als heutzutage; ihn verläßt die Fassung, die Entschlossenheit nicht leicht. Er sah verschieden-artige Menschen und Länder, war in mannigfaltigen Lagen und Geschäften: sein Gesichtskreis wird frei und weit, er ist sich seiner Kraft und Tüchtigkeit aus Erfahrung bewußt. Ein Volk, welches Marsch (Mersch d. i. Meeresland) zu gewinnen und zu bauen hat, kann sich nie vernachlässigen, denn schrecklich straft die hereinbrechende Flut das Versäumnis; ihm warf kein zufälliges Glück sein bleibendes Besitztum in die Hand." „Die Erbauung der Werften und Deiche erforderte reifliches Überlegen; stete Wachsamkeit und Anstrengung der Einzelnen wie der Gemeinden ist notwendig, um sicher zu wohnen. Feste Ordnung kann hier nur Schutz gewähren; strenges Recht kommt in die Vereinigung und den Sinn der Menschen. Nicht minder wuchs die Liebe zu dem teuer erkauften heimatlichen Boden. Der Anblick des ewig aufbrausenden und ewig doch zum lichten Spiegel sich beruhigenden Meeres gab tiefe Sicherheit und gründliche Klarheit dem Geiste. Reiche Kenntnis der Mathematik, — die ausgezeichnetsten mathematischen Köpfe und Genies in der höhern Mechanik sind unter den nord-, ost- und westfriesischen Landleuten von jeher eine gewöhnliche Erscheinung — die Vorbereitung in der Seefahrtskunde, der Deichbau, die häufigst erforderlichen Vermessungen führen dazu." —

Den Friesen galt damals die Bezeichnung: „Freier Friese" als der höchste Ruhm, ihr gegen-seitiger Gruß war: „Eala, fria Fresa!" d. i. Hola, freier Friese! und ihr Wahlspruch: Liewer düd as Slaaw!"*) lebt noch heute in der Erinnerung aller Friesen.

Freunde und Bekannte tranken noch bis zum Ende des 17. Jahrhunderts einander zu mit dem bekannten: Rüm Hart! (Raum Herz!), während Unbekannten gegenüber und in der Fremde der Trinkspruch: Klaar Kimming! (Habe klaren Gesichtskreis!) üblich war. Noch um 1840 heißt es in Professor Hanssens Statistik der Herzogtümer, daß die Friesen unter den Volksstämmen dieser Länder am meisten ihre Nationalität bewahrten. „Sie haben sich," wie es dort heißt, „in der Landesgeschichte stets als ein unternehmendes, tapferes und freiheitliebendes Volk gezeigt und zeichnen sich jetzt noch durch Nationalstolz, durch ein offenes entschlossenes Wesen, und wo der Charakter nicht durch zerrüttete Vermögensverhältnisse gelitten hat, durch eine edle und hochherzige Gesinnung aus. Sie sind mit leichter Fassungskraft begabt, namentlich gute Rechner, klare Urteiler und sehr geeignet für die Hand-habung öffentlicher Geschäfte." Freilich artete damals auch bei den Ungebildeteren der Festlandsfriesen, die Hanssen Küstenfriesen nennt, der Freiheitssinn oft in Rohheit und der Stolz in Übermut und Prahlerei, das Nationalgefühl in Verachtung und Geringschätzung anderer und alles Fremden aus. Bei den Eiderstedtern machte sich ein starkes Selbstgefühl und eine gewisse mißtrauische Kälte gegen Fremde bemerklich. Die Inselfriesen auf Sylt, Föhr, Amrum und den Halligen stehen ihm „auf einer in ganzen Distrikten gewiß ungewöhnlichen sittlichen Haltung. Sie sind äußerst ehrliebend und anständig, streng rechtlich, bescheiden, milde gegen Untergebene, höflich gegen Fremde, mäßig in Genüssen, sparsam in ihrer ganzen Lebensart und doch sehr gastfrei, mitleidig gegen Arme und Bedrängte. Religiosität und kirchlicher Sinn ist hier noch sehr verbreitet. Die Männer sind ausgezeichnete Seefahrer und meistens wohlunterrichtet, die Frauen thätig und ordnungsliebend, die Geschäfte des Ackerbaues in Abwesenheit der Männer besorgend. Sie zeichnen sich durch einen hohen Grad von Hausfleiß aus."

„Häuslichkeit, Ordnungsliebe, Reinlichkeit, Fleiß und Sitte sind den Föhrern eigen. Die Bewohner sind neugierig, aber dabei höflich und anständig in ihrem Benehmen, sodaß man vielleicht richtiger sagte, sie sind wißbegierig. Der Friese fragt nie: ist dieser oder jener vornehm oder reich, sondern: wozu taugt, was kann er, was hat er geleistet?**) Bedingungsweise spricht von Warnstedt den

---

*) „Lieber tobt als Sklav"! im Wortlaut des Festlands und der Halligen; auf Sylt sagt man: „Lewwer buad' üs Slaaw"! auf Föhr und Amrum: „Lewer buad üs Slaw."
**) F. v. Warnstedt. Die Insel Föhr und das Wilhelminen-See-Bad 1824. Schleswig, S. 74.

Föhrern den Charakter der Friedfertigkeit nicht ab. „Der Föhringer ist sparsam, mäßig in sinnlichen Genüssen und nüchtern; er unterscheidet sich dadurch vorteilhaft von den, seit der Abnahme der See= fahrt und Zunahme des Ackerbaues eingewanderten sogenannten Dänen oder Eingesessenen aus den benachbarten Ämtern des Festlandes, Tondern, Hadersleben, Ripen, welche im ganzen dem Genuß des Branntweins sehr ergeben sind. Man sieht nicht leicht einen Föhringer berauscht, er ist mehr geneigt, seinen Durst mit Thee zu stillen, als seinen Mut durch Branntwein zu erhöhen."

Der Inselfriese Dr. Clement bestätigt nicht nur diese Charakteristiken, welche Prof. Hanssen und von Warnstedt entwarfen; er ergänzt sie noch in einigen Punkten, die ich hier gleich aus seinen Schriften,*) wo sie zerstreut auftreten, zusammentrage: Auf Föhr war „ungeachtet alles bisherigen Drucks", noch viel friesische Kraft und Einsicht vorhanden, die einfachsten Friesen waren damals die Westerländer. Der Volkskern der Amrumer erschien ihm noch gut, der Verstand ungewöhnlich scharf, aber das verarmte Volk mißleitet. Die Sylter sind ein hochherziges, festes, gescheutes, gastfreies Völkchen, doch dürfen sie nicht mehr fremde Kultur annehmen als sie schon gethan. Der Helgoländer Lotse und Fischer ist noch ein fester, redlicher und kräftiger Friese; er schämt sich nicht, sein Fisch selbst zu verkaufen, und macht wenig Worte dabei. Er nimmt das Geld an und besiehts schweigend, ists nicht genug, so giebt er's schweigend wieder zurück, ists genug, so steckt er's schweigend in die Tasche. Die abgeschieden von der Welt lebenden Halligfriesen bewahren sich zum Segen viel von ihrer Väter Zucht und Sitte und Unschuld, manche Häuser, welche so friedlich auf ihren Werften liegen, sind ebenso wohlhabend. Bei aller Mühe und Sklaverei des friesischen Frauenzimmers auf den Inseln während der Mann zur See ist, — denn kein Frauenzimmer in der Welt arbeitet soviel als das friesische — ist doch das Haus, auch das ärmste, reinlich und sauber. In der friesischen Festlandsmarsch arbeiten die Frauenzimmer lange nicht so hart und anhaltend als auf unsern Außeninseln, denn wenige von der Festlandsmarsch fahren zur See — die friesische Reinlichkeit, Sprache und Sitte trifft man allenthalben an. So ernsten Sinnes als unsere Insulaner sind die Marschleute nicht, auch nicht so sparsam. Die Marsch an der See erzeugt vorzugsweise Dankbarkeit gegen den Schöpfer und Liebe zur Heimat. Auch die See erzeugt eine Art Gottesfurcht. „Gott allein die Ehre!" sagten und thaten unsere Voreltern. Die Treue ist das höchste im Menschen; daran haben sich die alten Friesen gehalten und haben diese Gesinnung an den Küsten der Nordsee herrschend gemacht, aber die Tyrannei vom Lande her hat die friesische Treue getrübt, auch auf den Inseln. Das Unerschütterliche und das Eifrige, das ist die Flamme Gottes, war weiland überall die Friesennatur. Mißtrauen war einst nicht friesisch, der Charakter ist angenommen als Rechtlosigkeit eintrat. Mit dem 19. Jahrhundert trat die Armut, dieser gefährlichste Volksfeind, in die Thür des Friesenlandes ein, die alten festen Grundsätze des Volkes wurden schlaffer, die Seefahrt schlechter. In dem Maß als das Recht gebeugt ward, nahm der Sinn für Recht ab und der Argwohn gegen die Ungerechten zu. Der Mensch ward zum Schweigen gewöhnt auch bei schreiendem Unrecht. Den Friesen, vor allen den Insulanern ist viel zu tragen auferlegt, darum tragen sie auch das Schwerste leichter als die Festländer. Sie tragen das Schwere leicht, weil sie so oft das Schwerste tragen müssen, ferner an Kummer und Elend gewohnt sind und weil der Einzelne so viele Leidensgefährten hat, denn ihr vielfaches Elend ist ein nationales. Ein gewisser leichter Sinn bei vielen, nicht bei allen, welcher aber nicht Leichtsinn ist, gründet sich auf Gewohnheit in Ertragung des Schweren. Ihre wenigen Nahrungswege bei den Inseln selbst verfolgen sie, besonders die Amringer und Helgoländer, mit außerordentlicher Emsigkeit, Ausdauer, Waghalsigkeit und mit Scharfblick. Dieselbe Kraft beweisen sie nicht, wenn ihre Rechte gekränkt werden. Sie sind kühner in wirklicher Gefahr als in scheinbarer; sie streiten wie Helden mit See und Sturm, den mächtigsten Elementen, und scheinen sich doch vor ohnmächtigen Einzelmenschen zu fürchten wie Kinder vor ihrem Schulmeister.

Die friesischen Insulaner haben einen scharfen Blick, welcher wohl harmoniert mit ihrer bekannten Geistesschärfe. Die Leichtigkeit ihrer Fassungskraft und die Klarheit und Kraft ihres Geistes hat zum Teil in der Volksart selbst ihren Grund, wird aber auch sehr begünstigt von dem reinen

---

*) Lebens= und Leidensgeschichte der Friesen. Kiel 1845. Seite 132 bis 145. Das Urheim der Angeln und Friesen. Altona 1862.

Seeklima und der einfachen Erziehung und Lebensweise. Die Frauen auf unsern Inseln alle sind besonders gute Mütter, die Güte selbst gegen ihre Kinder, höchst treu und liebevoll, alle Schmerzen an der Brust ausstehend aus reiner Mutterliebe. In der übrigen Welt geht es selten gut, wenn verheiratete Kinder bei den Eltern bleiben, bei unsern Insulanern ist das nicht so, sie leben außerordentlich friedlich mit den Eltern. Auch sind bei ihnen sehr wenig unglückliche Ehen, weil die ernsten Erfahrungen des Lebens hier fester binden. Unsere Insulaner können bei aller Abgeschiedenheit von der Welt und ihrem scheinbaren Mangel an Erfahrung recht wohl die Menschen durchschauen, was mit ihrer Natürlichkeit und ungekünsteltem Wesen zusammenhängt, indem der natürlich reine Mensch immer das klarste Urteil und den klarsten Blick über andere hat.

Aus den meisten gesellschaftlichen Zusammenkünften der friesischen Insulaner ist der alte heitre, offne, freie Ton in Wort und Benehmen verschwunden, das gemütliche Leben und Zusammensein ist weg, am meisten auf Amrum. Als ich aufwuchs (Clement wurde am 4. Dezember 1803 auf Amrum geboren), war noch viel davon nach. Die Menschen sind nicht so gut und ehrlich mehr, sie sind häßlicher geworden, herzloser. Das ländliche Glück ist weg, die alte herrliche Sitte weg, die Blüte der Sprache weg. — Ihr seid nicht heiter mehr, nicht recht friesisch mehr. Denn wie die See von Westen an Deinen Küsten zehret, Land der Friesen, so nagt die Welt von Osten Deine Wahrheit, Deine Liebe, Deine Einmütigkeit, wovon wenig übrig ist, Deinen Mut, das ist die Frucht eines reinen Gewissens, Dein Rechtsgefühl und Deine Thatreligion weg, welche sich zu Lippentrug und Kopfnicken erniedrigt." Obwohl Clement beklagt, „daß auch die Jungen sich verführen ließen und ihre heiligsten Dinge" verachten lernten und mit diesen Dingen und den Gebräuchen der guten Alten auch die alte Wahrheit verloren," so bezeugt er für seine Zeit ausdrücklich: „Sehr fleißig, sehr sparsam, sehr reinlich sind die Friesen noch immerfort." Das gesäte Unkraut hatte nach seiner Meinung ebenfalls aus der früher vorhandenen Freundschaft die Liebe weggenommen, und die Verwandtschaft unter den Inselbewohnern wurde nicht mehr so hoch als früher geachtet. Mit Recht bemerkt Weigelt*) zu diesem Ausspruch Clements, daß dieses abstrakte Urteil nicht durch einzelne Thatsachen bestätigt sei, und weist an der Hand der Geschichte nach, daß auch in früherer Zeit hier wie überall Licht und Schatten vereint auftraten. Ungünstige Naturverhältnisse ließen allmählich das einst lebendige Bewußtsein nationaler Zusammengehörigkeit matt und matter werden, die heimischen Seefahrer nahmen auf fremden Schiffen fremde Namen an, galten nicht als „Nordfriesen", sondern als Sylter, Föhrer, Amrumer und Halliger, die von den Bewohnern der genannten Inseln mit den Festlandsfriesen gemeinsam als „Friesen" bezeichnet wurden und werden. Dieser beklagenswerten Zersplitterung gegenüber erfüllt es mit Bewunderung, „daß eine nationale Individualität sich so lange Zeit erhalten konnte." „Die ehrenhafte Zuverlässigkeit und Treue, die uns in dem Verhältnis der Friesen zu ihren altnationalen Sitten, Rechten und Göttern, wie in dem persönlichen Verhältnis der Geschlechter vorteilhaft entgegengetreten ist, zeigt sich dem Lande gegenüber, daß diese Menschen bewohnen, als Ausdauer und Geduld", sagt G. Weigelt,**) der auch die Kehrseite dieser Grundbeschaffenheit des nordfriesischen Charakters nicht verschweigt. Auf den Ruhm einer zu aller Zeit sich kundgebenden Biederkeit, Willenskraft und Ausdauer wirft eine beschränkte, vorsichtige Selbstsucht einen häßlichen Schatten. Doch ist gegenwärtig der vor einem Menschenalter nicht selten hervortretende Hang zu übertriebener Sparsamkeit fast ganz verschwunden, auch wohl bei leichterem Erwerb ins Gegenteil umgeschlagen, wie ebenfalls der früher in einzelnen Distrikten vielfach mangelnde Gemeinsinn, welcher das Zustandekommen allgemein nützlicher Unternehmungen an engen persönlichen Interessen scheitern ließ, inzwischen erwacht ist und sich mehr als früher bethätigt hat. Dabei besteht aber noch wie ehedem ein gewisses Maß von Verschlossenheit. „Der Nordfriese teilt sich nicht leicht mit, er ist behutsam und nicht selten vorsichtig bis zum Mißtrauen, besonders gegen Fremde", doch bewahren die Friesen von heute nicht mehr so allgemein wie früher im Ernst wie in der Lust des Lebens die Ruhe der Altvordern, die nach Weigelts Zeugnis „vielleicht unter allen germanischen Völkerschaften die stärkste Anlage zur besonnenen Betrachtung, zur Erhebung über den nächsten sinnlichen Eindruck, nicht in das Gebiet der Phantasie, aber in das der bedingenden Ursachen besaßen. „Das

---

*) Weigelt, die nordfriesischen Inseln vormals und jetzt, Hamburg 1858, Seite 137.
**) a. a. O., Seite 168.

Talent zur Mathematik ist bei den Nordfriesen vielfach wahrgenommen." „Jenes erwähnte Überwiegen des Denkens über den unmittelbar sinnlichen Eindruck bemerkt der Fremde, der mit den Bewohnern unserer Gegend in Verkehr tritt, sehr bald an der Klarheit und Sicherheit, mit der sie sich ausdrücken, an ihrem unbefangenen und doch bescheidenen Wesen. Wenn ja durch die Anrede einige Verlegenheit entstehen sollte, so tritt dieselbe doch nie sehr bemerkbar hervor, oder hat gar Einfluß auf das ruhige Denken. Nicht bloß die Männer, die weit umher gewesen sind, sondern auch die Frauen, die nie vom Hause kommen, zeigen Klarheit des Urteils, ein gefaßtes Wesen, daß ihnen sehr wohl ansteht und unfehlbar sogleich ein gutes Vorurteil erweckt. Wer Gelegenheit hatte, mit den Landbewohnern verschiedener Gegenden zu verkehren, wird hier überrascht werden durch das Überlegte und den ordnungsmäßigen Gedankengang, der sich in der Darstellung einer Sache kundgiebt. Die Logik ist den Leuten hier angeboren, und damit auch eine gewisse Grammatik."*)

Übereinstimmend mit diesen Ausführungen Weigelts hat von neueren Schriftstellern, die die Inseln der Nordsee besuchten, besonders Dr. W. Heß**) erklärt: — „auf uns hat dieses Volk einen sehr vorteilhaften Eindruck gemacht, und nur ungern nehmen wir von ihnen Abschied und trennen uns von diesem nördlichsten Stückchen deutscher Erde."

Die vorstehenden Zeugnisse älterer und neuerer Zeit lassen durchweg — bei vielen gemeinsamen Merkmalen — einen Unterschied zwischen Festländern und Insulanern erkennen, die zusammengefaßt erst durch Schriftsteller des 17. Jahrhunderts „Nordfriesen genannt werden, während der Name Friesen" bereits seit dem 12. Jahrhundert für sie gebraucht ist. Ein ähnlicher Unterschied bestand und besteht rücksichtlich der Volkssprache. Die Bewohner der Inseln Sylt, Föhr und Amrum nennen die Sprache der Halligleute und der Festlandsfriesen schlechtweg „Friesisch", ihre eigene indessen jede nach ihrer Heimatsinsel wie die Helgoländer, während umgekehrt Festländer und Halliger die eigene Sprache friesisch und die der genannten Inseln nach diesen nennen. Eingehende Sprachforschungen neuerer Zeit***) haben ergeben, daß „tiefgreifende sprachliche Unterschiede zwischen diesen beiden Gruppen schon von ältester Zeit an" bestanden haben; „gleichwohl hat die Jahrhunderte hindurch bestehende Verkehrsgemeinschaft eine große Anzahl sprachlicher Übereinstimmungen zur Folge gehabt." Dieselben Forschungen zeigen, daß es drei Zweige der anglo-friesischen Sprachfamilie giebt: englisch, nordfriesisch mit zwei Gruppen und friesisch (südfriesisch-, ost- und westfriesisch) und daß jede der beiden nordfriesischen Sprachen gewisse Eigentümlichkeiten mit den ältesten englischen Mundarten teilt. Das auf den Inseln gesprochene Nordfriesisch hat ganz alte sprachliche Einzelheiten mit der ältesten südenglischen Mundart gemein. †)

Die Nordfriesen haben ursprünglich die ganze Westseite Schleswigs bis zur Bredeau, vielleicht noch weiter nördlich bewohnt; nach Adler überall da, wo freie Teilbarkeit von Grund und Boden herrschte; ihre Wohnsitze gingen nach Osten bis zur Mitte des Höhenrückens. Gegen eine im 8. oder 9. Jahrhundert erfolgte Einwanderung aus Süd- resp. Westfriesland sprechen die vorhin erwähnten Resultate der Sprachforschung. Während die Umgangssprache friesisch blieb, nahmen sie schon früh im Mittelalter plattdeutsche Sprache für Gericht und öffentliche Geschäfte an. Nach Einführung der Reformation war Plattdeutsch eine Zeitlang Kirchen und Schulsprache, seit 1600 (auf Amrum 1720) trat Hochdeutsch dafür ein, während Plattdeutsch und Dänisch erobernd gegen das friesische Gebiet vordrangen. Als Volkssprache verlor sich das Friesische nach 1634 (1652) auf Neu-Nordstrand, in Eiderstedt gegen Ende des 17. Jahrhunderts. Im Laufe des 19. Jahrhunderts verstummte es auf Pellworm und in einzelnen Ortschaften und Kögen. Für die Inseln kann ich mich hier darauf beschränken, die Resultate meiner eingangs erwähnten Nachfrage herzusetzen. In 2150 Häusern waren 1889 2193 Familien vorhanden, von denen 1304 friesisch, 622 plattdeutsch, 89 hochdeutsch und 47 dänisch sprachen, während in 121 Familien gemischte Sprache vorkam. Von 1863 Schulkindern

---

*) Weigelt, Die nordfriesischen Inseln. Hamburg 1858, Seite 179.
**) Erinnerungen an Sylt. Hannover 1876. Seite 148.
***) Dr. Otto Bremer, Einleitung zu einer amringisch-föhringischen Sprachlehre. Norden und Leipzig 1888. Seite 5. Professor Dr. Theodor Siebs, Geschichte der Friesischen Sprache. (Grundriß der Germanischen Philologie. V. Abschnitt, Seite 723 ff. Straßburg 1890.)
†) Dr. Otto Bremer in „Helgoland und die Nordfriesen". Nationalzeitung, Berlin, Jahrgang 1890, Nr. 439.

sprachen 1077 die friesische, 536 die plattdeutsche, 106 die hochdeutsche, 44 die dänische und 100 gemischte Sprache als Familiensprache. Nach Adler*) umfaßt das friesische Sprachgebiet 29 Kirchspiele mit 25 964 Einwohnern, davon abgezogen die Inseln Sylt, Föhr, Amrum und die Halligen mit 8 934 Einwohnern, ergiebt auf dem Festlande 20 friesisch=redende Kirchspiele mit 17 030 Bewohnern, die sich auf ¼ des Kreises Tondern und ⅓ des Kreises Husum verteilen. Dabei bemerkt Adler Seite 99 seiner interessanten Arbeit mit Recht: „Die Böckingharde und die zu derselben gehörenden, bezw. ihr benachbarten Köge enthalten den unvermischten Kern des festländischen nordfriesischen Sprachgebiets, während die zur Karrharde gehörigen, südöstlich von der Böckingharde belegenen nordfriesischen Kirch= spiele Stedesand, Enge und der südliche Teil des Kirchspiels Leck, sowie der nördliche Teil der Wieding= harde (Neukirchen und Rodenäs) infolge des Eindringens der plattdänischen Sprache einen seltenen Dreiklang der nebeneinander herrschenden plattdeutschen, plattdänischen und friesischen Mundart aufzu= weisen haben." Leider ist bei Adler nicht überall die Zahl der Familien angegeben, eine summarische Übersicht kann daher nicht angegeben werden. Nur für die fünf Kirchspiele der Wiedingharde, in denen noch friesisch gesprochen wird, ist auf Seite 110 und 111 gesagt, daß von 610 Familien als Umgangs= sprache haben: 35 hochdeutsche, 24 plattdeutsche, 383 friesische, 122 dänische, 46 gemischte Sprache. Von 545 Kindern sprachen bei der Aufnahme in die Schule 343 friesisch, ein für Familien und Kinder etwas höherer Prozentsatz als derjenige der Inseln. Nach einer statistischen Angabe aus dem Jahre 1870 ist die Zahl der friesischredenden Schulkinder in Schleswig auf 3824 angegeben, die Schul= aufnahme vom 25. Mai 1891 dagegen ergab als Familiensprache bei 2762 Kindern nur friesisch, bei 366 friesisch und deutsch, mithin überhaupt friesisch 3128, woraus sich eine Abnahme im Laufe von 21 Jahren um 696 ergiebt, vorausgesetzt, daß bei beiden Aufnahmen gleiche Grundsätze maßgebend gewesen sind. Bei Jensen „Versuch einer kirchlichen Statistik" sind um 1840: 34 Kirchspiele als friesischredend mit 28 bis 29 000 Bewohnern angegeben, Helgoland wahrscheinlich nicht eingerechnet. Es ergiebt sich also, da auch Adler Helgoland (1892: 2096), wo die Umgangssprache ein durch viele Lehnwörter verunreinigtes Nordfriesisch ist, nicht der obigen Zahl einfügte, eine Abnahme von ca. 3000 in 50 Jahren, eine bei den verbesserten Verkehrsmitteln immerhin kleine Zahl; freilich ist ausdrücklich hervorzuheben, daß innerhalb dieses friesischen Gebietes gegenwärtig die Zahl der zweisprachigen Familien — friesisch und platt= resp. hochdeutsch — gegen früher bedeutend zugenommen hat.

Treffend bemerkt Professor K. Jansen**): „Eine Welt von Trümmern zwischen den drei germanischen Rassen der Skandinavier, Deutschen und Engländer ragt aus dem nordischen Ozean das Land und Volk der Friesen hervor, ein Stück Urgermanentums mitten in der Gegenwart. Ein frischer Hauch von Meeresluft und Seesturmbrausen weht uns aus ihrer Sprache an; aber auch ein Vorgefühl der Zerstörung, eine Ahnung des Todes klingt hindurch; ein Zug von Ernst und Strenge, von Ver= schlossenheit und Schwermut kennzeichnet dies Geschlecht."

Mag immerhin eine Abnahme zu verzeichnen sein, und der Untergang der nordfriesischen Sprache, die leider nicht wie die westfriesische eine ausgebildete, allgemein geübte Schriftsprache besitzt, mit Wahr= scheinlichkeit in absehbarer Zeit vorhergesagt werden können, auch dann noch wird man in den späten Nachkommen der edlen freien Friesen mit veränderter Umgangssprache manche Merkmale und Charakter= züge finden, die sie als die Sprößlinge „echter typischer Germanen" erkennen lassen.

*) J. G. C. Adler, Die Volkssprache im Herzogtum Schleswig seit 1864. (Zeitschrift der Gesellschaft für Schleswig=Holst.=Lauenb. Geschichte. Band 21, Kiel 1891.)
**) K. Jansen, Uwe Jens Lornsen, Kiel 1872, Seite 154.

Motto: „Wohl dem, der feiner Väter gern gedenkt!
Der froh von ihren Thaten, ihrer Größe
den Hörer unterhält. — —“
Goethe.

2. Merkwürdige Männer.

Zur Illustration der voraufgehenden Charakteristik der Nordfriesen sollen hier, eingedenk der Aufforderung Dr. Clements, die er unter dem 1. Oktober 1841 an den Chronisten C. P. Hansen in Keitum richtete: „Raffen Sie von Lebensbeschreibungen und Erfahrungen friesischer Männer soviel als möglich zusammen,“ in bunter Reihe einige Lebensbeschreibungen solcher Männer vorgeführt werden, die sich durch ihre Körperkraft, durch merkwürdige Lebensschicksale, durch hervorragende Geistesgaben, durch Heimats= und Freiheitsliebe, durch Treue, durch Heldenmut, Originalität ꝛc., oft auch durch mehrere dieser Dinge zugleich ausgezeichnet haben, sodaß die Nachwelt mit Recht von ihnen künden kann, daß sie echte Friesenbilder gewesen sind.

Uwe Jens Lornsen.

Auf der Insel Sylt wurde am 24. März 1896 das Denkmal Uwe Jens Lornsens enthüllt, zu welchem am 18. November 1893 unter allgemeiner Beteiligung der Sylter neben dem Geburtshause Lornsens in Keitum der Grundstein gelegt war.

Die kühle Frieslandsinsel schenkte dem deutschen Vaterlande den Mann, der zuerst, als der Versuch gemacht wurde, die Schleswig=Holsteiner zu Dänen zu machen, öffentlich verkündete, daß eine solche Verschmelzung Schleswigs mit Dänemark nie geschehen dürfe, daß vielmehr Schleswig=Holstein „Up ewig ungedeelt“ einst eine der schönsten Provinzen des Deutschen Reiches sein werde. Heute ruft uns von seinem Denkmal das Wort: „Unser Recht ist klar wie die Sonne!“ sein selbstloses Wirken ins Gedächtnis zurück, welches der schöne Nachruf, den ihm der Freund Olshausen widmete, poetisch schön und ausführlicher hervorhebt: „Im Anfange des Märzmonats 1838 starb gebrochenen Herzens auf einem Landhause am Genfer See, nahe bei Genf, Uwe Jens Lornsen von der Insel Sylt in Nord= friesland, einsam verlassen, freiwillig verbannt, des Friedensbruches, welchen das Jahr 1830 verlangte, der besten Opfer eins. Der Adel seiner Seele, die Kraft seines Geistes, die Tiefe seines Gemütes offenbarte sich im kleinen Kreise, seine Thatkraft wählte keinen Schauplatz, sein Sieg blieb halb und ohne Kranz, seine Niederlage nahm ihm alles bis auf den Ruhm. Du Kämpfer ohne Schwert, Du Feldherr ohne Heer, Du Feind ohne Haß im Herzen, die Fackel, die Du angezündet und kühn am höchsten gestellt hast, leuchtet fort, ob Du auch geschieden. Dein Name kann nimmer verlöschen in Schleswig=Holstein, Dein Wort nimmer verhallen. Wie Deine mildernsten Züge dem, der sie gesehen, für immer in der Seele eingeprägt sind, wie ihn Dein leuchtender Blick, Deiner Worte gewaltiger Schall sein Leben lang begleiten, so ist Deine That, unscheinbar nach außen, innerlich groß, eingegraben in dieses Volkes lebendiges Gedächtnis und verwebt in die wachsende Geschichte dieses Landes. In der Fremde ist Dein Grab, hier im Vaterlande, hier ist Dein Leben. Schimpflichen Schlaf verscheuchet Dein Zuruf. Der Verräter zittert, trifft sein scheues Auge den durchbohrenden Blick Deines blassen Bildes. Den Schwachen stärket Dein Zuwink. Und mit den glücklichen Braven gelangest Du einst der Erste ans Ziel.“

Diese den Zeitgenossen zugerufenen Worte lassen uns fühlen, daß ein edler Mann aus dem Leben schied. Und doch wurde seitdem sein Wirken oft falsch beurteilt. Erst ein näherer Einblick in den Lebensgang, den Charakter und das Wirken Lornsens und die Ereignisse, welche seiner That folgten, haben ein anderes Urteil gezeigt.

Lornsens Geburt fällt in das goldene Zeitalter der Insel Sylt, in welchem sich der emsige und nüchterne Sylter nicht damit begnügte, der Küstenfahrt und =fischerei und der Bergung von Treib=

und Strandgütern obzuliegen. Die Kauffahrtteifahrt führte ihn nach Süd und Nord, nach Oſt und Weſt durch alle Meere der Salzflut. So legte der Mann zu einem allgemeinen Wohlſtand in der Heimat den Grund; derweil ſchaffte daheim die thätige Hausfrau in Haus und Feld und hielt zuſammen, was die Seefahrer mit Glück und Geſchick verdienten. In einer ſolchen Seefahrerfamilie in Keitum ſtand Lornſens Wiege. Der Vater, der nachmalige Ratmann Jürgen Jens Lorenſen, welcher ſich durch kraftvolles und energiſches Weſen auszeichnete, war gerade auf einer Seereiſe von Archangel nach Liſſabon, als ihm in der Sturmnacht, die ihm und ſeinem Schiffe nahe den Faeröer Inſeln den Unter= gang drohte, ſeine erſte Frau Kreſſen, geborne Uwe Pieters, eine Käpitänstochter, das vierte Kind, den Sohn Uwe Jens, ſchenkte. In den erſten drei Jahren ſah er ſeinen Vater nicht, den Berufsgeſchäfte vom Hauſe fernhielten. Erſt nach drei Jahren kehrte der Vater heim, um nun im Kreiſe der Seinen von den erworbenen Kapitalien lebend, mit für die Erziehung ſeines Uwe, deſſen ältere Geſchwiſter geſtorben waren, zu ſorgen.

„Schon als Knabe", ſo ſchreibt ſein Freund und Nachbar C. P. Hanſen, „zeigte Uwe früh einen hellen Verſtand, einen ungewöhnlichen Mut und einen entſchloſſenen feſten Willen, aber auch ein gutes, menſchenfreundliches, für Recht und Vaterland glühendes Herz. Unter ſeinen Geſpielen und Mitſchülern wußte er ſich ein Anſehen zu geben, ſowohl durch ſeine hervorragenden Geiſtes=, als beſonders durch ſeine ungewöhnlichen Körperkräfte." Nach Knabenart derb in ſeinen Manieren, handhabe er das Regiment bei den abendlichen Spielübungen der Dorfjugend. Ungehorſam züchtigte er hart, aber gerecht. Die Dorfſchule in Keitum bot ihm Unterricht, daneben hatte er bei ſeinem Lehrer Privatſtunden im Lateiniſchen, ſuchte auch früh Kenntniſſe in den höheren mathematiſchen Wiſſenſchaften zu erlangen und genoß Unterricht bei dem Rechenmeiſter Jacobſen in Tinnum. (S. 128.) Gleich ſeinen Landsleuten wollte er Seefahrer werden; als aber der Krieg zwiſchen England und Dänemark die Seefahrt ſtocken machte, wandte er ſich einem andern Berufe zu und wurde im Oktober 1811 als ſogenannter Seminariſtenſchüler nach Tondern in die Schule geſchickt. Zwei Jahre darnach ging er auf die lateiniſche Schule in Schleswig, um Oſtern 1816 ſich auf der Univerſität Kiel dem Studium der Rechte zu widmen. Das Wartburgfeſt deutſcher Burſchen 1817 wurde indirekt der Anlaß, daß Lornſen 1818 Jena aufſuchte, um mit Ernſt und Fleiß ſeinen juriſtiſchen Studien obzuliegen. In die Zeit ſeines Jenaer Aufenthalts fällt die „Konſtitution der allgemeinen deutſchen Burſchenſchaft", und die Jenaer Burſchenſchaft beſtimmte, vielleicht unter Lornſens Einfluß, jedenfalls unter ſeiner Mit= wirkung, „die Idee der Einheit und Freiheit des deutſchen Volkes ins Leben einzuführen" und „ihre Mitglieder zum Dienſte des Vaterlandes vorzubereiten". Von den geſelligen Freuden der ſtudierenden Jugend hatte er ſich nicht ausgeſchloſſen, ſich auch einmal duelliert und manche Probe ſeiner Stärke, namentlich wenn es galt, Frieden zu ſtiften, abgelegt. Im Frühjahr 1819 kehrte er über Hamburg heim, um ſich in der Heimat auf das Examen vorzubereiten. Stark und hochgewachſen, erſchien er in der für die Inſulaner „wunderlichen" Studentenkleidung, mit friſcher Geſichtsfarbe und einem winzigen Käppchen auf dem blondgelockten Haar. Jede geſellige Unterhaltung der Inſelbevölkerung ſah ihn in ihrer Mitte, aber auch im Rat der Alten, wo es galt, für edle Zwecke, für gemeinnützige Unter= nehmungen einzutreten, war er zu finden. Unter den Satzungen des 1819 begründeten Sylter Verein, der die erſte öffentliche Bibliothek ins Leben rief, ſteht ſein Name. September 1820 beſtand er auf Gottorp ſein Examen und erhielt den zweiten Charakter mit rühmlicher Auszeichnung. Den Winter weilte er in Altona, dann in Oldesloe, ohne eine Advokatur zu erhalten. Der Freiheitskampf der Griechen lockte ihn zur Teilnahme, aber die Lebenserfahrung und Einſicht des Vaters hielten ihn zurück. Erſt im Herbſt 1821 trat er als Volontär in die Schleswig=Holſtein=Lauenburgiſche Kanzlei in Kopenhagen ein und wußte bald durch raſtloſe Thätigkeit und gutes Geſchick ſich eine höhere Stellung zu erwerben. Die alltägliche einförmige Beſchäftigung war indeſſen ſeiner Geſundheit nicht zuträglich, er fühlte ſich 1826 krank, ließ trotzdem in ſeinem Eifer nicht nach und wurde am 4. September d. J. von Sr. Majeſtät zum Kanzleichef der Schleswig=Holſteiniſchen Kanzlei mit 500 Speciesthalern jährlichem Gehalt ernannt. Die folgenden Jahre führten ihn in verſchiedene Bäder Deutſchlands, doch brachten ſie ihm, der inzwiſchen Kanzleirat geworden, die erhoffte Geneſung von einer Hautkrankheit nicht. Heimkehrend weilte er den Winter 1828/29 auf Sylt; gekräftigt, obwohl nicht geneſen, konnte er im

Sommer seinen Posten in Kopenhagen wieder antreten. Doch sehnte er sich nach einer nicht so sehr mit Amtsgeschäften überhäuften Lokalbeamtenstelle seiner engeren Heimat Schleswig-Holstein und bewarb sich daher um die vakant gewordene Landvogtei auf Sylt, die damals 1400 Reichsthaler Courant eintrug. Am 10. Oktober 1830 wurde er durch königliche Resolution zum Landvogt auf Sylt ernannt, acht Tage später reiste er dahin ab. Als er in Kiel eintraf, gaben dort die öffentlichen Angelegenheiten Schleswig-Holsteins unter patriotischen Männern Stoff zu lebhafter Unterhaltung. Knapp und klar legte Lornsen seine Gedanken über die Rechte und Bedürfnisse unsres Landes jedermann in seiner 14 Seiten starken Schrift: „Über das Verfassungswerk in Schleswig-Holstein" vor, die ungeahnt schnelle und weite Ver-breitung fand. „Folgende zwei Thatsachen," schreibt Lornsen, „fordern gebieterisch eine durchgreifende Umgestaltung unsrer Staatseinrichtungen: 1. die Finanzverwaltung des Staates ist ein Geheimnis vor der Gesamtheit der Staatsbürger, 2. die gesamten höheren administrativen Einrichtungen unsres Landes bedürfen einer gänzlichen Umgestaltung. Es ist die Überzeugung einsichtsvoller Männer des Landes, daß eine andere und erwünschte Ordnung der Dinge nur durch eine Repräsentativverfassung und durch wesentliche Umgestaltung in den administrativen Einrichtungen des Landes herbeizuführen ist." Seine Vorschläge sind kurz folgende: „1. Berufung einer gemeinsamen, aus zwei Kammern bestehenden Stände-versammlung für beide Herzogtümer, welcher das Steuerbewilligungsrecht, die Teilnahme an der ganzen Gesetzgebung, die Initiative sowohl als dem Könige zustehe (der König hat ein absolutes Veto), 2. Ver-legung der sämtlichen Landeskollegien nach den Herzogtümern, 3. Trennung der Administration von der Justiz, 4. die Errichtung eines obersten Justizhofes für beide Herzogtümer, 5. Einsetzung zweier Regierungskollegien, 6. Einsetzung eines obersten Staatsrats für beide Herzogtümer, dem sämtliche Ver-waltungskollegien unterzuordnen wären." Unmittelbare Folge einer solchen Neuordnung wäre gänzliche Trennung der Herzogtümer von dem Königreiche Dänemark in administrativer Hinsicht gewesen.

Weiter heißt es in der Lornsenschen Broschüre „Über das Verfassungswerk in Schleswig-Holstein": „Zwar haben die Dänen seit Jahren ein Bestreben an den Tag gelegt, uns mit sich zu einem Volke zu verschmelzen und selbst in den neuesten Zeiten, in welchen bei den Deutschen das Volks-gefühl kräftiger wie je sich kund gethan, hat man sich nicht entsehen, uns auf unser Sträuben zuzurufen, wir möchten uns doch freuen, lieber etwas, nämlich Dänen, als nichts, nämlich Deutsche, zu sein. Spott und Hohn hat zwar die mächtigste und edelste Nation Europas wegen ihrer heillosen Zerstückelung von jeher und von allen Seiten und Völkchen auf sich laden lassen müssen. Aber die Zeit hat gezeigt, und sie wird fernerhin zeigen, daß auch der Deutsche fortan jedes unwürdige Ansinnen mit Nachdruck zurück-zuweisen wissen wird. Jeder Gedanke an eine Verschmelzung beider unter dem Szepter Sr. Majestät vereinigten Völker werde daher aufgegeben. — — — Laßt uns Hand in Hand als Brüder, jeder in freier selbständiger Entwicklung, den König an unsrer Spitze, der Zukunft entgegengehen. Nur der König und der Feind sei uns gemeinsam." (U. J. Lornsen, Über das Verfassungswerk, Seite 11.) „Wer begreift", so heißt es ferner, „von welchem Einflusse in einem so komplizierten Wesen wie ein Staat ist, eine zweckmäßige Handhabung seiner Angelegenheiten auf die Wohlfahrt der Bürger werden kann: der wird von der Überzeugung durchdrungen sein, daß durch obige von der öffentlichen Meinung desiderierten Reformen, unser von der Natur durch seinen Boden und seine Lage so sehr begünstigtes Schleswig-Holstein zu der blühendsten Provinz Deutschlands erhoben werden kann." Lornsens Wunsch war es, das Volk möge dem Könige seine Wünsche mittelst Petitionen ans Herz legen; seine Schrift aber sandte er, „der jedes versteckte und geheime Treiben haßte", mit einem Begleitschreiben an den Präsidenten der Schleswig-Holstein-Lauenburgischen Kanzlei in Kopenhagen. Am 13. November auf Sylt angekommen und, von den Insulanern innigst beglückwünscht, in sein Amt eingetreten, wurde er am 23. durch Justizrat Dröhse in Tondern verhaftet, um wegen seiner That „— unscheinbar nach außen — innerlich groß —" nach Rendsburg in Verwahrsam gebracht zu werden. Die Hoffnung der Sylter, in der Verwaltung und Rechtspflege ihrer Insel durch Lornsen manche Übelstände beseitigt zu sehen, erfüllte sich nicht; eine von ihnen eingereichte Petition an die Regierung um Abstellung verjährter Mißbräuche und Lasten und um Verleihung einer ständigen Verfassung für Schleswig-Holstein und um Freigabe ihres geliebten Landvogten Lornsen hingegen erzielte einen am 22. März 1831 erteilten bis auf den letzten Punkt nicht ungünstigen Bescheid: bald wurden durch Gesetz vom 28. Mai 1831 einzelne

Vorschläge Lornsens realisiert. Er selbst war indessen unter Belassung seines Titels zur Festungshaft gelindesten Grades auf 1 Jahr (1. Juni 1831 bis 1832) verurteilt worden. Mittlerweile äußerte er über seine spätere Laufbahn, daß er auf Sylt sich ausschließlich mit Studien und Arbeiten beschäftigen wolle, die auf unsre öffentlichen Angelegenheiten Bezug hätten, ohne sich einem besonderen Berufe zu widmen. Als redlicher Kämpfer, der nicht die Personen, sondern die zu überwindenden Hindernisse als Feind ansah, wollte er sich mit allen zur Sache gehörigen Kenntnissen vollständig rüsten. Um ungestört arbeiten zu können, mietete er sich, dem überall Liebe und Hochachtung entgegengebracht wurde, bei einer alten Keitumerin, Merret Janssen, ein, schloß sich aber keineswegs von geselligen Freuden ganz aus, wenn er auch ernst gestimmt und öfter krank war. Die Natur seiner Heimatsinsel, das stürmisch brandende Meer, die malerisch wilden Dünenpartien, die einsamen Dünenthäler, die Heidehöhen mit ihren Grabhügeln, die hohen Kliffe zogen ihn an und lockten ihn oft ins Freie. C. P. Hansen, der ihn öfter begleitete, schildert ihn: „Sein Blick war scharf, aber wohlwollend, seine Stimme gewaltig, sein Gesicht war voll und männlich schön, seine Stirn erhaben, seine Farbe frisch, seine Gestalt war hoch und edel und zeugte von Kraft, seine Haltung ehrfurchtgebietend, sein Gang würdevoll." — Zu seiner früher erwähnten Krankheit hatte sich nach seiner Haft das Wechselfieber eingefunden, und er beschloß hauptsächlich daher, einen längeren Aufenthalt im warmen Klima zu nehmen; auch wollte er hier sein angefangenes größeres Werk: „Die Unionsverfassung Dänemarks und Schleswig=Holsteins", vollenden. Im Herbste 1833 reiste er über Amsterdam mit dem Schiff „Van der Spyk" nach Rio de Janeiro, wo er in der Nähe des Hafens wohnte, so daß er die herrliche Aussicht auf die schöne Meeresbucht genießen konnte. Doch zeigte sich vorerst Verschlimmerung seines krankhaften Zustandes, der ihn in trübe Stimmung versetzte; gute Nachrichten aus der Heimat, namentlich über Förderung der von ihm vorgeschlagenen Reformen, erfreuten ihn und beeinflußten seinen Zustand in günstiger Weise. In der Heimat wünschte man seine Rückkehr, namentlich die Kieler Freunde und der alte Vater, der indessen, als man ihm zumutete, für Uwe um Begnadigung und Wiederanstellung zu bitten, entgegnete: „Mein Sohn bedarf nur Gottes Gnade." — Einstweilen blieb Lornsen, der sich aus der Stadt in das Orgelgebirge zurückgezogen hatte, noch in der Fremde, sehnsüchtig nach Schiffen aus= schauend, die ihm Kunde von seinen Lieben und seinem treuen Freunde Justizrat Professor Hegewisch bringen konnten; unerwartet traf Kapitän Deutscher von Sylt ein, bei dem Lornsens Bruder Cornelius an Bord war. Als endlich Anfang 1837 seine Gesundheit nichts zu wünschen übrig ließ, entschloß sich Lornsen zur Heimreise über Marseille, um von dort zu Fuß heimwärts zu wandern. Während der 77 tägigen Reise ordnete er sein zum Druck fast beendetes Werk, das er nach kurzem Aufenthalt in Frankreich zu vollenden hoffte. In Genf fand er Briefe der Seinen, die ihm leider den Tod seiner geliebten jüngeren Schwester meldeten, um deren willen hauptsächlich er die Rückreise beschleunigt hatte, da er gehofft, durch seine Heimkehr die Leiden der gemütskranken Schwester, die ihm Trösterin im Schmerz gewesen, zu lindern und zu heilen. Nun war sie dahin, der Vater ein Greis am Grabes= rande; er selbst fühlte sich nach solcher Nachricht elend, verlassen, siech. Sein letzter Brief an den Vater vom 30. September 1837 ist voller Todesahnung, er klingt als ein Abschied vom Leben, der thatsächlich in den ersten Tagen des Märzmonats erfolgte. Auf dem lutherischen Friedhofe zu Genf ist Lornsens Grab. Wo immer auch seitdem die Verfassungsrechte Schleswig=Holsteins erwogen, wo um sie gekämpft wurde, ob mit dem Worte oder mit dem Schwerte, Uwe Jens Lornsens Name ist als der erste genannt, der den Stein zum „Los von Dänemark" ins Rollen brachte. Wenn seitdem die Dichter sangen: Wir wollen keine Dänen sein, wir wollen Deutsche bleiben", oder das Schleswig= Holstein=Lied zur treuen Wahrung des Errungenen mahnend von aller Lippen klang: es war die neu aufkeimende Saat der befreienden That Uwe Jens Lornsens.

Was biographische Schriften über Lornsen betrifft, so sind deren zwei vorhanden, eine, 1839 erschienen, ist unter dem Titel: „Notizen zu einer Lebensbeschreibung des Kanzleirats Uwe Jens Lornsen. Von U. L. N." (Uwe Lornsens Nachbar), von C. P. Hansen verfaßt. Diese kleine Schrift, der auch wir teilweise folgten, wurde grundlegend für die „richtige Auffassung der Individualität des merkwürdigen Mannes". Die zweite umfassendere Arbeit von Professor K. Jansen in Kiel zeichnet sich durch „gründliche, vielseitige Erforschung und klare Darlegung eines Zeitabschnittes aus, der für die Entwicklung des Landes von weittragender Bedeutung war". Die Schrift, 1872 erschienen, nannte sich mit Recht „ein Beitrag zur Geschichte des deutschen Volkes". Im Th. Müggeschen Roman: „Der Vogt von Sylt" tritt das Bild Lornsens nicht so rein und klar hervor. Günstiger erscheint dasselbe in einem 1882 erschienenen Trauerspiel: „Uwe Jens Lornsen" von A. Georgi, welches sich auf Jansen, Mügge und Lornsens hier genannte Schriften stützt. Kleinere Dichtungen von Hunwartsen: „Uwe Jens Lornsen, vier Bilder aus seinem Leben", F. Unzer: „Jens Uwe Lornsens Grab", Dreyer: „Uwe Jens Lornsen, vaterländisches Gedicht in zehn Gesängen", sind teilweise Gelegenheits= schriften, zum Besten des 1878 in Rendsburg aufgerichteten Landesdenkmals des Helden.

In dem von Dr. G. Beseler 1841 herausgegebenen Hauptwerke tritt, wie der Herausgeber im Vorworte sagt, „dem Leser Lornsens ganze Persönlichkeit entgegen, mit seinen Tugenden und, wenn man will, mit seinen Fehlern. Er war ein echter Genosse jenes kräftigen und edlen Volksstamms, unter dem er geboren war, der freiheitsstolzen Friesen, welche, am nordwestlichen Saume des deutschen Landes nach Dänemark sich hinaufziehend, den Übergang vom deutschen zum skandinavischen Germanentum bilden. Hochfahrend und rücksichtslos konnte der Mann sein, dessen hoher Wuchs und stolze Haltung den gebietenden Charakter bezeugten; auch klagte er wohl selbst, daß er nicht gelernt habe, die Bedeutung der Form im Verhältnis zur Sache gehörig zu würdigen. Aber in seine Seele hatte Gott eine edle Leidenschaft für die höchsten Güter der Menschheit, für Freiheit, Recht und Vaterland gesenkt; ihm war neben einem geraden männlichen Sinn und einem durchdringenden Verstande eine seltene Thatkraft gegeben, welche bei günstigem Geschick das Höchste hätte leisten können, in dieser Zeit und unter diesen Verhältnissen jedoch seine Lebenskraft zerstörte. So fiel er ein Opfer seiner eigenen Natur; denn an sich selbst dachte er zuletzt, wie er auch ohne Haß gegen seine Feinde war; er sah sich nur als ein Mittel für die Bethätigung seiner Überzeugung an. Das war die hohe Bescheidenheit, welche sich dem, der ihn genauer kannte, als die schönste Seite seines Charakters darstellte; die Demut bei allem Mannesstolze, welche sich ohne Klage vor dem ewigen Verhängnis beugte."

Das genannte Trauerspiel A. Georgis wurde wiederholt mit großem Beifall auf Sylt auf= geführt, es scheint besonders geeignet, den Helden dem deutschen Volke lieb und wert zu machen.

Der von Lornsen (V. 4) vorhergesehene Tag ist gekommen, „an dem das deutsche Volk die eigene Größe erkennen lernt, der Tag, an dem es nicht mehr verachtet, zerrissen, elend ist". Und wenn wir uns heute der Einheit des deutschen Vaterlandes erfreuen, so gedenken wir des Helden Lornsen und preisen ihn, der für die höchsten Güter seines Vaterlandes „litt und starb".

Dr. Knut Jungbohn Clement*)

Am 9. Oktober 1873 schloß dieser Geschichtsschreiber und Sprachforscher der Nordfriesen, dessen Name nicht nur in der engeren Heimat, sondern weit darüber hinaus einen guten Klang hat, im fernen Amerika, wo er zu Bergen in New=Jersey bei seinen Kindern weilte, die Augen zum Tode, nachdem er hier kurz vorher voll „Sehnsucht nach den Inseln, still verborgen in der See im Friesen= land", sein letztes Gedicht geschrieben. Nach einem langen Leben voll Mühe und Arbeit weilte sein Herz dennoch bei der teuren Heimat, in der er unter Armut und Sorge seine Kinderjahre verlebt hatte, und die ihm später in den Stürmen des Lebens erwünschte Zuflucht geboten.

Am 4. Dezember 1803 erblickte er in Norddorf auf Amrum das Licht der Welt. Seine Wiege stand in einer Hütte mit Strohdach, wo Reinlichkeit und fromme Sitte herrschten, Reichtum

*) Benutzt wurden:
1. E. Clement, Die deutsche Namenswelt von Dr. K. J. Clement, Vorwort. Hamburg 1887.
2. Ingwer Petersen. Dr. K. J. Clement (In Ludwig Frahm, Lebensbilder der Heldengeister und Altmeister I. Band. Seite 155 bis 160. Selbstverlag des Herausgebers in Poppenbüttel bei Hamburg 1892.)
3. Valdemar Bennike, Nordfriserne og deres Land. Aarhuus 1890, Seite 54 bis 59.
4. Clements Schriften.

aber nicht zu finden war. Vater und Brüder waren den Vorfahren gleich zur See hinausgezogen, aber nicht mehr heimgekehrt. So blieb er in seinen Knabenjahren der Sorge seiner Mutter allein überlassen, die ihm „Herz und Gemüt gab". Getreulich sorgte er mit für den Unterhalt, indem er als Knabe, Zündhölzer verkaufend, auf Föhr und Amrum von Haus zu Haus ging. Nachdem ihm eines Abends kurz vor dem Einschlafen der Gedanke gekommen, daß er studieren wolle, machte sich der siebzehnjährige „junge Gast" auf den Weg nach Altona. Er nahm nichts mit als „Gesundheit an Körper und Geist, ein unschuldiges Herz, ein starkes Gottvertrauen und dazu noch sein lebenslanges Heimweh, kein Geld und keine Aussicht". Nach vierjähriger Arbeit, Mühe und Entbehrung verließ er „mit dem ausgezeichnetsten Zeugnis der Reife" das Altonaer Gymnasium, um drittehalb Jahre in Kiel Theologie zu studieren. Außerdem studierte er Philologie, Philosophie, Hebräisch, Syrisch, Isländisch, Dänisch, hörte den Alkoran bei Olshausen. Mit Lust trieb er Sanskrit und die römische Klassiker, besonders Tacitus. Seine Studien der mittelalterlichen Geschichtsschreiber und der lateinischschreibenden Koryphäen der neueren Zeit in Holland, Deutschland und England ergänzte er auf späteren Reisen in den Bibliotheken zu Edinburg, Oxford und London, Irlands Annalen hinzufügend. Hamburger Wohlthäter ermöglichten ihm weiteren 1½ jährigen Aufenthalt in Heidelberg, wo er historische, juristische und kameralistische Studien trieb, teilweise seine Existenz durch Privatstunden an einer französischen Lehranstalt möglich machend. Im Jahre 1835 erlangte er in Kiel die philosophische Doktorwürde. Er ging jetzt nach Kopenhagen, wo ihm nach einer Audienz bei König Friedrich VI, die eine Stunde währte, das große Reisestipendium auf drei Jahre bewilligt wurde. Auch König Christian VIII. war ihm persönlich sehr gewogen, was Clement noch 1858 dankbar hervorhebt.

So konnte unser Clement im September 1836 seine „historisch-ethnologische Reise über See nach Westeuropa" antreten, die er meist zu Fuß in drittehalb Jahren vollendete. Er sah alle Landschaften Englands, „durchkreuzte alle schottischen Hochlande", durchwanderte die äußersten Hebriden, alle Küsten Irlands von der Nordwest- bis zur Südostseite und große Strecken im Innern der grünen Insel. In den Orkneys war er vom November bis zum Februar. Dann wurde Frankreichs Küste von Calais bis über die Loire hinaus sein Ziel. Sein Hauptaugenmerk war in der Bretagne auf die Grenzen der brettonischen Sprache gerichtet. Holland hatte er schon vorher durchwandert und kehrte über Orleans und Paris, Belgien, die Rheinlande, Baden, Bayern, Böhmen, Polen und die preußischen Ostseeländer nach der Heimat zurück. Vieles von dem Reisematerial blieb ungedruckt. Leider sind auch die Briefe, welche er während der Reise an seine liebe Mutter geschrieben, „die im Innern und Äußern eine echte Friesin" war, verloren. Sie wurden 1854 der Mutter, wie sie es gewünscht hatte, in den Sarg gelegt.

Von Amrum aus richtete er wahrscheinlich 1840 eine friesische Stimme an den König, in der er freimütig bekennt, „nicht schmeicheln zu können" und um Abstellung verschiedener Übelstände seiner Heimatsinsel bittet. Derselbe Mann, welcher bekannte, daß er auf seinen Reisen besonders auf „das Ewige und nicht Vorübergehende in der Menschenwelt" sein Augenmerk gerichtet hatte, suchte keine Anstellung als Prediger. So wurde er 1842 von Christian VIII. als Privatdozent mit festem Gehalt an der Universität Kiel angestellt, wo er über schleswig-holsteinische Geschichte, dänische Geschichte, dänische Sprache, die englische Verfassung, deutsche Geschichte, Shakespeare, die Germania des Tacitus zahlreich besuchte Vorlesungen hielt.

Nun konnte er daran denken, ein eigen Heim zu gründen, zumal ihm schon während seines Aufenthalts in Heidelberg das Glück zuteil geworden, seine nachherige Gemahlin Hulda Luise Fries, welche Geheimrat Schlosser die Perle Heidelbergs nannte, kennen zu lernen. Jahre des reinsten Eheglückes folgten, bis Clement nach der schleswig-holsteinischen Erhebung das Amt und alles verlor. Wofür? Er wußte es selbst nicht. Wahrscheinlich, weil er ein Buch über die Sprache und Nationalität Schleswigs geschrieben hatte und deutsch gesinnt war. Bald sollte auch sein häusliches Glück zerstört werden. Er schreibt selbst: „Soweit ein menschliches Auge sehen kann, scheint die infolge der schändlichen Behandlung dänischerseits, die ich erfuhr, ohne etwas verbrochen zu haben, ganz veränderte Lebenslage meiner Frau ihr frühes Ende herbeigeführt zu haben." Sie starb 1855 zu seinem „großen bleibenden Kummer", vier Söhne und ein Töchterchen hinterlassend, unversorgt wie er selbst. „Mein

Leben ist ein mühevolles", sagt er, „und ich wünsche mit Sehnen eine Verbesserung solcher Lage." „Ich fand ihn", erzählte mir einer seiner Freunde aus Altona, der ihn in Hamburg besuchte, wohin Clement aus Kiel übersiedelte, teils hier, teils auf Amrum seinen Studien und schriftstellerisch thätig lebend, „in derselben Stube mit seinen Kindern, die ihm zu Füßen spielten, während er an einem Gedicht über die Hallig schrieb, das für die Cottasche Morgenzeitung bestimmt war, und mußte mich wundern, wie ihm das beim Lärm der Kinder so schön gelang. Mit Recht durfte Clement glauben, in mehr als einer Wissenschaft eine Professur an einer Universität bekleiden zu können. Er hatte außer Hebräisch, Arabisch, Syrisch und Sanskrit, Griechisch, Lateinisch, Italienisch, Deutsch in allen Dialekten und in jedem Zeitalter, Holländisch, Westfriesisch, Altfriesisch, Nordfriesisch in seinen sieben Dialekten, Französisch, Normannisch=Französisch, Englisch, Altenglisch, Breitenglisch, Breitschottisch, Gallisch, Manks, Irisch, Kymrisch, Brettonisch, Isländisch, Norwegisch, Schwedisch, Dänisch und Plattdänisch studiert. Die meisten dieser Sprachen kannte er gründlich, mehrere sprach er fließend. Seine Ansicht von der alten Geschichte Germaniens und Skandinaviens war eine von der bisherigen ganz verschiedene; seine Darstellung der Geschichte Altenglands gründete sich auf Thatsachen und Sprachstudium. Die Geographie betrieb er im großen, wie er die jetzt allgemeinen Beobachtungen der gleichzeitigen Witterung und Phänomen in verschiedenen Ländern zuerst anregte.

In der von seinem drittältesten Sohne, Herrn Edmund Clement in Hamburg, herausgegebenen nachgelassenen Schrift Dr. Clements: „Die Deutsche Namenswelt", sind nicht weniger als 25 Schriften, teils kulturhistorischen, teils historischen, sprach= und rechtswissenschaftlichen Inhalts angegeben, die von dem umfassenden Wissen und dem Fleiße ihres Verfassers beredtes Zeugnis ablegen. Die Beiträge Dr. Clements für die hervorragendsten Zeitschriften seiner Zeit würden nach der eigenen Schätzung viele Bände ausmachen. Überall war er bestrebt, bei seinen Stammesgenossen das gesunkene National= bewußtsein zu heben. Wie Donner klang sein ernstes Wort, welches er gelegentlich eines Volksfestes der Nordfriesen in Bredstedt am 10. Juni 1844 an seine Volksgenossen richtete. Er sagte u. a.: „Wäre ich Euer Schmeichler, so wäre ich Euer Feind. Ich bin aufgetreten, um Euch ans Herz zu legen, daß Ihr ebenso, wie Ihr hier jetzt zu Tausenden Ohr an Ohr und Hand an Hand stehet in Einmütigkeit und Eintracht, zusammenwachsen müsset in einen großen herrlichen Volkskörper, in dessen Geist unserer Vorväter Gemeinsinn, Mut, Kraft, Redlichkeit und Freiheitsliebe wohnen. Der Geist, der alles bindet und einigt, komme über Euch, es komme wieder zu uns, was die braven Vorväter so glücklich machte!"

Aus seinem 1845 erschienenen Buche: „Die Lebens= und Leidensgeschichte der Friesen", spricht dieselbe Mahnung, getragen von der tiefen Wehmut über den allmählichen Untergang des Friesenvolkes. Als die Gewaltherrschaft der Dänen in Schleswig=Holstein vor 1864 immer größere Fehler beging, kam es über ihn und er schrieb in flammender Begeisterung sein: „Schleswig, das urheimische Land des nichtdänischen Volkes der Angeln und Friesen und Englands Mutterland wie es war und ward, Hamburg 1862", welches „als glücklicher Mitstreiter zur Rettung unserer Nationalität und Sprache" 1867 in 2. Ausgabe erschien.

Seiner kleinen Schrift: „Die dänischen Enklaven im Herzogtum Schleswig", gab er das Motto:

„Der Wasserlauf von Schottburg trennt
Land Schleswig von den Jüten,"

um an anderer Stelle auszusprechen:

„Sie sollen ihn nicht haben
Den letzten deutschen Gau
Von Rendsburgs Festungsgraben
Bis zu der Schottburgau.

Die wir uns Deutsche nennen,
Mit Dänen nicht verwandt,
Wir lassen uns nicht trennen
Vom Deutschen Vaterland."

Eindringlich mahnt er seine Nordfriesen, dänischer Vergewaltigung gegenüber festzuhalten an ihrem Friesentum und ihrer Friesensprache. Sobald er selbst seinen Fuß auf eine Frieseninsel setzte, sprach er friesisch, um bei jeder Gelegenheit die jüngere Generation zu korrektem Sprechen der Muttersprache anzuleiten.

Wo sich ihm eine Aussicht auf erwünschte akademische Thätigkeit eröffnete, verschloß sich dieselbe infolge einer eigentümlichen Verkettung von Umständen alsbald wieder.

So begab er sich 1871 nach Amerika zu seinen beiden dort lebenden ältesten Söhnen, um bereits am 9. Oktober 1873, fast 70 Jahre alt, daselbst zu sterben. Viele seiner Schriften werden von seinen Landsleuten gern und immer wieder gelesen, und sie werden unter denselben noch lange das Andenken dieses Mannes lebendig erhalten, von dem J. Petersen sagt:

> „Adel und Hochsinn in Deinem Herzen thronten;
> Männerwürde strahlte aus blauer Augen Paar.
> Ruhloser Forscher in Nordlands Historien,
> Deine Blätter künden, was Friesland eh'mals war.
> Volk der freien Friesen, preise Deine Helden,
> Ehre Deine Männer der Wissenschaft und Kunst.
>
> Clement von Amrum, der Sprache großer Meister,
> Dreißig Idiome und mehr noch waren Dein.
> Lauscher am Meere, was sagten Flut und Winde?
> Klagten Wattenwüsten? Was sprach der Runenstein?
> Volk der freien Friesen, preise Deine Helden,
> Ehre Deine Männer der Wissenschaft und Kunst."

Christian Peter Hansen.

Neben Heimreich, der 1666 seine Nordfriesische Chronik herausgab, wurden namentlich die Beiträge zu J. F. Camerers Vermischten historischen und politischen Nachrichten, welche Nordfriesland betreffen, Quellenwerke für spätere Aufzeichnungen. Manche Nordfriesen, wie Dr. K. J. Clement, Pastor Mechlenburg und Christian Johansen von Amrum, Pastor Bahne Asmussen, Lehrer Peter Jung Peters von Föhr, Henning Rinken von Sylt haben dieselben benutzt und wertvolle Mitteilungen und Bücher hinterlassen, aber nur C. P. Hansen von Sylt, der wie sie thätig war, wurde es vergönnt, der Chronist der Nordfriesen genannt zu werden wie einst Heimreich.

Obwohl erst 20 Jahre seit seinem Tode dahingegangen sind, ist in unserer raschlebigen Zeit bereits das Leben, das Wirken und Schaffen dieses rastlos thätigen Mannes ins Meer der Vergessenheit hinabgesunken. Auch hat es an Versuchen nicht gefehlt, seine schriftstellerische Thätigkeit als wenig bedeutsam hinzustellen, nachdem diejenigen, die diesen Versuch machten, ihn selbst ausgebeutet hatten. Wenn derartige Unternehmungen sich auch selbst richten, so haben sie doch bei einem großen Teile der Fremden, die die nordfriesische Inselwelt besuchen, eine Abneigung gegen Hansens Schriften hervorgerufen, so daß heute nicht mehr das zu den Lebzeiten des Chronisten oft gesprochene Wort: „Wer Sylt kennt, der kennt auch den wackeren C. P. Hansen!" wie damals gilt. Denn unter den Besuchern Sylts sind sogar viele, die von seiner in Keitum vorhandenen Sammlung nichts wissen. Manche mögen oft das freundliche, mit Baumgängen versehene Keitumkliff betreten haben, ohne das bescheidene Häuschen auf demselben, in welchem bis zu ihrem am 18. Mai 1900 erfolgten Tode die 87jährige Frau Hansen schaltete und die Schätze ihres Mannes hütete, aufzusuchen.

Hier lauschten einst Hunderte aus nah und fern dem Erzählermund Hansen's, hier am Schauplatze seiner unermüdlichen schriftstellerischen Thätigkeit beehrten ihn fürstliche Persönlichkeiten mit ihrem Besuch, hier wurde ihm von den gelehrtesten und besten Männern des deutschen Vaterlandes manches Wort der Anerkennung; immer aber blieb er ohne Überhebung in bescheidener Einfachheit der freundliche und zuvorkommende Erzähler mit dem treuen Auge und dem geraden und offenen Wesen eines echten Friesen, inmitten seiner Sammlung gleichsam verwachsen mit den Geschicken seiner untergehenden Heimat Nordfriesland, an die er dachte als er Sylt anredend sprach:

> „O teures Eiland, deine Dünen ragen
> Als Zeugen dessen, was verging;
> Du mußt allein nun alle Liebe tragen,
> Mit der ich an dem ganzen hing.“

Hansen's Wiege stand in Westerland. Am 28. August 1803 geboren, entstammt er einer altsylter Schulmeisterfamilie. Sein Vater war der als Navigationslehrer, Mathematiker und nordfriesischer Volksdichter bekannte Jap Peter Hansen.*) Dürftigkeit und Sorgen fehlten nicht im Küsterhause zu Westerland, aber es wurde unausgesetzt fleißig an der geistigen Ausbildung gearbeitet. Die mathematischen Arbeiten, welche der Vater aufgab, schärften früh den Verstand seiner Kinder, wenn auch unser Hansen weniger Neigung zu den mathematischen Wissenschaften verspürte. Er hatte eine lebhafte Phantasie, versuchte als Knabe die Beschreibung abenteuerlicher Szenen und zeichnete gern. Die fromme Mutter legte den Grund zur sittlichen Ausbildung des Knaben, sie pflanzte auch die Liebe zur engeren Heimat und zu seinem Volk in sein Herz. Er selbst hat das wiederholt ausgesprochen, wie sie ihm vorhielt: „Deine Liebe und Deine Thätigkeit weihe vor allem Deiner lieben Heimatsinsel und Deinem friesischen Volksstamme; dessen Ehre, Frieden und Glück zu befördern, soll Dein angelegentlichstes und dauerndes Bestreben sein.“ Neben den Ermahnungen der Mutter gewannen das Beispiel eines Oheims, der als Lehrer und Rechenmeister in Sonderburg wirkte, und die Schriften Salzmann's bestimmenden Einfluß auf die sittlich-religiöse Richtung und die berufliche Ausbildung Christian Peter Hansen's. Das Seminar in Tondern entließ ihn 1827 als vorzüglich befähigt, das Amt eines Volksschullehrers zu verwalten. Nachdem er sich in Sonderburg praktisches Lehrgeschick erworben, wurde er 1829 durch königliche Resolution zum Nachfolger seines inzwischen nach Keitum versetzten Vaters bestallt. Dreißig Jahre wirkte er hier als Lehrer, Küster und Organist. Seine Schule galt für die beste der Insel; seine Schüler (ca. 300 Knaben hat er entlassen) wurden tüchtige Seeleute. Obwohl die meisten derselben jung in ihrem Beruf starben, führten von den 230, die zur See gingen, 32 als Kapitäne größere Handelsschiffe, 50 wurden Steuerleute, 16 Austernfischer und Küstenfahrer. Sehr viele machten vor der Entlassung aus der Schule Reisen als Schiffsjunge. Trotzdem hatten sie sich in der Schule so vorgebildet, daß sie nach mehrwöchigem Besuch der heimischen Navigationsschule das Steuermannsexamen bestanden, um dann als zuverlässige und theoretisch gebildete Seeleute besonders von Hamburg und Altona aus alle Meere der Salzflut zu durchkreuzen. Die Begründung eines Sylter Lehrervereins war Hansen's Werk, zur Einrichtung von Schülerbibliotheken gab er erfolgreiche Anregung. Geringe Besoldung (500 Mark Crt. pro Jahr), Streitigkeiten zwischen Behörde und Schulgemeinde, politische Wirren und Kriegsunruhen erschwerten die saure Lehrerarbeit, die heute noch auf Sylt als eine segensreiche bezeichnet wird. Krankheit, Hader zwischen den dänischen Schulbehörden und den deutschen Schulkommunen 2c. veranlaßten ihn, seine Entlassung zu erbitten, die ihm 1860 mit einer jährlichen Pension von 200 dänischen Thalern (150 Thlr. pr.) gewährt wurde. Die Mußestunden, welche ihm seine amtliche Thätigkeit gelassen, hatte Hansen zur eigenen Fortbildung benutzt. Eingedenk der Grundsätze, die ihm die Mutter ins Herz gelegt, suchte er hauptsächlich seine Kenntnisse der Geschichte, Sage und Natur seiner nordfriesischen Inselwelt zu vermehren, wobei er es sich zum Ziel gesetzt hatte, sich als Volksschriftsteller einen größeren Wirkungskreis zu verschaffen. Er wollte nach Kräften die Kunde seiner Heimat vermehren, zur Bildung, Einigkeit, Hebung des Gemeinsinnes und des Nationalbewußtseins seines Volksstammes beitragen. Aufmunterung und Anleitung erhielt er hierzu durch Uwe Jens Lornsen, Dr. Wülfke auf Sylt, Superintendent Callisen in Schleswig, Professor Dr. Falck in Kiel. Im Jahre 1833 begann er für sein Hauptwerk: „Chronik der friesischen Uthlande“, Material zu sammeln. Er durchsuchte von da an alle privaten und öffentlichen Archive der Inseln. Doch nahm er nebenher als eifriger Mitarbeiter an Biernatzki's Volksbüchern, an Müllenhoff's Sagen, an der Norddeutschen Jugendzeitung, den Illustrierten Hausblättern, an Landesberichten und Jahrbüchern

---

*) Siehe Seite 128.

teil. Lornsen's Ende veranlaßte Hansen's „Notizen zu einer Lebensbeschreibung des Kanzleirats Lornsen". Nach dem Tode eines Onkels gelangte Hansen in den Besitz alter Dokumente der Sylter Landvögte, die als Grundlage seiner historischen Schriften dienen konnten. Falck's Archiv brachte 1845 die wertvolle Abhandlung: „Die Insel Sylt in geschichtlicher und statistischer Hinsicht", die später in der 1856 in Altona erschienenen Chronik der friesischen Uthlande erweiterte Gestalt erhielt. Haupt=sächlich politische Umstände nötigten ihn, dieselbe mit 1825 abzuschließen. Die Kritik nennt sie „eine fortlaufende Schilderung und Beurteilung der natürlichen und politischen Ereignisse, eine Zusammen=stellung der sich erhalten habenden Volkssagen, eine höchst lehrreiche Darstellung der Kultur= und Sittengeschichte."

Die 1877 in Garding erschienene zweite Auflage wurde bis 1864 (inkl.) fortgeführt. Die friesischen Sagen und Erzählungen, welche wie die Chronik zuerst in Altona (Wendeborn) und zwar 1857 erschienen, zeigen die einfache und edle Erzählungsweise des Verfassers, während „Die nord=friesische Insel Sylt, wie sie war und wie sie ist, J. J. Weber, Leipzig 1859", die Reihe der zahl=reichen Schriften eröffnete, die Hansen später im Interesse des Bades Westerland erscheinen ließ, bezw. umgestaltete. Nach seiner Pensionierung erschienen in rascher Folge: „Der Sylter Friese, Kiel 1860, (chronologisch geordnete Notizen); Altfriesischer Katechismus (Hamburg 1862); Ubbo der Friese, Schleswig 1864 (Volkserzählung); das schleswigsche Wattenmeer, Glogau 1865; Antiquarische Karte, Garding 1866; der Badeort Westerland und dessen Bewohner, Garding 1868." Von diesem letzten Buch erschien 1891 in Garding die zweite Auflage, von den „Sagen" ebenda 1895 die dritte, beide von mir besorgt. Der Schulchronik (1879) folgten „Beiträge zu den Sagen, Sittenregeln, Rechten und der Geschichte der Nordfriesen," die 1880 nach Hansens Tode erschienen. Julius Rodenberg bezeugt sonach mit Recht: „Hansen hat eine Litteratur über Sylt eigentlich erst geschaffen." Doch ist er gleichzeitig, wie wir gesehen, ein Chronist der Nordfriesen.

Aber anders als seine Vorgänger hat Hansen auch als Sammler von Altertümern, die irgend auf die Heimat Bezug haben, von Petrefakten und Präparaten noch lebend vorkommender Tiere und Pflanzen besondere Bedeutung. Dazu kommt, daß er einige seiner Bücher mit lebensvollen Abbildungen nach seinen Handzeichnungen schmücken oder mit genauen Karten ausstatten konnte. Die Sammlung auf dem Keitumkliff ist ein noch beredteres Zeugnis seines rastlosen Fleißes als seine zahlreichen Schriften. Wenn es ihm oft nicht möglich war, die Fundobjekte der zahlreich auf Sylt vorhandenen Hünengräber für seine Sammlung zu erlangen, so sorgte er wenigstens für genaue Beschreibung und Skizzierung des Fundes oder des Fundortes. (Siehe Seite 78, 79, 97, 105.) Vieles konnte er selbst erwerben. Ohne seine Abbildungen und seine genauen Karten würde es schwer sein, unter abgetragenen und noch vorhandenen Hügeln und Gräbern zurecht zu finden.

Neben den Stein= und Metallsachen prähistorischer Zeit finden sich alte Fayencen, Glas= und Metallsachen und Holzschnitzereien. Unter den Versteinerungen haben die jetzt am Fundort fast zur Seltenheit gewordenen Objekte aus der tertiären Formation des Morsumkliffs den größten Wert. Die sekundären Sachen aus dem Feuerstein sind weniger selten, kommen auch größtenteils auf Föhr, Amrum und Helgoland vor; die primären Dinge aus dem Keitumkliff, die dort aus Kreide und Grauwacke aufgelesen wurden, sind eigenartig, die Krebstiere, Moos= und Schwammkorallen äußerst interessant. (Vergleiche Wanderungen III und IV). Mit geringen Hülfsmitteln ausgestattet, hat der unermüdliche Hansen, nachdem er 1841 die Sammlung begonnen, es verstanden, seine Kenntnisse in der Naturkunde so zu erweitern, daß er bei den Gelehrten aus nah und fern in hoher Achtung stand. Die Professoren Dr. Karsten aus Kiel und Rostock halfen ihm 1865 die Petrefakten ordnen. Seitdem aber war er bis zu seinem am 9. Dezember 1879 erfolgten Tode rastlos bemüht, die Sammlung zu vermehren, wobei ihn die Frau Hansen wirksam unterstützte. Die Beiden kehrten von keinem Spaziergange heim, ohne irgend einen guten Stein zum Ausbau des gemeinsamen Werkes aufgehoben zu haben. Sofern sich die noch lebend im Meere bei Sylt vorkommenden Tiere konservieren lassen, sind dieselben vertreten. Auch die Vogelwelt ist in ausgestopften Exemplaren vorhanden. Die vielen Aquarelle seiner Hand, welche die Wände der Sammlung schmücken, kennzeichnen ihn als kunstfertigen Zeichner. In der Sammlung erinnert vieles an die bedrängten Zeiten von 1848 und 1864. Wo Hansen konnte, gab er in Wort und Schrift Aufklärung, die Kämpfe als nationalen Freiheitskampf bezeichnend. „Rüm Hart, klar Kimming" (Raum Herz, klarer Gesichtskreis) und „Lewwer duad üs Slav" (Lieber todt als Sklave!) waren seine Wahlsprüche, denen er rastlos folgte. Als Leiter der Sammlungen für notleidende Krieger und sonst verdächtigt, fehlte nicht viel, daß er mit den sieben Sylter Gefangenen nach Kopenhagen geschleppt worden wäre.

In dem Kreise seiner Lieben fand er trotz der kärglichen Einnahme oft Gelegenheit, sich als guter Sohn und Bruder zu bewähren. Mit Liebe und Geduld sorgte er für seinen alten Vater, für eine brave, aber schwache Stiefmutter und für einen noch nicht erwachsenen Halbbruder. Zwei geliebte Gattinnen sind ihm 1843 und 1857 im Tode vorangegangen, ebenso die Stieftochter zweiter Ehe. Die dritte Frau, Gondelina, geb. Magnussen, die eine treupflegende Stütze seines Alters war, drückte ihm am 9. Dezember 1879 die Augen zu. Seit Mai 1900 ruht auch sie an seiner Seite. Als er ins Grab sank, trauerte die ganze Insel; ein endloses Gefolge gab ihm das Geleite zu seinem stillen Grabe auf dem Keitumkirchhof, wo heute nach seiner eigenen Bestimmung ein einfacher Granitblock mit der Inschrift: „C. P. Hansen, 1803 bis 1879", die Ruhestätte schmückt.

So lange Sylt besteht und sein Seebad, darf nicht vergessen werden, was C. P. Hansen zum Besten seiner Heimatsinsel gewirkt hat. Ohne ihn wäre sie nicht so interessant, ohne ihn wäre Sylt niemals heute das weltbekannte Seebad. Denn er hat es verstanden, in seinen Schriften die Besucher freundlich einzuladen und sie als der treueste und beste Führer, der jeden Winkel Sylts kannte, auf die Schönheiten der Insel, ihre Sage und Geschichte aufmerksam zu machen. Die Nordfriesen aber, deren Vorzeit er aufzuklären beschloß, als er 1844 an dem ersten Volksfeste der Nordfriesen in Bredstedt teilnahm, verdanken ihm die treffliche Chronik der Uthlande; er ist ein friesischer Chronist.

Möge darum nicht nur in der engeren Heimat Nordfriesland, sondern auch bei allen denen, die an den Geschicken der friesischen Inselwelt Interesse haben, das Andenken Hansen's lebendig bleiben, weder sein Leben, noch sein selbstloses Wirken verdient es, der Vergessenheit anheim zu fallen, oder gar verdunkelt zu werden.

Nordfriesische Rechenmeister.

Seefahrt und Deichbau gaben bei den Nordfriesen der Unterweisung der Jugend das Ziel, für diese Aufgaben tüchtig zu machen. Wenn daher im Herbst die Seefahrer heimkehrten, so besuchten sie mit den Kindern dieselbe Schule eines alten Seemannes, jene, die Steuermannskunde, diese, das praktische Rechnen zu bewältigen. Geometrie, Algebra, mathematische Geographie wurden eifrig betrieben. Beim Unterricht im praktischen Rechnen dienten deutsche, meist Hamburger Rechenbücher, während dem Navigationsunterricht anfangs die holländische „Skatkaamer", später deutsche Lehrbücher der Schifffahrtskunde zu Grunde lagen. Der Friese Bahne Asmussen aus Dagebüll brachte die verwickelten Regeln und Lehrsätze der Seefahrt nach Art der alten Grammatiker in Reime. Die kleineren Kinder mußten bereits die 32 Kompaßstriche vor- und rückwärts dem Gedächtnis einprägen, während die größeren die goldene Zahl, die Epakten oder die Zeit und Stunde des Neu- und Vollmonds fanden. Nicht wenige wurden durch solchen Unterricht zum späteren Selbststudium angeregt. Eine ganze Reihe zählt die Chronik der Nordfriesen als „Rechenmeister" oder als berühmte Mathematiker auf, und es ist interessant, wie weit manche es bei geringen Hülfsmitteln als echte „Self-made men" gebracht haben. Hier sollen einzelne der letzten zweihundert Jahre berücksichtigt werden.

Vor etwa 30 Jahren, als ich im Begriff war, das Rechnen zu erlernen, erzählte mir mein Onkel Chr. Olufs, ein alter Schiffskapitän in Dagebüll, der selbst ein ausgezeichneter Rechner war, gern von seinem früheren Lehrer, dem berühmten Hans Momsen in Fahretoft, der dort 1735 auf Gabrielswarf geboren wurde, und dessen Geburtshaus ich später gern besuchte. Momsen fand unter den Büchern seines Vaters einst einen „Euklid" in holländischer Sprache, die er nicht verstand. Aber

Luft und Liebe zum Dinge machten ihm Müh' und Arbeit geringe; Fibel und Bibel in holländischer Sprache räumten die Sprachschwierigkeit hinweg; saurer wurden ihm die Figuren. Wo er ging und stand, folgte ihm der Euklid. Ausdauernder Fleiß machte es möglich, daß Hans Momsen, 14 Jahre alt, seinen Liebling vollständig verstand. Daneben aber trieb er tausenderlei andere Dinge. Er baute kleine Mühlen und Schiffe und war ein Meister in allerlei Erz und Eisen. Stahl, Messing, Kupfer und Blei fügten sich zu Maschinen und Modellen. Der Vater, diesem Treiben abhold, sandte ihn 1752 mit den Brüdern hinaus zur Deicharbeit. Wenn ihm hier die Schiebkarre eine Pause ließ, so setzte er seine Studien fort; kam dann der Winter, so war er doppelt eifrig bei der Verfertigung von Instrumenten, Meßketten, Boussolen und Bestecken, und er lieferte genaue und schöne Arbeit. Mit dem Frühlinge zog er in die Ferne — nach Dithmarschen, wo er nicht nur für seine Arbeiten willige Käufer, sondern auch als Geometer angenehme Beschäftigung fand. Der Herbst führte ihn heim. Der goldschwere Beutel, den er mitbrachte, enthielt reicheren Ertrag als die Arbeit der Brüder unseres Hans gezeitigt hatte, und der erschrockene aber auch erfreute Vater gestattete ihm nun, nach eigenem Ermessen und ungestört seine Beschäftigung fortsetzen zu dürfen. Diese Stunde war unserm Hans die froheste seines Lebens. Von nun an war er im Sommer Landmesser, im Winter aber studierte er, machte Kupferstiche und Holzschnitte, er schliff und polierte Gläser, fertigte Teleskope, Sextanten und Oktanten; eine Uhr mit Glockenspiel; eine Seeuhr und eine Orgel gingen ebenfalls aus seiner Hand hervor. Seiner Wissenschaft zuliebe lernte er mehrere lebende Sprachen und Latein; die Theorie der Musik kannte er gründlich. Vornehmlich aber bewegte sich sein Geist in Astronomie, Geometrie, Trigonometrie, Algebra, Hydraulik, Gnomonik, Mechanik und Navigation. Da er gern von seinen Wissenschaften mitteilte, so ist es erklärlich, daß er eine Reihe von Schülern um sich sammelte, die zumeist tüchtige Steuermänner und Schiffsführer oder in anderem Beruf tüchtig wurden.

Als er 1793 Kopenhagen besuchte, glaubten manche hochgestellte Personen kaum, daß ein so einfacher bäuerisch gekleideter Mann der Verfertiger der Instrumente sei, die ihm zugeschrieben wurden. Bald sahen sie indessen, daß er nicht nur von ihren besten Gelehrten aufs Freundschaftlichste begrüßt, sondern auch um Rat gefragt wurde, den er augenblicklich zu geben in der Lage war. Auch daheim besuchten ihn viele, seine als Orakelspruch geltende Meinung zu hören. Sobald er merkte, daß die ihn suchenden Schüler etwas begreifen konnten, unterrichtete er sie gern. Waren dieselben arm, so waren ihm gute Fortschritte Lohn genug.

Einer seiner Schüler, der Deichgraf Andreas Nissen, ist erst 1883, 90 Jahre alt, gestorben. Derselbe, in Lindholm geboren, bezog, nachdem er von H. Momsen vorbereitet war, die Universität Kiel, wo er sich der Mathematik und Astronomie widmete. Er war Hülfsarbeiter bei Professor Schumacher, der 1820 Direktor der Sternwarte in Altona wurde. Die von diesem herausgegebenen „Astronomischen Hülfstafeln“ hat Nissen bearbeitet. Als Deichgraf hat er für die Verbesserung und Verstärkung der Deiche an der schleswigschen Westküste, sowie für die Erhaltung der Dünen auf Sylt und Amrum gewirkt, sodaß ihm der Nachruf galt:

„Wie suchtest treulich Du zu schirmen
Das meerbedrohte Friesenland!
Dein Auge wachte, daß in Stürmen
Fest stand das Werk der Menschenhand;
Daß hier sich brach des Meeres Wut,
Und nimmer raubte Hab' und Gut.“

Es wurde von ihm gesagt, daß er bereits als Schüler bei Momsen die Fertigkeit im Rechnen besessen habe, irgend eine zweistellige Zahl, beispielsweise 17, nur im Kopfe rechnend, in die siebzehnte Potenz zu erheben. Momsen hatte nämlich gleichzeitig mit Nissen noch einen Schüler, der sich bei ihm beklagte, daß es ihm nie gelinge, eine Aufgabe so schnell wie Nissen zu lösen. Momsen ging darauf zu Nissen in den Garten, stellte ihm eine Aufgabe und mußte sich über die sofort erfolgende Angabe des Resultates wundern. Ich habe den alten Nissen darüber befragt, ob diese Überlieferung richtig sei. Er bejahte — und fügte, meiner fragenden Miene entgegenkommend — auf plattdeutsch hinzu: „Wenn man de Logarithmen utwendig weet, denn is dat en smalle Saak!“ Das mußte ich zugeben, aber die Aufgabe, die resultierende Zahlenreihe aus dem Gedächtnis anzugeben, erschien mir nach wie vor als ein Kunststück.

Aus dem Kirchspiel Lindholm ist auch Jakob Jakobsen, der spätere Lehrer in Tinnum auf Sylt gebürtig, der den unvergeßlichen Uwe Jens Lornsen u. a. unterrichtete. Derselbe war als Navigationslehrer bis in den Anfang des vorigen Jahrhunderts thätig, nachdem er 1790 als Schullehrer seine „Freundschaftliche Bewirtung meiner mathematischen Brüder mit einem Traktement von sechs Gerichten. Oder: Curieuse mathematische Aufgaben nebst ihrer Auflösung" herausgegeben hatte.

Eine wie günstige Aufnahme seine Bewirtung fand, zeigt das Verzeichnis der Subskribenten, deren 535 aufgeführt sind. Obwohl er es beklagen muß, daß er durch das Schicksal in die unterste Klasse der Speisemeister gesetzt ist, darin viele ihre Fähigkeiten brach liegen lassen, und daß er nur milchspeisende Zöglinge hat, deren wenige ein wohlzugerichtetes Zugemüse von Gartengewächsen verdauen können, giebt seine Arbeit davon Zeugnis, „daß ihm die Übung in den höheren Kenntnissen" trotz des ziemlich hoch hangenden Brotkorbes nicht gefehlt, und daß er auf seiner damals weltfernen Insel Muße genug gefunden, schmackhafte Gerichte zu bereiten, bei denen die Nüsse kaum zum Nachtisch aufgespart worden sind. Mit Recht darf er am Schlusse seines Vorworts den Brüdern, die sich bei ihm zu Tische setzen: „Glück, Heil, Freude und eine gesegnete Mahlzeit!" wünschen.

Hansen schreibt von ihm: Als Mathematiker und namentlich als Navigationslehrer und Landmesser hat er sich mehr als irgend ein Sylter Lehrer des vorigen Jahrhunderts berühmt gemacht. Er galt für einen der besten Rechner in den Herzogtümern, damals maß und verteilte er nach 1770 in Verbindung mit dem Landmesser Nickels Woegens von Föhr fast alle Acker-, Weide- und Heideländereien auf Sylt; er unterrichtete, obgleich er selber nie zur See gefahren war, stets eine Menge junger Seefahrer in der Navigation und bereitete sie, als in Kopenhagen und später in Tönning Examinatoren angestellt waren, auf das Steuermanns-Examen vor. Diesen Unterricht setzte er bis zu seinem am 22. Februar 1818 erfolgten Tode fort. Als Mensch war er stets philosophisch genügsam und zufrieden; Geld hatte er nie. Er verstand nicht, damit umzugehen. In seinen Sommerferien pflegte er auf dem Festlande Fußreisen zu machen, die er einmal bis Lübeck und sogar bis Kopenhagen ausdehnte. Da er sich dabei von sogenannten mathematischen Brüdern bewirten und beherbergen ließ, so klingt es wahrscheinlich, was erzählt wird, daß er eine Rundreise in den Herzogtümern mit nur drei Sechslingen in der Tasche machen konnte, von denen er noch einige nach Hause wieder mitbrachte.

Ein Zeitgenosse von Jakobsen war der auch als Dichter bekannte Jap Peter Hansen aus Westerland, der 1800, nachdem er 15 Jahre zur See gefahren, Nachfolger seines Vaters als Küster und Lehrer in Westerland wurde. Er gilt als der bedeutendste Mathematiker der Familie Hansen und ist der Vater des Chronisten. Er war es, der in seiner Schule sehr oft Vater und Sohn gleichzeitig unterrichtete. Er hat ähnlich wie Hans Momsen der Nachwelt mathematische Instrumente 2c. und außerdem originelle Dichtungen und Schriftstücke hinterlassen.

Trigonometrie- und Plainskalen verfertigte er etwa 4000 Stück, während seine verbesserte Kornwaage, seine Rechenbücher und sein hundertjähriger astronomischer Kalender ihm viel Beifall und Anerkennung, u. a. den Dannebrogorden, eintrugen. Seine Schüler pflegten, wie die von Jakobsen, nach bestandenem Steuermannsexamen bald vorteilhafte Anstellungen, meist in Hamburg und Altona, zu erhalten.

Unter dem Titel „Nahrung für Leselust" hat Fr. Roßberg in Westerland die bis dahin gedruckt vorliegenden Dichtungen dieses Mannes 1897 neu aufgelegt. Die von Hansen auf Seereisen 1788 bis 1792 verfaßte Komödie: „Di Gidtshals of di Sölring Pidersdei", (Der Geizhals oder der Sylter Petritag) hat nicht bloß als originelles sittengeschichtliches Schaustück Bedeutung, indem es einen Wendepunkt im Charakter des ganzen Inselvolkes darstellt, sondern es ist auch ein Denkmal der Sylter Sprache vor 100 Jahren, zumal es das hervorragendste Werk der mundartlichen Litteratur des Sylter Dialekts überhaupt ist. Es gilt für echt national und erntet bei jeder Aufführung allseitigen Beifall. In den letzten Jahren ist es wiederholt dargestellt. Die Lieder sind sehr sangbar und beliebt. Der Roman „Di lekkel Stjüürmann" (Der glückliche Steuermann) wurde 30 Jahre später geschrieben. Von einem Seemann verfaßt, ist die Erzählung lebenswahr. Reime und Rätsel sind ein Zeugnis der Vielseitigkeit

J. P. Hansens. Von den bisher ungedruckten Arbeiten verdient besonders das Schauspiel „Die alte und die neue Zeit" (Di uald' en nii Tid üp Söl), — in abwechselnd Sylter und plattdeutscher Sprache abgefaßt — hervorgehoben zu werden. Die Sprichwörtersammlung ist großenteils vom Chronisten Hansen in „Beiträge zu den Sagen, Sittenregeln, Rechten 2c., Deezbüll 1880" verwertet. Namentlich die Lieder werden noch lange im Volke leben. Er starb 1855, 88 Jahre alt.

Im Jahre 1838 zog der bisherige, sehr tüchtige Navigationslehrer Hans Peter Köster, dessen Söhne nach ihm tüchtige Navigationslehrer wurden, von seinem beschränkten Wirkungskreise List nach seinem Geburtsorte Tinnum, wo er eine Navigationsschule gründete, welche lange Zeit sich eines guten Rufes erfreute und zahlreich, nicht nur von Syltern, sondern auch von auswärtigen Seefahrern besucht wurde. Die provisorische Regierung ernannte ihn zum Navigations=Examinator für Schleswig=Holstein in Apenrade. Er starb 1870, 77 Jahre alt.

Auch die Insel Föhr hat eine Reihe hervorragender Mathematiker und Navigateure auf= zuweisen, denen K. J. Clement in seinem „Lappenkorb, Leipzig 1846," ein Denkmal setzte.

Ok Tükkis, in Holland Arjan Teunis genannt, wurde durch sein Besteckbuch berühmt. „Er zeigte und lehrte unserer Seefahrt zu allererst, wie sie genau ihr Besteck finden sollte. Das ist die richtige Belegenheit eines Schiffes und die Länge seines gemachten Weges, wenn es bei veränderten Winden und Strömen eine Zeit gesegelt. Er war und blieb ein Friese, der einfachste und natürlichste Mann, den es geben kann, und legte selbst in den feinsten und vornehmsten Zirkeln in Amsterdam, wozu man ihn allenthalben heranzog, seine einfache, eigengemachte Kleidung nicht ab, auch nicht, wenn man ihn in den herrschaftlichen Kutschen abholte, um auf dem Stadthause vor versammelten Rat von ihm zu profitieren." Die Holländer machten sich wie die Engländer seine Entdeckungen zu Nutzen. Sein Geist maß die Fußstapfen des Seeschiffes in allen seinen Kursen und Abtriften, auf allen seinen Biegungen und Krümmungen aus.

Ein ausgezeichneter Navigationslehrer war der um 1716 in Ovenum geborene und daselbst wirkende Arfst Hansen. Er besaß in den mathematischen Wissenschaften „seltene Einsichten". Als Mitglied einer Gesellschaft Mathematiker löste er in einer langen Auseinandersetzung eine mathematische Aufgabe, die sonst niemand in der ganzen Sozietät lösen konnte. Er starb 1803, 87 Jahre alt.

Navigationslehrer war ebenfalls Nörd Jensen aus Toftum auf Föhr. Er fuhr viele Jahre zur See. Als er einmal in Amsterdam war, besuchte er das dortige Stadthaus. Bei dieser Gelegenheit fand er einen Fehler an einer dort vorhandenen astronomischen Darstellung. Seine Bemerkung mußte sofort als richtig anerkannt werden. Um seine Schüler mit besserem Erfolg in der Astronomie unter= richten zu können, machte er in sternklaren Nächten eine Sternkarte.

Ähnliche Verdienste erwarb als Navigationslehrer auf der Heimatsinsel Hinrich Brarens. Er war der Erste, der ein vollständiges deutsches Lehrbuch der Schiffahrtskunde herausgab. Das mit Tafeln und Tabellen 565 Oktavseiten umfassende Werk erschien im Jahre 1800 zu Magdeburg. Es ist betitelt: „System der praktischen Steuermannskunde mit den nötigen Tafeln zum Lehr= und Hand= buche zweckmäßig eingerichtet und geordnet von H. Brarens, Königl. autorisirter Navigationslehrer und Examinator zu Wyk auf der Insel Föhr." Dies Buch wurde später von dem Navigationslehrer und Mathematiker Arfst Nickelsen zu Oldsum revidiert. Brarens hatte so wenig als Hans Momsen andere Schulen als die Dorfschule der Heimat besucht. Er starb 1825 in Tönning, 74 Jahre alt.

Daß von den hier genannten nordfriesischen Rechenmeistern das Wort gegolten: „Frisia non cantat!" darf angenommen werden, da mir unter ihnen nur einer — J. P. Hansen — bekannt ist, der mit heller Stimme den Landsleuten seine Lieder vorgesungen hat. Sicher aber gilt von ihnen allen, daß sie rechneten. Und sie rechneten, teils aus Liebe zur mathematischen Wissenschaft, teils aber auch, um das Fortkommen ihrer Landsleute im Seeberuf zu sichern oder aber, um sie kampffähig zu machen, deichbauend gegen das Meer vorzugehen, welches mit jeder neuen Flut schäumend gegen die Küsten des Friesenlandes schlägt.

Hark Ulws, der Friese und Held von Amrum.

Von den Seefahrern der nordfriesischen Inseln und Festlandsküsten sahen viele die Heimat niemals wieder; andere kehrten heim und begeisterten durch Berichte ihrer abenteuerlichen Fahrten ein jüngeres Geschlecht zur Wahl des Seeberufes. Klang indessen von einem Schiffe das „Verschollen!" in die Familienkreise hinein, so wurde die peinliche Ungewißheit oft stärker als die schwache Hoffnung der Wiederkehr der fernen Lieben und schuf ernste und schwermütige Charaktere. Nicht nur Sturm und Fluten brachten Gefahr. Seitdem die Friesen sich der Handelsfahrt zugewandt, gerieten sie nicht selten, von Seeräubern gekapert, in die Sklaverei, besonders nach Afrika. Geschah das, so suchten die nächsten Verwandten das nötige Lösegeld aufzubringen; allein dieses war oft nutzlos dargebracht, der Ersehnte kehrte entweder nicht oder für ihn ein anderer, ähnlichen Namens, zurück. Gewöhnlich sahen die nach Afrika verkauften Sklaven, welche dort ausnahmsweise zu Macht und Ansehen gelangten, die Heimat niemals wieder. Nur von einem wird berichtet, daß er trotz des bereits vergeblich gezahlten Lösegeldes mit Glücksgütern gesegnet heimkehrte, um hier sein bewegtes Leben zu beschließen. Es ist der Amrumer Hark Ulws*), von dem im folgenden die Rede sein soll.

Als Sohn des Schiffskapitäns und Schiffseigners Ulw Jensen wurde Hark 1708 am 19. Juli in Süddorf auf Amrum geboren. Der Vater war als Teilhaber an drei Schiffen ein vermögender Mann. Die Türken raubten alle drei und machten ihn arm, zumal mit dem einen, dem Dreimaster „Die Hoffnung", der genannte Sohn in Gefangenschaft geriet, der schon seit seinem 12. Lebensjahr zur See gewesen war. Unter Führung des Kapitäns Flor wurde „Die Hoffnung", auf welcher außer Hark noch zwei seiner Vettern von Amrum waren, am 24. März 1724, von der Elbe kommend, unweit der Scilly-Inseln trotz seiner 14 Kanonen und tapferer Gegenwehr von einem Seeräuberschiff gekapert und nach Algier geführt, wo die Friesen wie die übrige Mannschaft auf dem Markte verkauft wurden; Hark Ulws kam endlich für 450 Stück von Achten an den Bey von Konstantine, Namens Assin. Nachdem er diesem Herrn drittehalb Jahre als Lakai gedient, in welcher Zeit er Französisch und Arabisch lernte und die Gunst seines Patrons erlangte, vertraute dieser ihm das Amt eines Gasnadal oder Oberkassierers an, welches Hark vier Jahre lang verwaltete. An jährlichem Lohn erhielt er 1700 Stück von Achten, Land, Kamele und Schafe. Sein Herr, ein kriegerischer und habgieriger Mann, besoldete die 2 Schreiber; den 20 Bedienten gab Hark Ulws das Gehalt und erhielt dreimal im Jahre eine mit Gold und Silber reichlich gestickte Montur. Als Gasnadal führte Ulws das Kommando über 500 Pferde, da er bei verschiedenen Unternehmungen Tapferkeit und Mut bewiesen und Proben seiner Treue abgelegt hatte. Ein Krieg des Beys von Konstantine mit dem Boäsfasse von Thesis brachte ihm neue Ehrung seines Herrn, der ihm in der Freude über den durch Hark Ulws herzhaften Angriff herbeigeführten Sieg das Kommando über die ganze Kavallerie übertrug. Das neue Unternehmen gegen denselben Feind, bei welchem der Führer mit einer Heeresabteilung in einen Hinterhalt gelockt und gefangen und viele getötet wurden, schien mißlungen zu sein, doch wußte Ulws, für den der Sieger eine gute „Ranzion" zu erhalten hoffte, einen Ausweg. Die Gemahlin des Boäsfasse, Elga, erschien im Gefängnis, neugierig den Christen, nämlich Ulws, zu sehen. Als sie, nachdem er verschiedene Fragen nach dem Gott der Christen und nach dem Christenland beantwortet hatte, fortging, rief er ihr mit heller Stimme nach, sie möge für ihn beim Herrn um Gnade bitten. Ein Scheik oder Prinz und Enkel des Boäsfasse ließ ihn zu sich führen, der ihn auf die Jagd mit-nahm, wobei sie sich damit unterhielten, nach dem Ziel zu schießen. Inzwischen betrachtete Ulws die Pferde, worauf der Scheik ihn ersuchte, diese, sie mit denjenigen zu Konstantine vergleichend, zu beurteilen. Nachdem er sich die Gnade erbeten, die Wahrheit sagen zu dürfen, bezeichnete er die von Konstantine als die besseren, bis endlich der Prinz ihm das seinige zum Proberitt überließ. Diese gefährliche Gelegenheit benutzte der Friese zur Flucht. Bald schlugen die Kugeln der Verfolger rechts und links von ihm in den Sand; nach drei Stunden aber hatte er Dank seines schnellen Renners keine Gefahr mehr zu fürchten und traf zwei Tage später „zum größten Vergnügen" seines alten

---

*) Der Name wird auch Olufs geschrieben, im Volksmunde aber Ulws gesprochen.

Patrons in deſſen Lager ein. Unterhandlungen führten jetzt nicht nur zum Frieden, ſondern auch zu einem Bündnis, welches in einem gemeinſamen Unternehmen gegen den Bey von Tunis gipfelte.

Bei einer Rekognoszierung der feindlichen Macht, welche Ulws mit der Zuſage, daß er, falls ſie glücklich gelänge, in ſeine Heimat heimzukehren hoffen dürfe, auszuführen hatte, kam er in Feindes Hand. Doch auch hier mußte er ſich Zutrauen zu erwerben, indem er, Piſtole und Säbel von ſich werfend, erklärte, er ſei ein Deſerteur und habe mit dem Könige von Tunis Wichtiges zu reden. Man glaubte ihm, und der Bey nahm ihn in ſeine Dienſte. Als indeſſen bald Überläufer den wahren Sach= verhalt berichteten, mußte er ſich beeilen. Es gelang ihm, 100 Reiter zu einem Streifzuge gegen ſeinen alten Herrn zu erhalten, nachdem er vorher genau die Stärke des tuneſiſchen Heeres erkundet hatte. So kam er zu ſeinem alten Herrn, der ſich nicht wenig über ſeine Treue gegen ihn freute. Hier riet er zum eiligen Angriff und führte die 40 000 Mann ſeines Bey, einen vollſtändigen Sieg über die Feinde davontragend. Seinem Herrn rettete er mit eigener Lebensgefahr im Gedränge das Leben. Nachdem eine Geſandtſchaft des Königs Auguſt von Polen unter Führung des Dr. Hebenſtreit aus Sachſen um Hark Ulws willen freundliche Aufnahme gefunden hatte, machte dieſer acht Jahre nach ſeiner Ankunft in Afrika mit ſeinem Patron im Gefolge einer Karawane von 6000 Mann eine Wall= fahrt nach Mekka. 2000 des Gefolges reiſten auf Koſten des Beys. Unterwegs erſchien dem Frieſen der Brunnen, an welchem einſt die Hagar mit ihrem Sohne Not gelitten, bemerkenswert. Er hebt in ſeiner Selbſtbiographie hervor, daß derſelbe auch von den Mohammedanern heilig gehalten werde. Die Reiſe dauerte dreizehn Monate. Sie brachte dem Bey den Zunamen Hadje = der Heilige; Hark Ulws bewahrte indeſſen treulich ſeinen Chriſtenglauben, hatte ihm doch Dr. Hebenſtreit nach glücklicher Heimkehr durch Überſendung von Speners Reiſe=Poſtille beſondere Freude gemacht. Nicht lange nachher wurde Hark Ulws mit einer Geſandtſchaft an den König von Marokko beauftragt, welche er zur Zufriedenheit ſeines Herrn ausrichtete. Das Alter ſeines Herrn, ſowie deſſen Verſprechen im Kriege mit Tunis, ver= anlaßten ihn zur Bitte um den Abſchied, der ihm auf Fürſprache eines andern gewährt wurde. Als er reiſefertig war, küßte er ſeinem Patron die Hand und ſprach: „Aſendi, ich danke für das Brot und Salz, welches ich beinahe zwölf Jahre aus Euren Händen empfangen, bitte mir Euren Segen aus und um Vergebung für alles, womit ich mich verſehen haben könnte." Der Bey dankte dem Kapitän für treue Dienſte, bat auch ihn um Vergebung für Verſehen und legte ihm die Hand aufs Haupt, ihm den Segen Gottes wünſchend und ihn warnend vor Ausſchweifungen und ſchlechter Geſellſchaft. Dann erteilte er ihm einen Paß auf Pergament. Seine Reiſe ging über Marſeille, Lyon und Hamburg.

Hier in Hamburg erwartete ihn der alte Vater, der ſchon einmal, als er vor zwei Jahren achthundert Mark zur Losgabe ſeines Sohnes abgeſandt hatte, demſelben zum frohen Wiederſehen entgegengereiſt war. Damals war ein Soldat aus Bremen mit ähnlichem Namen für den Betrag losgekauft. Auch nun erkannte er den Sohn — den er in 14 Jahren nicht geſehen — in ſeiner properen Kleidung, wohl gewachſen und dabei korpulent, nicht gleich; aber ſeine Hoffnung war, anders als er erwartet, erfüllt, denn der Sohn war geſund und vergnügt und brachte ſchöne Kleider, Möbel und in barem Gelde ein anſehnliches Vermögen mit, welches er mit Wiſſen und Willen ſeines Patrons erworben hatte.

Am 25. April 1736 trafen Vater und Sohn miteinander auf Amrum ein, wo ſie in Süddorf einander gegenüber wohnten. Hochgeſtellte Perſönlichkeiten beſuchten hier den afrikaniſchen Helden, der in Tondern König Chriſtian VI. von Dänemark vorgeſtellt und von dieſem zum Eintritt in königliche Dienſte aufgefordert wurde. Er lehnte ab. Nachdem er im Frühjahre 1737 in der brechend vollen Amrumer Kirche konfirmiert worden, ſchloß er im gleichen Jahre die Ehe mit Antje Harken, die ihm einen Sohn und vier Töchter ſchenkte. Eine kurze Biographie wurde von ihm erſt 1746 abgefaßt. Sie enthält — wie der Titel ſagt — die Schickſale, die ſich mit ihm zu Konſtantine zugetragen — die Zuſtände und Lebensverhältniſſe daſelbſt hin und wieder ſtreifend.

Dr. Clement beklagt mit Recht den Verluſt eines größeren handſchriftlichen Buches über den Helden, welcher nach der Rückkehr ins Vaterland 18½ Jahre lebte und nach der Überlieferung in den letzten Lebensjahren das Amt eines Strandvogts und Auſternkommiſſars bekleidete. 1750 ſtarb der Vater, und der Sohn folgte ihm 1754 ins Grab. Neben ihnen ruht auf dem Amrumer Kirchhof ein

Leidensgefährte von 1724, der nachmalige Schiffskapitän Hark Nickelsen, welcher nach dreijährigem Dienst beim Bey von Algier entlassen worden. Ihre Leichensteine sind unter den alten die schönsten auf dem Kirchhofe,*) obgleich die Inschriften noch manches zu wünschen übrig lassen. Sie sind noch erhalten, aber die ärmliche Erwähnung seiner Thaten auf Hark Ulws' Leichenstein ist nach Dr. Clement's Urteil so „dürr wie ein Totengeripp". Jahrelang ging man an ihm vorüber und kümmerte sich nicht um den Toten, der darunter lag. Seitdem aber Amrum Seebad geworden, ist das anders, und auch die Ulws-Düne, nahe dem Leuchtturm, von welcher einst Ulw Jensen — alternd — ergraut und dürftig — täglich Ausschau hielt nach seinen verschollenen Schiffen und nach seinem fernen Sohn, wird viel besucht. „Die Hoffnung" war ihm geraubt, aber die Hoffnung, seinen Sohn befreit zu sehen, hielt

Grabdenkmal Kirchhof Amrum.

ihn aufrecht und lenkte seine Schritte täglich nach der Düne — auch noch, als er vergeblich das Lösegeld erspart und verloren hatte. In der That erblickte er hier fern im Südwest vor der Mündung der Schmaltiefe das Segel, welches ihm die Nachricht brachte, daß der bereits totgeglaubte Sohn sich zur Heimreise anschicke. Später hat er oft an der Seite des Heimgekehrten an dieser Stelle gesessen.

So lebt er in der Überschrift einer Dichtung der amerikanischen Dichterin Mrs. Marsh als „Wolfe of the knoll"; Grundlage dieses Gedichtes in zwölf Gesängen aber sind die Geschicke unseres Helden und

seines vielgeprüften Vaters. Unserm Landsmanne Theodor Storm indessen wurden Hark Ulws' merkwürdige Erlebnisse zu einem Novellenmotiv. Die in der Frage: „Wo ist Heinz Kirch geblieben?" ausklingende Novelle hat den Titel: „Hans und Heinz Kirch".

---

*) Die Rückseite des in der Abbildung wiedergegebenen Grabmals enthält: Ganz oben im Halbkreis herum „So wenig Gottes Wort kann lügen, so wenig kann die Hoffnung trügen." Darunter: Die strahlende Sonne über Wolken und unter dieser eine auf 2 kreuzweise durchgesteckten Schwungfedern ruhende Krone. Darunter:

„Mein Leben war ein Wechsel
Von Freud und Herzeleid.
Mein Glücke blühte schön in meiner Jugendzeit,
Drauf hemmte eine trübe Wolke
Des Glückes heitern Schein,
Der Himmel ließ mich eine Weile
Betrübt und traurig sein.
Die Hoffnung ward mir zwar geraubt,
Und gleichwohl hofft ich doch
Und dachte bei mir selbst: Getrost, Gott lebet noch.
O ja, er lebet noch und ließ mich das erfahren,
Warum ich ihn gebeten in ganzen 12 Jahren.
Gepriesen sei sein Name in alle Ewigkeit
Für diese teure Gnade und große Gütigkeit."

Der abgebildete Dreimaster ist „die Hoffnung".

Trotzdem erschien es nicht überflüssig, einmal an der Hand einer Abschrift der vor 150 Jahren verfaßten Selbstbiographie auf den Amrumer Friesen zurückzukommen, der als Sklave nach Afrika gelangte, dessen Treue gegen den Herrn aber der Anlaß wurde, daß er als ruhmbedeckter Held und als freier Mann zur Frieseninsel heimkehren konnte, um auf ihr zur Freude des alten Vaters in Ruhe seine Tage zu beschließen.

Zwei starke Friesen.

Bereits in den Sagen der Friesen ist von heldenhaften Zweikämpfen die Rede, und geschichtliche Zeugnisse von solchen sind nicht wenige aufbehalten; ich will nur erinnern an jenen sieghaften Kampf zweier Friesen, als diese, dem Könige Waldemar zu Hülfe eilend, im Jahre 1215 Kaiser Ottos IV. Heer zur Umkehr und zum Rückzug über die Elbe veranlaßten, und an die That des Pellwormer Rademachers Wessel Hummer, der am 29. Juni 1252 König Abel, dem Brudermörder, mit seiner Streitaxt den Schädel spaltete. Doch auch im Treiben des Alltagslebens begegnen uns zahlreiche Friesen mit ungewöhnlicher Körperkraft. Sehr häufig gaben früher die nächtlichen Freierfahrten und Tänze der Halfjunkengänger nicht nur Gelegenheit zur Ausführung mutwilliger Streiche — beispielsweise wurden ganze Bauerwagen auf die First des Daches getragen und dort mit denselben Kornsäcken, die sie unten enthalten, beladen — sondern auch zu häufigen Schlägereien, bei denen kampflustige Föhrer den Gegner an die Schulter faßten, ihm den Kopf gegen den Magen setzten und, den Kopf als Hebel benutzend, den Feind weit hinter sich schleuderten, wo dieser kampfunfähig liegen blieb. Derartige Kraftproben pflegen gewöhnlich in den Thingprotokollen verzeichnet zu sein, da sie nicht selten zu Klagen Anlaß boten. Die Chroniken nehmen von ihnen keine Notiz.

Anders steht es um die Thaten der zwei Friesen, von denen hier die Rede sein soll. Der eine derselben, Andreas Jensen, gewöhnlich „Stark-Anjers" genannt, war aus Rodenäs in der Wiedingharde, wo er 1740 starb; der andere, Peter Hansen, war Besitzer des Listlandes auf Sylt, wo er 1718 gestorben ist. Dem starken Andreas war es eine Kleinigkeit, eine Tonne Husumer Bier auf den Wagen oder von demselben herunter zu heben, kam er doch wie Clement im Lappenkorb berichtet, an Stärke drei anderen Mannspersonen gleich. Er soll drei Tonnen Bier auf einmal haben heben können, indem er eine halbe unter jedem Arm hielt, eine ganze aber in jeder Hand im Spundloch. Wenn er Pferde aufs Gras brachte, die nicht gleich über den Graben der Fenne wollten, so stellte er sich rittlings über denselben und hob die widerspenstigen Tiere mit den Händen hinüber. Einen zehn Ellen langen Balken konnte er eine Viertelmeile allein tragen. Einmal holte er in Flensburg ein Fuder Langholz und war dabei, die Balken ohne fremde Hülfe auf den Wagen zu laden. Bald fand sich unter den neugierigen Zuschauern ein Matrose, der ebenso schnell die Hölzer vom Wagen hinabwarf. Andreas ließ ihn gewähren, doch wurde er endlich des Spaßes müde, faßte den Gegner und schleuderte ihn auf das Straßenpflaster, sodaß er nicht wieder aufstand. In seiner Arbeit fortfahrend, meinte er, zu den Umstehenden redend, es sei schade um den Menschen, der einmal ein tüchtiger Kerl werden könne. Sein Korn trug er selbst tonnenweise zu und von der Mühle; kaufte er Korn auf der Geest, so lud er jede Tonne auf die eigene Schulter, um sie heim zu bringen. Seine Feldarbeiten verrichtete er selbst. Als er einst am Pfluge ging, fragten ihn vorübergehende Fremdlinge, wo Stark-Anjers wohne. „Dort!" antwortete der Gefragte, den Pflug aus der Erde hebend, um mit demselben auf das Haus zu zeigen. Sie zweifelten nun nicht mehr daran, daß sie ihn selber vor sich hatten. Dabei war er von mittelmäßiger Statur, breitschulterig und breithüftig, er hatte starke und sehr regelmäßig geformte Beine und starke und große Hände. Er hatte guten Appetit, konnte auch täglich acht bis zehn Kannen Bier austrinken. Doch prahlte er auch in den Wirtshäusern nicht mit seiner Kraft; wenn er indessen herausgefordert wurde, so nahm er es mit mehreren gleichzeitig auf. Es wird erzählt, daß er einst im „Weißen Schwan" zu Tondern von dänischen Werbern, mit denen er angestoßen und getrunken, aufgefordert wurde, ihnen wegen Teilnahme an ihrem Gelage als heeres= dienstpflichtig zu folgen. Sie hatten sich in ihm arg verrechnet; er warf die drei Offiziere, einen nach dem andern, zum Fenster hinaus.

In seinen jüngeren Jahren diente Stark=Anjers bei einem Bauern, der nicht wenig von der Stärke seines Knechts zu erzählen wußte. Er fand endlich seinen Mann, der behauptete, einen wenigstens ebenso starken, wenn nicht noch stärkeren Knecht zu besitzen. Man ward zu einer Wette einig. Sechs Pferde sollte der bekommen, dessen Mann der stärkere sei. Ein Ringkampf auf der Tenne mußte entscheiden. Einen Augenblick maßen sich die Gegner mit den Blicken. Dann begann der Kampf, bei welchem Stark=Anjers den andern packte, ihn in die Höhe hob und mit seinen ausgestreckten Armen fortschleuderte. Als er merkte, daß derselbe nicht wieder zu Boden fiel, drehte er sich nach seinen Zuschauern um und fragte: „Wo blieb der Kerl?" — Er hatte ihn auf den Stallboden hinaufgeworfen. Übrigens besaß seine Schwester, die einst ihrem Gemahl, einem Schmied, nach einem Ehestreit ein neues Hufeisen vor der Nase gerade bog, ähnliche Kraft und Fertigkeit. Sie warf in der Abwesenheit ihres Mannes den Fußknecht aus Tondern, der ihr ungelegen kam, ebenfalls auf den Boden und zog die Leiter weg.

Eine Zeitlang suchte Stark=Anjers zur Herbst= und Winterzeit Arbeit in Eiderstedt. Man wies ihn zuerst nicht selten mit seinem eisernen Dreschflegel ab; manche meinten, sie hätten Leute, die dreschen könnten. Andreas Jensen entgegnete, daß er dies auch könne. Es sollte auf einen Versuch ankommen, wer am meisten zu leisten imstande sei. Der bisherige Drescher auf dem Hauberg legte gleich dreifache Lage, doch meinte Anjers, seinetwegen könne er gut noch mehr ausbreiten. Nun erst ließ er seinen Flegel auf das Getreide niedersausen — und die Bewohner des Haubergs merkten bereits seine Schläge, denn es wollte ihnen Hören und Sehen vergehen und, die Teller und Schüsseln fielen zerbrochen von der Wand. Der Mitdrescher hielt eine Weile mit, dann rief er dem rastlos Weiterstrebenden zu, er möge doch aufhalten; doch dieser wollte erst die Lage fertig dreschen; ehe das geschah, lag indessen der Genosse tot am Boden. Solches Dreschen hatte noch niemand gesehen. Zur bleibenden Erinnerung aber an dies Vorkommnis wurden an dem Thor der Scheune beide Drescher abgebildet; der bisherige mit der Unterschrift: „Ich bin der Mann, der dreschen kann!" und unser Stark=Anjers mit seinem Ausspruch: „Ich kann aber auch dreschen, wenn's nur Arbeit lohnen soll." — An mehreren Scheunen= thoren Eiderstedt'scher Hauberge hat man ehemals ähnliche Bilder gefunden, an die sich nach Dr. Karl Müllenhoff's Sagen aus Schleswig=Holstein verschiedene Überlieferungen knüpfen.

Wir verlassen einen Augenblick unsern kernigen Wiedinger, um auch von dem Sylter Kraft= menschen zu vernehmen. Derselbe lud einst Balken auf einen Wagen, dessen Fuhrmann erklärte, nun für seine Pferde genügende Ladung zu haben. Peter Hansen meinte, die wenigen Balken samt dem Wagen heben zu können. Er trug wirklich die Last eine Strecke auf seinem Rücken fort. Als die Bewohner von List in ihren Dünen einen wütend gewordenen Bullen einfangen sollten, stellte er sich an ihre Spitze. Unerschrocken ging er dem Tier entgegen, erfaßte es bei den Hörnern und legte es ohne große Anstrengung auf den Rücken, um es in dieser Lage so lange festzuhalten, bis es gebunden war. Am Weststrande seiner Heimatsinsel fand der starke Peter nach einem Sturm ein angetriebenes Schiffsboot, dessen Besitzer ihm auf sein Anerbieten, es durch die Dünen zu tragen, erwiderte: „Es gilt, trägst Du es nach Deinem Hause, so gehört Dir das Boot." Ohne irgend welche Vorbereitung und mit scheinbar geringer Mühe erwarb er dasselbe. Aus den Dünen abends heimkehrend, erfuhr er, daß eins seiner vielen Kinder vor Einbruch der Nacht noch nicht zurückgekehrt sei. Erst gegen Mitternacht fand sich dasselbe beim Hause wieder ein. Zur Strafe ergriff der Vater den Knaben und warf ihn einmal über sein Haus, ehe er ihn einließ. Daraus geht klar hervor, daß Peter der Kleine oder Litj Päer, wie Peter Hansen auch genannt wurde, in seinem Hause strenges Regiment führte; aber auch in seinem Dünengebiet, welches er als Eierkönig zu überwachen hatte, verstand er Ordnung zu halten. Eierdiebe waren selten, wenn sie aber erschienen, so fühlten sie den Arm des starken Mannes, so daß sie nicht wiederkehrten. Selbst ein dänischer Edelmann, der einen entflohenen Leib= eigenen bis an das Lister Dünengebirge verfolgte, ergriff die Flucht, als er, mit den Landesgesetzen unbekannt, Möweneier sammelnd, vom Eierkönig ergriffen und entwaffnet wurde.

In jungen Jahren fuhr Peter Hansen, wie viele seiner Landsleute zur See. Dieselben waren einst im Frühjahre in großer Zahl in einem Hafen der Wiedingharde angekommen, um von dort mit einem sogenannten Schmackschiff nach Holland oder Hamburg zu gehen. Sie mußten hier, da das Schiff mit Bier beladen an der Schleuse lag, warten, bis Wiedinger Arbeiter die Tonnen über den Deich geschafft hatten. Ein Wiedinger Friese trug zwei volle Biertonnen auf einmal, während die Sylter, um die eigene Abreise zu fördern, mit Hand anlegten, wobei je zwei von ihnen eine Tonne an Land beförderten. Bald begannen die Festländer über die schwächeren Insulaner zu spotten, ganz besonders auf die Stärke ihres Anführers pochend. Der Wortwechsel hätte wahrscheinlich eine gehörige Prügelei zur Folge gehabt, wenn nicht ganz unerwartet für die Wiedinger unser Peter Hansen sich freiwillig erboten, das gleiche Quantum wie der Festländer zu tragen. Es begann nun ein interessanter Wettlauf der beiden Starken, sodaß die Übrigen müßig zuschauten, während die beiden den Rest der Ladung, jeder zwei Tonnen gleichzeitig tragend, löschten.

Endlich fragte der Sylter den Wiedinger nach seinem Namen. „Ich heiße Stark-Anjers," antwortete derselbe, „aber wer bist Du?" „Ich werde auf Sylt „Litj Pääer!" genannt, aber ich heiße Peter Hansen." „Gleichviel, Du bist ein Kerl, mein rechter Name ist Andreas Jensen. Laß uns nun auch einmal zusammen trinken."

Peter Hansen hatte neun Söhne und drei Töchter, sodaß vor 20 Jahren auf Sylt 150 Nachkommen von ihm gezählt wurden. Andreas Jensen starb ohne Leibeserben.

Hin und wieder tauchten seitdem unter ihren Landsleuten und Nachkommen ähnliche Kraftmenschen auf, aber keine, von denen soviel Einzelheiten und Kraftproben überliefert sind. Hatte doch beispielsweise, wie bereits hervorgehoben, auch der Patriot Uwe Jens Lornsen mehr als einmal Gelegenheit zu zeigen, daß sein klarer Geist in einem kräftigen Körper wohnte.

Aus dem Leben einiger alter Friesen.

Die Männer, aus deren Leben hier längere oder kürzere Episoden mitgeteilt werden, sind teilweise sogenannte Originale, spiegeln aber dabei auch manche allgemeine Charakterzüge der Altvordern wieder, zumal sie alle dem 18. Jahrhundert entstammen und nur einzelne von ihnen die Schwelle des 19. Jahrhunderts überschritten. Ihre Zeitgenossen gehören, sofern sie noch vorhanden, zu den ältesten Männern des jetzt lebenden Geschlechts.

Als im Jahre 1713 Steenbock mit seinen Schweden die friesische Marsch heimsuchte, diente auf dem Hofe Bombüll in der Wiedingharde, der einst ein Seeräubernest Störtebeckers gewesen, ein friesischer Jüngling, Niß Ipsen und mit ihm als Magd seine geliebte Braut. Ein schwedischer Offizier, der dort einquartiert wurde, stellte der Ehre der schönen Grete nach. Dabei von deren Bräutigam ertappt, wurde er von diesem erstochen. Um seines Lebens sicher zu sein, mußte Niß Ipsen jetzt flüchten. Er kam nach Amsterdam. Gleich vielen seiner Landsleute, durch deren Thatkraft manche Holländer einst reich geworden, machte er mehrere Reisen nach Ostindien. Schnell hatte er sich Kenntnisse vom Seewesen und Achtung bei seinen Vorgesetzten erworben; dann wurde er Schiffskapitän und trat als Kapitän-Leutnant in die Dienste der Generalstaaten. Nachdem er sich in mehreren Seegefechten ausgezeichnet hatte, ernannte ihn die niederländische Regierung zum Admiral und überhäufte ihn mit Reichtümern. Er nannte sich als solcher nach seinem Heimatsorte und schrieb eines Tages:

„Aan myn Greethje!

As du nog van der Gesynning bist, t'welk du weirst, do ick mit dy toglyk op Bombell dende; so kam to my na der Haag, und war myn Frow, Ick bin tegenwordig Hollandische Admiral.

Nil de Bombell,
vormalen Nis Ipsen, dyn getruwe Brydigam."

Bald brachte das mitgesandte Schiff eine glückliche, wenn auch alternde Braut, die man als Dienstmagd in Emmerlef gefunden, in die Arme des hocherfreuten Admiral=Bräutigams.

Im Jahre 1788 wurde nach dem Tode des Sylter Landvogten Matthiessen der ehemalige westindische Schiffskapitän und nunmehrige Ratmann und Kaufmann Jens Thiessen Deutscher zu Tinnum als einstweiliger Landvogt eingesetzt. Derselbe war ein höchst akkurater, thätiger, frei= mütiger und religiöser Mann. Weil er im Bezahlen wie in allen Sachen höchst pünktlich war, erhielt er als Schiffsführer den Namen „Contant". Er betrieb ein ausgedehntes Handelsgeschäft, in welchem Reellität und Pünktlichkeit herrschten. Von jeder Ware berechnete er sich zehn Prozent Gewinn und ließ auch nicht davon ab, wenn darum die Ware unverkauft blieb. Sein Geschäft war am Sonntag geschlossen, weil er alsdann die Kirche besuchte, um den zehnten Teil seines Wochenverdienstes in den Armenblock zu legen. Als Kommunalbeamter war er stets ängstlich für das Wohl der Landschaft bedacht und thätig. Mit Freimut und Würde sprach und schrieb er zum Besten der Landschaft, dabei stets das Herkömmliche und die Rechte des Landes verteidigend. Dabei galt ihm sein Wahlspruch: „Fürchte Gott, thue recht und scheue niemand!" als Richtschnur, und er ließ ihn, um dessen stets eingedenk zu sein, mit großen Buchstaben an der Decke seiner täglichen Wohnstube anbringen. Die nötige Rechts= kunde verschaffte er sich dadurch, daß er die hinterlassenen Papiere seiner Vorweser, der alten Sylter Landvögte, und eine von ihm bewirkte Sammlung der alten Verordnungen fleißig studierte. Er wird daher als das Muster eines im steifen Kostüme der damaligen Zeit mit Würde auftretenden Sylters von seinen Zeitgenossen bezeichnet. Er starb 1817.

Ein Original wie Deutscher war der ebenfalls 1788 zum Strandinspektor ernannte frühere westindische Kapitän Broder Hansen Decker, der 1736 zu Westerland geboren wurde. Mit Deutscher verglichen schien er einem früheren Zeitalter anzugehören. Er war gleich ihm freisinnig, thätig und pünktlich, allein dabei ungemein derb und kräftig. Schon sein gewaltiger Körperbau, seine Stimme, sein gebieterisches Wesen mußten Aufmerksamkeit erregen und Achtung einflößen. Als echter Nordfriese hatte er Mut wie ein Löwe. Er sprach wenig, aber bündig, war ein Feind aller Schmeichelei und Lüge. Er war eben das, was er war, stets ganz, nie halb. Mit Kraft und Energie wußte er dem Unwesen des Stranddiebstahls zu begegnen. Einst beschwerte sich die Rentekammer, daß sie sein Schreiben nicht lesen könne. Decker antwortete: „Ich habe in meinem Leben viele Briefe geschrieben. Die darauf erteilten Antworten beweisen, daß bisher jeder meine Schrift gelesen und verstanden hat. Die Rentekammer muß daher Leute anstellen, die geschriebene Schrift lesen und verstehen können." Einmal wurde er von einem höheren Beamten aufgefordert, sein Urteil und sein Bedenken über eine in Vorschlag gebrachte Verordnung, betreffend Einschleppung ansteckender Krankheiten bei Schiffbrüchen 2c., zu äußern. Da diese Verordnung der Erwartung des alten kundigen Seemannes und Strandinspektors durchaus nicht entsprach, so lautete sein Gutachten, daß selbst eine ansteckende Krankheit wünschenswerter sei als eine solche Verordnung. Im Jahre 1789 unternahm er mit seltener Uneigennützigkeit den Umbau der Westerländer Kirche. Er begann eine eigentliche Dünenkultur auf Sylt und starb 1818.

Niß Taken wurde 1728, 20 Jahre alt, zum Strandvogt und Küster von Rantum auf Sylt, wo er auch geboren, ernannt. Er war wie die meisten männlichen Glieder der Familie Taken ein großer starker Mann, der bei Strandungsfällen nicht selten schwere Gegenstände forttrug, die sonst für drei Männer zu schwer waren. Am Strande trug er stets eine scharfe Art als Waffe, mit der er Strandräuber abwehrte und Stranddieben die Stricke und Geräte zerhieb, womit sie ihren Raub weg= führen wollten. Doch ließ er es ungestraft geschehen, wenn arme Nachbarn von seinem Wrackholz zu ihrer Feuerung holten. Reichen und Armen sagte er seine Meinung gerade heraus, aber er wünschte auch von ihnen gleiche Wahrheitsliebe. Eine arme Nachbarin, die bei ihm 5 Thaler leihen wollte, antwortete auf die Frage, wann sie das Geld wieder zu bezahlen gedenke: „Ich fürchte, Ihr werdet Euer Geld nie wieder bekommen!" „Da hast Du 10 Thaler," sagte Taken, „weil Du mir offen die Wahrheit sagst." Um die Ehrlichkeit seiner Untergebenen auf die Probe zu stellen, legte er sich eines Abends spät am Strande nieder und blieb ruhig liegen als eine wegen Strandraub bekannte Nachbarin herbeikam. Sie hielt ihn für einen Toten, den die Wellen zurückgelassen hatten. Erst als sie seine

Taschen zu unterfuchen und zu leeren anfing, sprang er auf und versetzte der Stranddiebin eine wohl=
verdiente Ohrfeige. Bis in fein Alter blieb er der schlichte, fromme und Gott ergebene Mann, auch als
er blind geworden. Da er auch an Taubheit litt, stieg er in den letzten Lebensjahren mit dem Paftor
von Westerland auf die Kanzel der kleinen Rantumkirche, um, auf den Knieen liegend, jedes Wort der
Predigt zu erhaschen. Doch kniete er nur vor Gott, nicht vor Menschen, wie die weftfriesischen Männer,
die 1555 nicht vor König Philipp von Spanien, dem neuen Herrn der Niederlande, knieen wollten.
Taken blieb auf seiner Stubenbank liegen, selbft wenn der Landvogt eintrat. Als dieser aber den
Amtsverwalter von Tondern mitbrachte, entgegnete der schlichte Friese: „Na, denn mutt ick well
opftahn!" Er ftarb, 83 Jahre alt, 1791.

Oluf Jakob Olufs von Goting auf Föhr fuhr als Grönlandkommandeur von Kopenhagen.
Als sie einst auf der Reise mitten im Eise waren, wo sie auf Walfifche lauerten, kam ihm öfter eine
holländische Fluyt vorüber und rief ihm zu, abzuhalten, also im Vorüberfegeln ihm nicht zu nahe zu
kommen. Schiff und Flagge hatte der Holländer als dänisch erkannt, und die Holländer waren den
Dänen nicht gut. Deshalb lautete der Ruf: „Haud af, gej Deensche beest!" Er war im
Begriff, zum letztenmal wiederzukommen und diesen Ruf zu wiederholen. Olufs kommandierte jetzt
feine Leute überall. Voll Verwunderung kamen dieselben bei gutem Wetter auf Deck, wo sie alle
Sloopen nach der andern Seite des Schiffes schaffen mußten. Darauf lief er mit der kahlen Seite
dem Holländer so nahe, daß er ihm alle seine Sloopen am Lee=Bord abstrich. Das geschah in aller
Stille und ohne vorhergegangenes Geräusch. Diesen Schaden hatte der Holländer für sein Schelten.

Von dem Amrumer Kapitän Hark Nickelsen, der 1770 ftarb, wird erzählt, daß er einst
einem Kapitän der dänischen Marine, der eine Seefeffion dort abhalten wollte, gegenüber nicht unter=
würfig genug gewesen sei. Der dänische Marineoffizier fragte barsch, ob man denn nicht wisse, was
er für ein Mann sei. Genau in gleichem Tone erwiderte der Friese, ob der Offizier auch wisse, was
für ein Mann er sei und zeigte seinen Säbel, denn er war Kapitän eines Dreimasters, der zehn Kanonen
und Kriegskommando an Bord hatte.

Urban Flor, ein tüchtiger und allgemein geachteter Mann aus Morsum auf Sylt, fuhr als
Schiffskapitän von Kopenhagen. Man sandte den kenntnisreichen Kapitän 1778 nach den Faeroer Inseln,
wo er eine Handelsfaktorei anlegte und Handelsgeschäfte mit Schottland einleitete. Die Regierung
übertrug ihm den Posten eines Gouverneurs. Er hat die Inselgruppe genau gemessen und 1781 eine
Karte derselben veröffentlicht. Als er einst nach Sylt heimkehrte, verliebte sich der stattliche Mann in
die hübsche Braut seines geizigen Bruders, dem er die Braut für eine koftbare goldene Uhr abkaufte,
da auch sie mit dem Handel einverstanden war. Er ist 1803 auf seiner Heimatinsel gestorben.

J. V. Sievertsen schreibt selbft: „Ich bin im Jahre 1766, den 3. Oktober, auf der
Hallig Hooge von christlichen Eltern geboren. Meinen Vater habe ich nicht gekannt, Gott rief ihn in
seinem Seeberuf zu sich, als ich etwa anderthalb Jahre alt war. Meine Mutter hinterblieb mit drei
unerzogenen Kindern, von denen ich das jüngfte war, in ganz dürftigen Umständen. Als die traurige
Nachricht von dem Tode des Vaters einging, hat meine Mutter, die mich gerade auf den Armen trug,
Gott gebeten, daß es ihm gefallen möge, auch mich zu sich zu nehmen, weil es ihr nicht möglich schien,
uns alle drei zu ernähren. Der himmlische Vater wußte aber wohl, wie er ihr und ihren Kindern
forthelfen wollte. Nachdem ich als Knabe drei Jahre den Hirtenstab geführt, begann mein Seeleben
mit dem 11. und 12. Jahre. Acht Jahre mußte ich als Schiffsjunge dienen, weil ich wie David klein
von Statur war. Was ich verdiente, gab ich der lieben Mutter. Dankbar erinnere ich mich noch der
mütterlichen Lehre, die sie mir beim Austritt in die Fremde mitgab: „Mein lieber Sohn! Fürchte
Gott und sei getreu! Rede die Wahrheit! Lüge und ftehle nicht! Gott sei mit Dir." Darauf sank
sie in Thränen zur Erde. Mit der Zeit ftieg ich stufenweise vom Matrosen zum Schiffskapitän. Als
solcher habe ich in russischen Diensten drei Schiffe geführt. Das vierte wollten meine Herren mir
aufdringen, was ich dankend ablehnte, da ich in zehn Jahren meine treue Frau und meine alte Mutter
nicht gesehen hatte und sich mir andere Aussichten eröffneten, noch etwas zu verdienen. Gesund und
wohl kam ich zu den Meinigen — und ich hatte auf ehrliche Art — also mit Gott — so viel

erworben, daß ich die Schulden meiner Mutter und meiner Haushaltung bezahlen konnte und noch etwas als freies Eigentum behielt. Meine Mutter, die früher Gott um meinen Tod angefleht hatte, bekannte nun: Wie wenig wissen wir Menschen doch, was wir bitten. War doch ich — das jüngste Kind — ausersehen, die Mutter zu ernähren und zu verpflegen." Dieser Eigenbericht des Mannes zeigt deutlich, daß Sievertsen sich wie seine Landsleute auf den Halligen durch Gottesfurcht und Redlichkeit auszeichnete. Heimgekehrt lebte und wirkte er als Ratmann und Kirchen= und Armen= vorsteher bis zur Februarflut 1825. Krank am Körper wie am Geiste, gelang es ihm dennoch, sich aus seinem von den Wellen zertrümmerten Hause ins Nachbarhaus zu retten. Nach der Flut wohnte er zu Wyk auf Föhr, wo er sich mit Andachtsübungen und der Verbreitung kleiner religiöser Schriften beschäftigte.

*   *   *

Die Reihe der merkwürdigen Männer Nordfrieslands ist damit keineswegs erschöpft. Ich will nur erinnern an die kernigen Gestalten der Wattenschiffer wie Brork Buhn aus Westerland, Gabriel Ewald Friedrichsen von der Hallig Galmsbüll, Marten Knuten von Amrum. Doch die mit= geteilten Proben mögen genügen.

———————

Den freundlichen Lesern und Leserinnen danke ich für das Interesse, mit welchem sie mir auf den Wanderungen am Meeresstrand, den Fahrten von Insel zu Insel und zur Hallig, über Watten und Sandbänke zur Festlandsmarsch und zu den sagenumwobenen Hügeln der Heide, den Burgen und Burgruinen der Inselwelt gefolgt sind, um endlich bei den Friesen alter und neuer Zeit selbst zu weilen, die mit ihrer meerumrauschten Heimat am Dünenstrand der Nordsee und am Wattenmeer in zahlreichen Schriften Gegenstand der Betrachtung geworden sind.

Litteratur der nordfriesischen Inseln und des Wattenmeeres.

(Bei einer späteren Wiederveröffentlichung werde ich gern alle Neuigkeiten, Fortsetzungen und neuen Auflagen in dies Verzeichnis aufnehmen, wenn die Herren Verleger in ihrem eigenen Interesse veranlassen, daß mir dieselben zugehen.)

I. Schriften.

Die mit * bezeichneten Werke enthalten Karten, diejenigen mit m = mundartliche Proben. Wo die Verlagsbuchhandlung nicht mehr existiert, ist stellenweise Bezugsquelle in [] eckiger Klammer beigefügt.

1. Die Uthlands mit Helgoland.

Adler, J. G. C., Amtsgerichtsrat, Die Volkssprache in dem Herzogtum Schleswig seit 1864. (In Zeitschr. der Gesellsch. für Schl.-Holst.-L. Geschichte, Band 21, Kiel 1891.)

Andresen, Stine, Gesammelte Gedichte, Nordseebad Wyk auf Föhr 1893. Selbstverlag. Dieselben herausgeg. von Prof. K. Schrattenthal. Mit Bildnis. Bethel b. Bielefeld 1895. Schriftenniederlage.

Arnkiel, M. Trogillo, Cimbrische Heyden-Religion 2c. 1. Teil. Hamburg 1691, verlegt durch Thomas von Wiering, im güldnen A.B.C. bei der Börse.

Baudissin, Ad., Schleswig-Holstein meerumschlungen. Stuttgart 1865, E. Hallberger.

— Blicke in die Zukunft der nordfries. Inseln und der schlesw. Küste. Schleswig 1867.

m Bendsen, B., Die nordfriesische Sprache nach der moringer Mundart. Leiden 1860, E. J. Brill.

Beneke, F. W., Die sanitäre Bedeutung des verlängerten Aufenthalts auf den deutschen Nordseeinseln. 1. 1881. 2. Ausgabe 1886. Norden u. Norderney, Herm. Braams.

m Benneke, Waldemar, Nord-Frieserne og deres land. Skildringer fra Vesterhavs Oerne med 6 helsidesbilleder. Aarhus 1890, Forlagt af Brödr. Backhausen.

*m Berenberg, C., Die Nordseeinseln an der deutschen Küste nebst ihren Seebade-Anstalten.

1. Aufl. Hannover 1865. 5. Aufl. Norden und Norderney 1890, Herm. Braams.

Biernatzki, J., Ein Licht auf meinem Wege. Eine Weihnachtserzählung aus Nordfriesland. Kiel 1884, Karl Biernatzki.

Blicher, S. S., Nordseebilder. Kiel 1841, Schwers'sche Buchhandlung. (E. Homann.)

Bohrdt, Hans, Deutsche Nordseebäder. Neue Monatshefte. V. Jahrg., Heft 1 und 2. Leipzig 1890, Velhagen & Klasing.

Bormann, Georg, Meer und Heide. Eine Erzählung von den nordfr. Inseln. Berlin 1895. Gebr. Paetel. (Stimmungsvoll, empfehlenswert.)

m Bremer, Zeugnisse für die frühere Verbreitung der nordfr. Sprache. (Jahrb. d. Ver. f. niederd. Sprachf. XV, S. 94 u. 104.)

Bruun, C., Om de Slevigske Marsköer og Halliger og Nödvendigheden af deres Vedlige holdelse. Kjöbenhavn 1858.

— De Slesviske Halligers Aftagen, oplyst ved Exempel fra Habel. Kj. 1858.

Buchenau, Franz, Vergleichung der nordfriesischen Inseln mit den ostfriesischen in floristischer Beziehung. (Abhandlungen des Naturwissensch. Vereins. Bremen, Sept. 1886.)

m Clement, K. J., Lebens- und Leidensgeschichte der Friesen. Kiel 1845, Chr. Bünsow.

m — Der Lappenkorb von Gabe Schneider aus Westfriesland mit Zuthaten aus Nordfriesland. Leipzig 1846, Wilhelm Engelmann.

m — Reise durch Friesland, Holland u. Deutsch-

land im Sommer 1845. Kiel 1847, Schröder & Comp.

m Clement, K. J., Schleswig, das Urheim der
Angeln u. Friesen. Altona 1867, Kommissionsverlag von Oskar Sorge.

m — Eigentümliche Elemente d. friesischen Sprache,
mit besonderer Rücksicht auf das Nordfriesische.
(Herrigs Archiv für das Studium der neueren
Sprachen und Litteraturen. IX. X. XII.)

— Die Beschaffenheit der Nordseeküste Schleswig-
Holsteins. Kiel 1865.

*Danckwerth, Caspar, Newe Landesbe-
schreibung der zwei Hertzogthümer Schlewich
vnd Holstein, zusambt vielen dabey gehörigen
Newen Landcarten, die auff Ihr. Königl. Maytt
zu Dennemarck, Norwegen 2c. und Ihr. fürstl.
Durchl. Beeder Regierenden Hertzogen zu
Schlewich, Holstein 2c. Aller- vnd Gnädigsten
befehle von Dero Königl. Maytt bestalten
Mathematico Johane Mejero, Husl. Cimbro,
chorographicè elaborirt, durch Casparum Danckwerth, D., zusammengetragen und verfertigt 2c.
Anno 1652. (Seite 88. 89. 144 2c.) [Selten.]

*Eckermann, Eindeichungen zwischen Husum und
Hoyer. (In Zeitschrift der Gesellschaft für
Schlesw.-Holst.-Lauenb. Geschichte, Band 21,
Kiel 1891.)

* — Die Eindeichungen südlich von Husum, in
Eiderstedt u. Stapelholm. (Zeitschr. d. Gesellsch.
für Schlesw.-Holst.-Lauenb. Gesch. Band 23,
1893. S. 39—120.)

* — Die Eindeichungen auf Nordstrand u. Pellworm. (Zeitschr. d. Gesellsch. f. Schlesw.-Holst.-
Lauenb. Gesch. Band 25., Kiel 1895.)

— Die Eindeichungen bei Bottschlot. (Zeitschr.
d. Gesellsch. f. Schlesw.-Holst.-Lauenb. Gesch.
Band 26, S. 1—14.)

m Ehrentraut, H. G., Friesisches Archiv.
Oldenburg 1847, Schulze'sche Buchhandlung.

m Ein Friese, Die deutsche Kirchen- und Schulsprache. Ein teures Kleinod der Nordfriesen
im Herzogtum Schleswig. Weimar 1862,
Hermann Böhlau.

*Esmarch, H. C., Das im Herzogtum Schleswig
geltende Bürgerliche Recht. Schleswig 1846.

— Sammlung der Statute, Verordnungen und
Verfügungen, welche den bürgerlichen Prozeß
des Herzogtums Schleswig betreffen. Schleswig
1848, M. Bruhn.

*Falck, N., Handbuch d. Schlesw.-Holst. Privat-
rechts. Band 1, Kiel 1825.

Fischer-Benzon, R. v., Die Moore der Provinz Schleswig-Holstein. Hamburg 1891,
L. Friedrichsen & Co.

Forchhammer, Die Bodenbildung der Herzog-
tümer Schleswig, Holstein und Lauenburg.
S.-A. aus Reventlow-Farwe und v. Warnstedt,
Beiträge. Siehe daselbst.

Frahm, Ludwig, Die Doppeleiche Schleswig-

Holsteins. Land und Volk im Dichterwort.
1888, Selbstverlag.

m Frahm und J. Petersen, Nordseestrand
und Inselland. Gedichtsammlung. Garding
1886, H. Lühr & Dircks.

Friedel, Ernst, Zur Kunde der Weichtiere
Schleswig-Holsteins. (Malakol. Bl. 1869/70.)

Friedrich, Edmund, Die deutschen Insel-
und Küstenbäder der Nordsee. (Deutsche
Medizinalzeitung 1888, Nr. 47.)

— Die deutschen Kurorte der Nordsee. Norden
und Norderney 1891, Verlag von Hermann
Braams.

Geerz, F., Geschichte der geographischen Ver-
messungen und der Landkarten Nordelbingiens
vom Ende des 15. Jahrhunderts bis 1859.
Berlin 1859. Kommissions-Debit: Perthes-
Besser & Mauke in Hamburg und Schwers'sche
Buchhandlung in Kiel.

Grieben, Reisebücher, Band 55. Die Ostsee-
und Nordseebäder. Praktischer Wegweiser.
Berlin W. 1898. Seite 130—143. Albert
Goldschmidt.

Grove, E. R., Widerlegung der Reventlow'schen
Schrift über Marschbildung. Kiel 1863.

Handelmann, H., „Die Bauernburgen auf den
nordfriesischen Inseln." (III., IV., IX., X.,
XII. Band der Zeitschrift der Gesellschaft für
die Geschichte von Schleswig-Holstein und
Lauenburg.)

— Sechsunddreißig nordelbische Volksspiele.
(Jahrbücher für die Landeskunde. Bd. V. 2.
Kiel 1862, Seite 142 f.)

— Weihnachten in Schleswig-Holstein. Kiel 1866,
Ernst Homann. 2. Aufl. 1874.

— Topographischer Volkshumor. Kiel 1866,
ebendaselbst.

— Der Fremdenführer im schleswigholsteinischen
Museum vaterländischer Altertümer zu Kiel.
Kiel 1866. (Druck von C. F. Mohr.)

— Die prähistorische Archäologie in Schleswig-
Holstein. Kiel 1875.

Hansen, C. P., Chronik der friesischen Uthlande.
1. Aufl. 1856. (Oskar Sorge, Altona.)
2. Aufl. 1877 Garding. (H. Lühr & Dircks.)

— Ubbo der Friese. Erzählung. Schleswig 1864,
Herm. Heiberg (jetzt Jul. Bergas.)

Hansen und Chr. Johansen, Antiquarischer
Bericht aus Amrum, Föhr und Sylt. (23.
Bericht der kgl. S. H. L. G.) Kiel 1863,
Kommissionsverlag der Akadem. Buchhandlung.

*m — Das schleswigsche Wattenmeer. Glogau
1865. Carl Flemming.

— Ein inselfriesisches Totenregister. Wyk a./Föhr
1873, C. O. Kaiser. (Vergriffen.)

— Die Friesen. Szenen aus dem Leben, den
Kämpfen und Leiden derselben. 2. Aufl.
Garding 1876, H. Lühr & Dircks.

m — Beiträge zu den Sagen, Sittenregeln,
Rechten und der Geschichte der Nordfriesen.

Deezbüll 1880, Christian Moje. [Zu beziehen von Buchbinder J. Meyer in Westerland=Sylt.]

Hansen, C. P., Die friesischen Wattenposten. (Deutsches Postarchiv Nr. 18. Oktober 1874. Berlin, Seite 553—55.)

*Hansen, Dr. Reimer, Beiträge zur Geschichte und Geographie Nordfrieslands im Mittelalter. (Zeitschrift der Gesellschaft für Schlesw.=Holst.=Lauenb. Geschichte, Band 24, Kiel 1894.)

*— Die Eiderstedtischen Chronisten vor Peter Sax. (Daselbst, Bd. XXV, S. 161—215, 1895 Kiel.)

*— Iven Knutzens Karten von der Marsch zwischen Husum und der Eider. (Daselbst. Band XXVI, 131—143, 471 u. 472.)

— Zur Geschichte der Zersplitterung Nordstrands. Globus LXIX, Nr. 18. 290—293.

Hansen, U. A., Charakterbilder aus den Herzogtümern Schleswig, Holstein und Lauenburg. Hamburg 1658, G. C. Würger.

mHeimreich, M. Anton, weyl. Prediger auf der Insel Nordstrandisch=Mohr, Nordfriesische Chronik. Edition Falck, Tondern 1819, Ww. Forchhammer.

Bemerkung. Zuerst 1666 unter dem Titel: Nordfresische Chronik, darin von denen, dem schleswigschen Herzogtum inkorporierten fresischen Landschaften wird berichtet. Mit Fleiß zusammengeschrieben durch M. Antonium Heimreich, Pastoren auf dem Mohr, in dem weiland sogenannten Biltringsharde des Landes Nordstrand. Gedruckt zu Schleswig impensis Autoris durch Johann Holwein, 528 Seiten in 12°, dann 1668 erschienen.

Henschel, P., Die Nordfriesen. Evangelische Kirchen=Zeitung. 1893, Nr. 28.

Hiller, Anton, Die Wirkungsweise der Nordseebäder. Berlin 1890, August Hirschwald.

— Die Errichtung von Schwindsuchts=Hospitälern auf den Nordseeinseln zur Entlastung der großen Städte. (Inselbote, Wyk) 1890, J. B. Ehlers. (Deutsche med. Wochenschrift, Nr. 41, 1891.)

Hoefer, Edmund, An der nordfriesischen Küste. (In Küstenfahrten an der Nord= und Ostsee. S. 142—155.) Stuttgart, Gebr. Kröner.

Homeyer, C. G., Die Haus= und Hofmarken. Berlin 1870, R. v. Decker.

„Husum", Eine Sammlung von Kunstwerken nach Originalaufnahmen von O. Koch, photogr. Anstalt. Husum 1895.

*Jensen, H. N. A., Versuch einer kirchlichen Statistik des Herzogtums Schleswig. 2. Lieferung Flensburg 1841, A. S. Kastrup. [Kiel, G. v. Maacks Buchhandlung.]

Jensen, Chr., Die Abnahme der nordfriesischen Inseln. Illustrierte Zeitung Nr. 2300. Leipzig 1887, J. J. Weber.

— Landbildung u. Landgewinnung a. d. Schlesw. Westküste. Hamb. Börsenhalle. Nr. 149, 1884.

*— Landverlust und Landgewinn a. d. Schleswigschen Westküste. Globus LXVII, Nr. 12 (181—187).

m*Jensen, Chr., Die nordfriesischen Inseln Sylt, Föhr, Amrum und die Halligen vormals und jetzt. Mit besonderer Berücksichtigung der Sitten und Gebräuche der Bewohner bearbeitet. Mit 61 Abbildungen, 1 farb. Karte und 27 vielfarbigen Trachtenbildern auf 7 Tafeln. gr. 8°. (VIII, 392 S.) Hamburg, Verlagsanstalt und Druckerei A.=G.

— Die nordfriesischen Inseln. (In Schleswig=Holstein meerumschlungen in Wort und Bild. Kiel 1896. Lipsius & Tischer, S. 373—384.)

— Grabhügel und Hünengräber der nordfr. Inseln in der Sage. (Globus, Band 73, Nr. 8 u. 9. Braunschweig 1898. Friedrich Vieweg & Sohn.

— Zwergsagen aus Nordfriesland. (Zeitschrift des Vereins für Volkskunde, 4. Heft, Berlin 1892.)

— Drei merkwürdige Kirchen der friesischen Uthlande. Kieler Zeitung 12635.*)

— Winterliches Leben auf den Westseeinseln. Hamb. Fremdenbl. 1895.*)

— Die Westseeinseln im Jahre 1825. Hamb. Fremdenbl. 1895, Nr. 177.

— Die Reise ins Nordseebad sonst und jetzt. Daselbst. 1895, Nr. 221.

— Bilder aus Sturm und Not vom Nordseestrand. Daselbst. 1896, Nr. 238.

— Aus dem Leben eines Sylter Seefahrers. Daselbst. 1896, Nr. 273.

— Die Brüder von Seegard. Daselbst. 1898, Nr. 140.

— Eine merkwürdige Grönlandsfahrt. Daselbst. Nr. 88.

— Gott mit uns über Land und Meer. Neue Freie Presse, Wien, 1895. Nr. 11256.

— Eine Fahrt in das Sagenland der nordfr. Inseln. National=Zeitung. Berlin 1893. Nr. 475 ff.

Johansen, Chr. und C. P. Hansen, Antiquarischer Bericht aus Amrum, Föhr und Sylt. Siehe Hansen, C. P., und Chr. Johansen.

mJohansen, Chr., Der nordschleswigsche Dialekt nach seinem Verhältnis zum Ostdänischen, Nordfriesischen und Plattdeutschen. S. H. L. Jahrbücher VII. Kommissionsverlag der Akad. Buchhdlg. in Kiel.

— Halligenbuch. Schleswig 1866. 2. Auflage 1889, Julius Bergas.

Keck, Karl Heinrich, Idyllen vom Wattenmeer. Ged. (Schl.=H. Sonntagsbl. S. 233, 241, 261 von Chr. Jenßen, Kiel 1879, Buchdr. des Norddeutschen Landwirts.)

*) Feuilletonistische Artikel aus Tageszeitungen, deren Stoffe in dem vorliegenden Buche oder in den „Nordfr. Inseln" Verwendung fanden, sind nicht besonders aufgeführt.

Knuth, Dr. Paul, „Blumen und Insekten auf den nordfriesischen Inseln". Kiel und Leipzig 1893, Lipsius und Tischer.

— Flora der nordfriesischen Inseln, derselbe Verlag, Kiel 1895. (Sehr gut).

Kohl, J. G., Die Marschen und Inseln der Herzogtümer Schleswig und Holstein. 3 Bde. Dresden und Leipzig 1846, Arnoldische Buchhandlung.

Konversations-Lexika (Brockhaus, Meyer, Pierer u. a.).

Kruse, Über den Ursprung der Friesen auf der Westküste Schleswigs. (Provinzial-Berichte 1793. II., Seite 245). [Kiel, G. v. Maack's Buchhdlg.].

— Vom Schlicktorfe und dem daraus gezogenen Salz. (Prov.-Ber. 1794. I. Band. S. 363).

— Über Abnahme der westl. Küste Schleswigs. (Ebenda 1793. I.

*Langhans, Paul, Die Sprachverhältnisse in Schleswig (Petermanns Mitteilungen, Heft XI Gotha, Justus Perthes 1892).

Langhans, Victor, Über den Ursprung der Nordfriesen. Wien 1879, Selbstverlag des Gymnasiums.

Lauridsen, P. Om Bispedömmet Slesvigs Sognetal i Middelalderen. Historisk tidskrift Kjöbenhavn 1894.

Lehmann, Otto, Die Bäder der Nordsee. (In Kürschner, Das ist des Deutschen Vaterland, Berlin 1896. Herm. Hillger Verlag, S. 189—204).

Lorenzen, C. C. Sell und Etleff. Erzählung aus Nordfrieslands Vergangenheit, Inselbote 1893. Wyk. Ehlers.

*Maack, v., Das urgeschichtliche schleswigholsteinische Land. Ein Beitrag zur historischen Geographie. Berlin 1860, Dietrich Reimer.

Mejborg, Slesvigske Böndesgaarde i det 16de, 17de og 18de Aarhundrede. Heft 1—4. Kjöbenhavn 1891, Lehmann & Stage.

— Das Schleswigsche Bauernhaus. Übersetzung von Haupt. Schleswig. Bergas.

Mestorf, J., die vaterländischen Altertümer Schleswig-Holsteins. Hamburg 1877, Otto Meißner.

— Vorgeschichtliche Altertümer in Schleswig-Holstein. Hamburg 1885, Otto Meißner.

— Urnenfriedhöfe in Schleswig-Holstein. Hamburg 1886, Otto Meißner.

— Das landesübliche Backwerk in Schleswig-Holstein. (In „Die Heimat" Nr. 5. Mai 1892). Kiel, Vereinsverlag.

*Meyn, L., Geognostische Beschreibung der Insel Sylt und ihrer Umgebung. Berlin 1876, Neumann.

m Michelsen, A. L. J., Nordfriesland im Mittelalter. Schleswig 1828, Taubstummenanstalt.

Michelsen, A. L. J., Schleswig-Holsteinische Kirchengeschichte. Nach Handschriften v. H. N. A. Jensen. Kiel 1873/74, Ernst Homann.

Möbius, Karl, Über Austern- und Miesmuschelzucht 2c. Berlin 1870, Wiegandt und Hempel. (Ein Auszug aus dieser Arbeit unter dem Titel „Über die neuere Austernzucht im Allgemeinen und ihre Anwendbarkeit an unsere Küsten" ist abgedruckt „Der zoologische Garten", Jahrgang XII, Nr. 11, Frankfurt a. M. J. D. Sauerländer.)

Möller, H., Das altenglische Volksepos. I. Kiel 1883.

— Über die sprachliche Stellung der Nordfriesischen. A. Erdmann. XXII. S. 157—164.

m Müllenhoff, K., Sagen, Märchen und Lieder der Herzogtümer Schleswig, Holstein und Lauenburg. Kiel 1845, Schwers'sche Buchhdlg. (Ernst Homann).

— Nordalbingische Studien, I. Band.

m Nissen, M., De freske Sjemstin. Altona 1868, Adolf Mentzel.

m— De freske Findling (Sprichwörter in 7 verschiedenen Mundarten). 5 Hefte. Stedesand 1873—1878, Selbstverlag des Verfassers.

m Outsen, N., Glossarium der friesischen Sprache 2c. Herausgegeben v. Engelstoft und Molbech. Kopenhagen 1837.

— Preisschrift über die Geschichte der dänischen Sprache im Schleswigschen, Kopenhagen 1819.

— Über die älteste und neuere Geschichte unserer Nordfriesen, Kieler Blätter, Band V.

Petersen, J. A., Wanderungen durch die Herzogtümer. Kiel 1830, Selbstverlag des Verfassers.

Petersen, G. P., Darstellung der großen Überschwemmung in der Nacht vom 3. zum 4. Febr. 1825. (In Schleswig-Holst.-Lauenb. Provinzialberichte für das Jahr 1825. 14. Jahrg. Altona, O. K. T. Busch, Kommissionsverlag.)

Petersen, Ingw., Blätter der Erinnerung an den Mathem. und Mechaniker Hans Momsen aus Fahretoft in Nordfriesland. Bredstedt 1874. Selbstverlag.

Petersen, J., u. L. Frahm, Nordseestrand und Inselland. (Gedichtsammlung.) Garding 1886, H. Lühr & Dircks.

*Philipp u. Storm, Illustr. Führer durch Hamburg und die Nordseebäder 2c. (S. Storm und Philipp).

Pflug, Ferdinand, Der deutsch-dänische Krieg. Leipzig 1865, J. J. Weber. Drittes Buch. 6. Abschnitt.

*Reventlow, Arthur Graf zu, Über Marschbildung an der Westküste des Herzogtums Schleswig. Mit 9 Karten. Kiel 1863, Akademische Buchhandlung.

Reventlow-Farwe u. v. Warnstedt, Beiträge zur land- und forstwirtschaftl. Statistik der Herzogtümer. Altona 1847, Festschrift ohne bef. Verlag.

Schröder, J. v., Topographie des Herzogtums Schleswig. 2. Auflage. Oldenburg 1854 (Leipzig, Brauns).

— Broder Boysens Kirchenregister von 1609. (Jahrbücher für die Landeskunde. Band V, Heft 2). Kiel 1862, Kommissionsverlag der Akadem. Buchhandlung.

*Seelig, Sylt und Föhr, Amrum 2c. Führer und Ratgeber. 4. Auflage. Hamburg 1896, Verlagsanstalt und Druckerei A.=G. (vorm. J. F. Richter).

Siebs, Th., Geschichte der friesischen Sprache. (H. Paul, Grundriß der germ. Philol. 1. Band) Straßburg 1890.

Splieth, Dr. W., Die Bernsteingewinnung an der schleswig=holsteinischen Küste. (Mitteilungen des Anthropol. Vereins in Schleswig=Holstein 13. Heft, Kiel 1900.)

*Storm und Philipp, Illustrierter Führer durch Hamburg und die Nordseebäder Kurhaven, Helgoland, Amrum, Wyk=Föhr, Wenningstedt= Westerland=Sylt und Norderney. Hamburg 1898, Verlagsanstalt und Druckerei A.=G. (vorm. J. F. Richter).

Tetens, J. R., Über den eingedeichten Zustand der Marschländer. (Provinzial=Bericht 1787, S. 641).

— Reisen in die Marschländer. Leipzig 1788.

Träger, Dr. Eugen, Deutsche u. Holländische Landerwerbungen an der Nordsee. (Besonders Halliggebiet). (Gartenlaube 1896, Nr. 41).

Virchow, Dr. Rudolf, Beiträge zur physischen Anthropologie der Deutschen mit besonderer Berücksichtigung der Friesen. Abhandlungen der Königlichen Akademie der Wissenschaften, Berlin 1877.

Voß, M., Der Westen Schleswigs. (In Schleswig=Holstein meerumschlungen in Wort und Bild, Kiel 1896 S. 350—372).

Waitz, Schleswig=Holsteins Geschichte. Göttingen 1851, Band I., 1.

Warnstedt, v., und Reventlow. Siehe Reventlow=Farwe uud v. Warnstedt.

Weber, Felix, Gastronomische Bilder. Leipzig 1882, J. J. Weber. (Austernbänke).

Weber, Dr. L., Über Nordfriesland (Der Reichsbote, Jahrg. 22, 1894, Nr. 63—65).

*Weigelt, G., Die nordfriesischen Inseln vormals und jetzt. Zunächst für Badegäste in Wyk a. Föhr. 1. Auflage. Hamburg 1858; 2. Auflage. Hamburg 1873, Otto Meißner.

Westphalen, Monumenta inedita rerum Germanicarum, praecipue Cimbricarum et Megapolensium. Leipzig 1739 bis 1745.

Das Werk ist sehr selten. Schwenn Johannsen in Keitum auf Sylt besitzt ein schönes Exemplar.

Willkomm, Ernst, Wanderungen an der Nord= und Ostsee. Mit Kupfern. Leipzig 1850. C. A. Haendel. S. 22—68.

m Winkler, Johan, „Over de Taal en de Tongvallen der Friezen". Leeuwarden 1868, W. Eekhoff.

*m — Friesland, Friesen und friesische Sprache in den Niederlanden. Globus, Band 60, Nr. 2—6. Braunschweig.

m — Van vrije Friesen en van Standfriesen. De Tydspiegel 1896, S. 1 bis 21.

— Friesche Naamlyst. Leeuwarden Meijer & Schaafsma 1898. (Sehr wertv.)

[Anonyme Schriften.]

Taschenbuch für Reisende. Altona 1847, Ad. Lehmkuhl. S. 158—63.

(Mehrere der Lehmkuhlschen Verlagswerke sind in den Verlag von Lühr & Dircks in Garding übergegangen.)

h — Kapitän Hammer und der Übergang der Österreicher nach den friesischen Inseln. (Illustr. Zeitung Nr. 1104, 27. 8. 1864. Leipzig. J. J. Weber.

— Eine Fahrt durch das schleswigsche Wattenmeer. Hamb. Börsenhalle Nr. 17504, 1868.

— Kaiserliche Post auf dem Wattenmeer im Winter (Zur Guten Stunde XXV, 13 I.) Berlin. Richard Bong.

2. Sylt.

Ambrosius, E., Kurze Nachricht von Sylt. Kopenhagen 792. 100 Exemplare auf Kosten des Verfassers gedruckt.

Asmußen, P., Sylt. (In Vom Fels zum Meer, Jahrg. 1889/90, Heft 12). Stuttgart, Union, Deutsche Verlagsgesellschaft.

Beyrich, Ernst, Die Konchylien des norddeutschen Tertiärgebirges. Lieferung 1—5. Berlin 1854, Kommissionsverlag von Wilh. Hertz.

Biernatzki, K. L., Volksbücher 1844—1850, enthalt. Aufsätze von C. P. Hansen. Kiel, Schwers'sche Buchhandlung.

Boysen, J. Beschreibung der Insel Sylt. Schleswig 1828, Taubstummeninstitut.

m Br., B. jr., in Emden, Die Brautfahrtshügel auf Sylt. Embder Mundart. (Ostfriesisches Monatsblatt, Heft II, 1874).

Bruck, W., Das Nordseebad Westerland=Sylt. Dresden 1877, Selbstverlag.

*Camerer, J. F., Sechs Schreiben von einigen Merkwürdigkeiten der holsteinischen Gegenden. Leipzig 1756. I. Schreiben betreffend Sylt. Verlegts Johann Christoph Meißner.

— II. Teil Abschn. V. Siehe Martin Richard Flor.

Diercks, Gustav, „Sylt." (In Moderne
Kunst, IV. 12 II. S. 107). Berlin 1890,
Bong & Co.

Diercks, Mr. J., Een noord-friesche
Schoolmeester. Levenscheets van
Christian P. Hansen van het Eilandt
Sylt. (De Vrije Fries XI. Deel).
(Leeuwarden 1868, G. T. N. Suringar.

Dreyer, Ludwig, Uwe Jens Lornsen. Ein
vaterländisches Gedicht in 10 Gesängen. Rein-
ertrag für das Lornsen = Denkmal bestimmt.
1873.

Ebner, B. v., Über die Insel Sylt. (Mit-
teilungen des naturwissenschaftl. Vereins für
Steiermark. Seite 1—16). Wien 1878, im
Selbstverlage des Verfassers.

Flechsig, Robert, Bäder = Lexikon. Leipzig
1889, J. J. Weber. Seite 701.

Flor, Martin Richard, Pastor zu Morsum
1728—1740, Beschreibung der Insel Sylt.
(In Vermischte historisch-politische Nachrichten 2c.
von J. F. Camerer. II. Teil. V. Seite
637—688. Flensburg und Leipzig 1762,
Johann Christoph Korte).

Georgi, A., Uwe Jens Lornsen. Trauerspiel.
Leipzig 1882, Selbstverlag.
Agentur der Genossenschaft dramat. Autoren und
Komponisten in Leipzig. Den Bühnen gegenüber
Manuskript.

Handelmann, H., Amtliche Ausgrabungen auf
Sylt. Heft I. Kiel 1873, Schwers'sche Buchhandlung. Heft II. Kiel 1882.

— Ausgrabungen auf Sylt. (Ein Hügel mit
einem Doppelbau). Korrespondenzblatt des
Gesamtvereins der Deutschen Geschichts= und
Altertumsvereine, 27. Jahrg. 1879, Nr. 11.
Hofbuchhandlung A. Klingelhöffer, Darmstadt.

Hansen, C. P. (U. L. N.), Notizen zu einer
Lebensbeschreibung des Kanzleirats Uwe Jens
Lornsen. Hamburg 1840, auf Kosten des
Herausgebers.

— Die Insel Sylt in geograph. und statistischer
Hinsicht. (Falcks Archiv.) Hamburg 1845.
(Gedruckt bei Langhoff.)

m— Uald' Sölring Tialen. Tondern 1858,
F. Dröhse.

*m Friesische Sagen und Erzählungen. I. Aufl.
Altona 1858, Wendeborn. II. Aufl. Sagen
und Erzählungen der Sylter Friesen. Garding
1875, H. Lühr & Dircks. III. Auflage von
Chr. Jensen, 1895.

*— Die nordfriesische Insel Sylt, wie sie war
und wie sie ist. Leipzig 1859, J. J. Weber.
Im Buchhandel vergriffen.

*— Der Fremdenführer auf der Sylt. Mögel-
tondern 1859, W. M. Decker, Westerland.

— Zur Geschichte der Halbinsel Hörnum. (Jahr-
bücher für die Landeskunde. III. Folge. 2. Bd.
Seite 129. Kiel 1859, Kommissionsverlag der
Akademischen Buchhandlung.)

mHansen, C. P., Der Sylter Friese. Geschichtliche Notizen. Kiel 1860, Ernst Homann.

m— Altfriesischer Katechismus in der Sylter
Mundart 2c. (Sylter Sprichwörter.) Hamburg
1862. Verleger nicht angegeben.

*m— Der Badeort Westerland auf Sylt und
dessen Bewohner. Garding 1868, H. Lühr
und Dircks. 2. Aufl. von Chr. Jensen. Ebendaselbst 1891.

— Die Anfänge des Schulwesens oder einer
Schulchronik der Insel Sylt. Garding 1879,
H. Lühr & Dircks.

— Verschiedene Aufsätze, das Schulwesen und
die Watten betreffend, im Schleswig=Holstei-
nischen Schulblatt 1851 2c. Kiel.

m— Jüghelprötji (Giebelrede) In Westseeinseln. Deezbüll 1879, Chr. Moje.
Bemerkung. Kleinere Aufsätze Hansens finden sich
außerdem in großer Zahl zerstreut in Jahrbüchern
und Zeitschriften, dieselben wurden aber zumeist den
von ihm verfaßten, hier genannten Schriften einver-
leibt und werden deshalb nicht namentlich aufgeführt.

mHansen, Jap Peter (Vater des Vorigen),
Di Gidtshals of di Söl'ring Pid'ersdei. Eine
Volkskomödie in Sylter Mundart. I. Aus-
gabe 1809, II. 1833. Sonderburg. Selbst-
verlag. III. Aufl. Roßberg, Westerland 1897.
Die letzten Ausgaben enthalten mundartliche Gedicht-
proben, welche zum Teil in Firmenichs Völkerstimmen,
Berlin 1843, Seite 1—7 abgedruckt wurden.

*Hepp, C., Wegweiser auf der Insel Sylt.
Tondern 1879, F. Dröhse.

Heß, W., Erinnerungen an Sylt. Hannover
1876, Heinrich Feesche. Tondern 1881, Dröhse.

Hunwartsen, H, Uwe Jens Lornsen. Vier
Bilder aus seinem Leben. Selbstverlag.
Deezbüll 1879.
(Nach dem Ableben des Verfassers sind einige
Exemplare in meinen Besitz übergegangen. (Chr.
Jensen.)

Jansen, K., Uwe Jens Lornsen. Ein Beitrag
zur Geschichte der Wiedergeburt des deutschen
Volkes. Kiel 1872, Ernst Homann.

Jensen, Christian, Der Fremdenführer im
C. P. Hansen'schen Museum in Keitum. Wyk
1887, Selbstverlag des Verfassers.

— Die Bewirtschaftung der „Schiftburlag" auf
Sylt. Globus LXVI. 1894.

— Eine fürstliche Hasenjagd auf Hörnum. Hamb.
Korrespondent. Nr. 560, 1891.

Jensen, Wilhelm, Die Namenlosen. Roman.
Schwerin 1873, Hildebrand.

— Versunkene Welten. Roman. Breslau 1881,
Schottlaender.

Kaiser, Kapitän, Beobachtungen über das Luft-
ausströmen und Lufteinziehen der Brunnen
auf Sylt. (Mitteilung des Vereins für Verbreitung naturwissenschaftlicher Kenntnisse. Kiel,
1861, I, Abschn. 8.)

Karsten, Gustav, Beiträge zur Landeskunde der Herzogtümer Schleswig und Holstein. I. Reihe mineralogischen Inhalts. Kiel 1869, Ernst Homann.

Karstens, Pastor, Die Volksunterhaltungsabende auf Sylt. Flensburger Nachrichten 1892.

Keller=Leuzinger, F., Westerland auf Sylt. (Illustr. Frauenzeitung. Jahrg. 12, Nr. 8 und 9 (1885). Berlin, Lipperheide.

Kielholt, Hans, Sylter Antiquitäten aus dem 14. oder 15. Jahrhundert. Abgedruckt in Heimreich, Nordfriesische Chronik. Siehe Abteilung 1.

Knuth, Botanische Wanderungen auf der Insel Sylt. Tondern 1890, F. Dröhse.

Kunkel, C., Der Kurort Sylt und seine Heilwirkung. Kiel 1878, Schwers'sche Buchhdlg.

Lahusen, Leitfaden für Seebadereisende mit besonderer Rücksicht auf Sylt, Tondern 1885, F. Dröhse.

Langhans, Paul, Die Seehafenprojekte an der schlesw. Westküste. (Petermanns Mitteilungen. Band 36, 1890. V. Gotha, J. Perthes).

Lewin, L., Pilze von der Insel Sylt. (Schriften des naturwissenschaftl. Vereins für Schleswig=Holstein. Band IX, 2. Kiel 1892, Kommiss.=Verlag v. H. Eckardt).

Loon, J. van, Grote Pier resp. Groote Pier, een Kimswerder. (In Almanak. Jahrg. 1885—87).

Mac Ritchie, David, The Testimony of Tradition, London 1890, Kegan Paul, Trench, Trübner & Co. Seite 87 u. 112.

— Fians, Fairies and Picts, London 1893. Derselbe Verlag. Seite XXII, 71—74 und Tafel XX—XXII.

*Markus, M., Das Nordseebad Westerland=Sylt. Tondern 1878, F. Dröhse.

Masius, H., Auf Sylt. Eine Reiseerinnerung. (Zeitschr. Des Knaben Lust und Lehre. VI, 1863). Glogau, Carl Flemming.

m Möller, B. P., „Orthographische Briefe" und „Di Halligpröst". (In Westseeinseln. Jahrg. 1879). Deezbüll, Chr. Moje.

m— Über den nordfriesischen Dual. (In der Nordfriese. Nr. 5. Jahrg. 1879). Ebd.

m— Meerumrauscht. Bilder und Silhouetten. Tondern 1879, F. Dröhse.

m Mügge, Th., Der Voigt von Sylt. Roman. Berlin 1851, Otto Janke.

Odrich, Die Insel Sylt, mit besonderer Berücksichtigung des Nordsee= und Stahlbades Westerland. Friedenau bei Berlin 1891, Otto Odrich.

Olshausen, O., Goldschmuck aus dem zweiten Tieberinghoog auf Sylt. (In Zeitschrift für Ethnologie 1883. Verhandlungen der Berliner Anthropol. Gesellschaft, Seite 467.) Berlin 1883, A. Asher & Co.

— Schwefelkies=Feuerzeug aus einem Grabhügel auf Sylt. (Ebenda 1884, Verhandl. S. 522.)

— Tutulus aus dem zweiten Tieberinghoog. (Ebenda 1884, Seite 525.)

Ortmann, Reinhold, Strandzelt Nr. 13. Sylter Novelle. (Novellenbibliothek der Illustr. Zeitung. Band IV, Seite 181.) Leipzig 1888, J. J. Weber.

— Maren von Westerland. (In Föhrer Nachrichten. Jahrgang 1892.) Wyk (Föhr), E. A. Krüger.

P . . . E., Aus deutschen Nordseebädern. IV. Sylt. Illustr. von Fritz Stoltenberg. (Illustr. Zeitung Nr. 2415.) Leipzig, J. J. Weber.

Paschkowsky, D. v., Auf Sylt. Novelle. Stuttgart 1877.

— Op Sylt. Uit het Hoochduitsch door Henriette van Overzee. Arnhem Minkmanns Reisebibliothek, Nr. 9. J. Minkman.

Pollacsek, J., Seebadedirektor, Die Nordseebäder auf Sylt. Hamburg, Meißner.

Rodenberg, Julius, Stillleben auf Sylt. I. 1859. III. Aufl. 1876. Berlin, J. Springer.

Roß, G., Das Nordseebad auf der Insel Sylt. Hamburg 1858, Nestler & Melle.

Schulze=Smidt, B., Inge von Rantum. Novelle. 1. Aufl. 1880. 2. Coblenz 1886, Groos. 3. 1892.

Seebadedirektion, Beschreibung der Nordseebäder auf Sylt. (Erscheint alljährlich vor Beginn der Saison.)

Semper, J. O., Paläontologische Notizen über den Sylter Limonitsandstein. (Blätter des Vereins zur Verbreitung naturwissenschaftl. Kenntnisse. VII. Kiel 1856. Gedruckt auf Kosten des Vereins.)

m Siebs, Prof Dr. Th., Sylter Lustspiele. Mit Übersetzung, Erläuterungen und Wörterbuch herausgegeben: I. Erich Johannsens, „Freier von Sylt". II. Erich Johannsens, „Liebeswerbung auf Sylt". Greifswald. Julius Abel, 1898.

Sievers, J., Kaufmann in Keitum, Lithogr. Bild U. J. Lornsens mit Denkspruch. Keitum 1880, Selbstverlag.

Stoltenberg, N. Th., Dünenveilchen. Romanze. Tondern 1890, Selbstverlag d. V.

— Dünenrose. Romanze. Ebenda 1890.

Sturm, A., Wechselnde Lichter. Sylter Skizzen. Hamburg 1886, Verlagsanstalt und Druckerei A.=G. (vorm. J. F. Richter).

Unzer, J., Jens Uwe Lornsens Grab. An Schlesw.=Holstein für 1844. Kiel 1844, Christian Bünsow, Kommissionsverlag.

*m Wegele, Carl, Das Nordseebad Sylt. Tondern und Westerland 1891, F. Dröhse.

Wibel, F., Der Gangbau des Denghoogs bei Wenningstedt a. S. Kiel 1869, G. v. Maack.

m Winkler, Johan, De Bruidshoogten van Sylt (v. C. P. Hansen). Vertaald en van Aanteekeningen vorzien. (De Vrije Friis, 12 Deel 1869. S. 3 No. 11.)

Wülffe, G. N., Über die Sylter Landschaftsverfassung. Kiel 1831, Kommissionsverlag der Universitätsbuchhandlung.

— und Genossen, Bittschrift betreffend Freigabe ihres geliebten Landvogt Lornsen 2c. Sylt 1831, ohne Verlag.

[Anonyme Schriften.]

** Bad Sylt. (In Illustrierte Chronik der Zeit 1886, Heft 3.) Stuttgart, Union, Deutsche Verlagsgesellschaft.

—*—* Erzählungen aus Sylts Vergangenheit in freier Darstellung. Tondern und Westerland 1891, F. Dröhse.

** Am Strande von Westerland auf Sylt bei hohem Seegange. (In Illustr. Chronik der Zeit 1892, Heft 24.) Stuttgart, Union, Deutsche Verlagsgesellschaft.

— Die Ankunft der Österreichischen Jäger auf der Insel Sylt und deren Einzug in Keitum. (Illustr. Zeitung, Nr. 1104. Leipzig 1864, J. J. Weber.)

— Westerland-Sylt. (Moderne Kunst IX, 20. IV. Richard Bong, Berlin.)

3. Föhr.

Badekommission: Das Nordseebad Wyk auf der Insel Föhr, 7. Aufl. 1900. Selbstverlag.

m Bremer, Otto, Einleit. zu einer Amringisch-Föhringischen Sprache. Norden und Leipzig 1888, Dietrich Soltau's Verlag.
(Enthält ein Verzeichnis der Sprachdenkmäler und der sprachlichen Vorarbeiten, unter welchen die hier angegebenen Werke Clements und Johansens vorkommen).

m — Ferreng an ömreng Stacken üb Rimen. Halle 1888, Max Niemeyer.

m — an Neggels Jirrins, Ferreng an ömreng Allemnack 1893—96. Halle, Max Niemeyer.

m — A. J. Arfsten sin Düntjis. Derselbe Verlag 1896.

Boysen, Jakob, Beitrag zur Beschreibung der Insel Föhr. (Provinzial-Ber. Jahrg. 1793).

Christiansen, C. J. und Segeberg, W., „Föhr und Umgegend in Wort und Bild." Verein für Kinderheilstätten.

Colditz, von, Das Seebad auf Föhr in der Westsee. Husum 1819.

m Ehrentraut, H. G., Friesisches Archiv II. Oldenburg 1848, Seite 323—342.
(Enthält ein Märchen, eine Ballade und ein Hochzeitslied).

Eschels, J. J., Lebensbeschreibung eines alten Seemannes. Altona 1834, Selbstverlag.

Fischer-Benzon, R. v., Über die Flora des südwestl. Schleswigs und der Inseln Föhr, Amrum und Nordstrand. (Schriften des naturwissenschaftl. Vereins für Schleswig-Holstein. II. 1876).

Flechsig, Robert, Bäder-Lexikon. Seite 717. Leipzig, J. J. Weber.

m Flor, M., Gesang in der Westerlandföhrer Mundart, verfaßt vor 130 Jahren. Nieblum 1847 (Uun e Hemmel efter e Duas tu kemmen etc.). Selbstverlag.

Gerber, A., Bericht über die Leistung des Kinderhospizes in Wyk. (S.-A. aus Archiv für Kinderheilkunde). Stuttgart 1883, Gebr. Kröner.

Hansen, J. P., Eine Fahrt auf dem Eisboot. (Die Heimat. 1. Jahrg. Nr. 2). Kiel 1891, Monatsschrift des Vereins zur Pflege der Natur- und Landeskunde.

Jahn, U., Das Dänische Haus in Deutschland. (Zeitschrift für Ethnologie, Verhandlungen der Berl. Anthropol. Gesellschaft, Seite 645). Berlin 1891, A. Asher & Co.

Jensen, Christian, Nordseebad Wyk auf Föhr. Neue Freie Presse, Nr. 9380, Wien 1890.

Jenssen, E., Wyk. (In Moderne Kunst IV, 12. II. Seite 106). Berlin 1890, Rich. Bong & Co.

m Johansen, Chr., Die nordfriesische Sprache nach der Föhringer und Amrumer Mundart. Kiel 1862, Akademische Buchhandlung.

Larssen, Carl, Treu dem guten alten Brauch. (Föhrer Mädchen). (In Vom Fels zum Meer, 14. Jahrg. 4. Heft). Union Deutsche Verlagsanstalt, Stuttgart 1894.

*m Nerong, O. C., Föhr früher und jetzt. Wyk 1885, Selbstverlag des Verf.

*m — Führer in dem Nordseebad Wyk. Wyk 1886. II. 1891. Selbstverlag.

— Chronik der Familie Flor. Dollerup 1887, Selbstverlag.

— Die Kirchhöfe Föhrs, Dollerup bei Langballig. Selbstverlag.

Olshausen, Otto, Über einen Grabfund bei Hedehusum auf Föhr. (Zeitschr. f. Ethnologie 1890, Verhandlungen, Seite 178 bis 180). Berlin 1890, A. Asher & Co.

Paulsen, Johannes, Die Wirkung des Seebades und der Seeluft auf unsere Atmungs- und Kreislaufsorgane 2c. Wyk 1891, Selbstverlag des Verf.

Penike, Notizen über die Insel Föhr und ihr Seebad. Itzehoe 1848, Schönfeld.

Petersen, Pastor, Erinnerungen aus dem Leben des Königl. Justizrats P. Matthiesen. Altona 1825.

Peters, P. J., Beschreibung der Insel Föhr. (Schleswig-Holst.-Lauenb. Provinzialberichte 1823, Heft 4, 1824, 1825, 1826). Altona, Kommissionsverlag von O. K. T. Busch.

Petri, Richardus, Pastor zu St. Laurentii, Nachricht von dem Heidentum, der Einführung der christl. Religion und der Reform. auf der Insel Föhr. Dänische Bibliothek. VI. Seite 329—346.

Rustige, Heinr., Wyk auf der Insel Föhr. (In Über Land und Meer Nr. 44 Jahrg. 1859). Stuttgart, E. Hallberger.

Schiödte, J., Die Nordseeinsel Föhr und ihr Seebad. Hamburg 1866, Otto Meißner.

Splieth, W., Ein Gräberfeld der jüngeren Eisenzeit auf Föhr. (Aus Mitteilungen des Anthropol. Vereins in Schleswig-Holstein). Heft V. Kiel 1892, Universitätsbuchhandlg.

— Ein Kjøkkenmødding (Muschelhaufen) aus der Völkerwanderungszeit. (Mitteil. des Anthropol. Vereins in Schleswig-Holstein, Heft 9, Abschnitt V, Kiel 1896.

Uhle, M., Das Föhringer Haus. (Verhandlgn. der Berliner anthropol. Gesellschaft 1890. Seite 62). Berlin, Asher & Co.

— Das dänische Haus in Deutschland. (Ebenda. Seite 493. Berlin 1891, A. Asher & Co.

*Warnstedt, F. v., Die Insel Föhr und das Wilhelminenseebad. Schleswig 1824, Taubstummenanstalt.

4. Amrum.

Direktion: Nordseebäder auf Amrum, Wittdün und Satteldüne. 1900. (Erscheint alljährlich.)

Eckardt, R., Bilder von Amrum. (Reichsbote, Jahrgang 1892.)

m Johansen, Christian, Die Seemannswitwe auf der Düneninsel. Erzählung. Kiel 1860, Schwers'sche Buchhandlung.

— Die Steinsetzungen in Skalnasthal auf Amrum. (Schl.-Holst.-Lauenb. Jahrb. Bd. III, dritte Folge, Seite 457.) Kiel 1860, Commissionsverlag der Akad. Buchhandlung.

*m — Die Insel Amrum. (Jahrbücher für die Landeskunde der Herzogtümer, Bd. IV.) Kiel 1861, ebenda.

— Die Kirche auf Amrum. (S.-H.-L. Jahrbücher V.) Kiel 1862, ebenda.

m — Was die Jahreszeiten an Freud und Leid, Arbeit und Erholung den Amrumern bringen. (S.-H.-L. Jahrbücher V.) Kiel 1862, ebenda.

— Antiquarischer Bericht aus Amrum, (im 22. Bericht der königl. S.-H.-L. Gesellschaft, Seite 14.) Kiel 1862, ebenda.

— Muschelgräber auf Amrum. (24. Bericht der königl. S.-H.-L. Gesellschaft, Seite 27.) Kiel 1864, ebenda.

Kleine Mitteilungen von Chr. Johansen finden sich in fast jedem Heft der Jahrbücher.

Olshausen, Otto, Zinn aus Amrumer Hügelgräbern. (Zeitschrift für Ethnologie 1883, Verhandlung., Seite 86—91.) Berlin 1883, A. Asher & Co.

Olshausen, Otto, Ersatz von Kalk durch Thonerde in Knochen aus Amrumer Gräbern. (Daselbst 1884, Verhandlung., S. 516—18.)

— Weißgares Leder aus einem Amrumer Grabe. (Daselbst 1884, Verhandl., Seite 518—21.)

— Zinnsachen aus Amrumer und Sylter Gräbern. (Daselbst 1884, Verhandl., Seite 531.)

— Goldene Spiralringe aus Doppeldraht von Amrum und Sylt. (Daselbst 1886, Verhandl., Seite 447 und ff.)

— Drei farbige Bilder von Amrumerinnen (ohne Abbildung). (Daselbst 1890, Verhandl., S. 82.)

— Bernstein aus Sylter und Amrumer Gräbern. (Daselbst 1890, Verhandl., S. 274—80.)

— Brandgräber auf Amrum und Sylt. (Daselbst 1892, Verhandl., Seite 129, 145, 167.)

— Abbildung einer fränkischen Bronzefibel aus einem Grabe am Esenhuugh auf Amrum. (Zeitschrift für Ethnologie 1890, Seite 39.)

*Schlutius, Dr. med. Kurt, Die Nordseebäder der Insel Amrum. Hamburg, Verlagsanstalt u. Druckerei A.-G. (vorm. J. F. Richter) 1893.

Stoltenberg, N. Th., Wegweiser auf der Insel Amrum. Tondern 1890, Selbstverlag.

5. Die Halligen.

Alberti, E., Emil und Ehlke auf der Insel und Hallig der Nordsee. Leipzig. Ulrich Kracht.

Biernatzki, Joh. Chr., Die Hallig. Novelle. 1836. Später wiederholt herausgegeben und beispielsweise in der Kollektion Spemann und in Reclams Universalbibliothek erschienen.

Camerer, J. F., vermischte historisch-politische Nachrichten in Briefen. Flensburg und Leipzig 1758. I. Bd., V. Nachricht von Nordstrand und dazu gehörigen Inseln. Dabei sind angefügt: Besondere Nachrichten von Nordstrand geschrieben von Johann Laß aus Husum 1757 und das alte nordfres. Landrecht Anno 1559 2c., Johann Christoph Korte.

Christiansen, C. J., Eine Landeroberung im Frieden. (Vom Fels zum Meer, 16. Jahrgang, Heft 19, Union, Deutsche Verlagsgesellschaft. Stuttgart 1897.)

Hansen, C. P., Die Wasserländer und Wasserstraßen an der Westküste Schleswig-Holsteins. Schl.-H. Schulblatt 1852.)

Hanssen, Landwirtschaftliche Zustände früherer Zeiten in nordfriesischen Gegenden. (Journal für Landwirtschaft, 26. Jahrgang, Heft 3.)

Jensen, Chr., Eine Weihnacht auf der Hallig. (Sonntagsblatt der Preußischen Lehrerzeitung Nr. 49.) Spandau 1888, Hopf.

— Die Halligen. (Daheim 1896, Nr. 1. Leipzig. Velhagen & Klasing.)

— Joh. Chr. Biernatzki und seine Novelle: Die Hallig. Hamburger Fremdenblatt 1895, Nr. 242.

10*

Johansen, Halligenbuch. (Bereits unter 1 angeführt, da die Erzählungen auch andere Inseln berühren.)

Knuth, Dr. Paul, Die Blüteneinrichtungen der Halligpflanzen. (In Heimat, Nr. 10, 3. Jahrgang 1893.) Kiel. Vereinszeitschrift.

Kruse, Vom Seehundsfange bei der Insel Norderoog. (Provinzial-Berichte 1794, I. Bd., Seite 365.)

Lorenzen, J. E., Im Wattenmeer. (Die Heimat, Monatsschrift des Vereins zur Pflege der Natur- und Landeskunde in Schl.-Holst., Hamburg und Lübeck 1891, Nr. 4. Kiel.)

mLorenzen, Lorenz, Beschreibung d. wunderbaren Insel an der Westküste, Nordmarsch. (In J. F. Camerer, vergl. oben II. Teil.) Flensburg und Leipzig 1762.

Möbius, K. Prof., Norderoog, ein Brutplatz der Brand-Seeschwalbe (Sterna cantiaca) im schleswigschen Wattenmeer. (Zoologischer Garten, Jahrgang 13, Nr. 7, Frankfurt a/M. Sauerländer.

N. N. Röm. Die Halligen. Ein kulturgesch. Bild. Inselbote, Wyk, Nr. 67. 1893. J. B. Ehlers.

Siemsen, Beschreibung der Insel Nordmarsch u. d. Halligen. (Eggers Beiträge, II. Samml. 1801, Seite 109.)

*Träger, Eugen, Die Halligen der Nordsee. Mit 3 Karten und 19 Textillustr. (Forschungen zur deutschen Landes- und Volkskunde, herausgegeben von A. Kirchhoff VI, 3.) Stuttgart 1892, J. Engelhorn.

— Im Banne der Nordsee. Eine Gedichtsammlung. Kiel, H. Eckardt, 1895.

— Die Halligen. (In Schleswig-Holstein meerumschlungen in Wort und Bild. Kiel 1896, Seite 385—392.)

— Friesische Häuser auf den Halligen. (Anz. des Germanischen Nationalmuseums, Nürnberg 1896, September und Oktober.)

*— Die Rettung der Halligen. Mit 10 Abbildungen und Skizzen. Verlag von Hobbing und Büchle. Stuttgart 1900.

[Anonyme Schrift.]

*** Der Führer auf der Hallig Hooge. Herausgegeben 1895.

6. Helgoland.

Alkuin, Leben des heiligen Willibrord.

Altfried, Leben des heiligen Luidger.

*Andresen-Siemens, J., Die Insel Helgoland vor ihrem bevorstehenden Untergange. Helgoland 1835.

Balbi, Chronologische Übersicht der wichtigsten Veränderungen der Seeküste vom 8. Jahrhundert bis auf unsere Tage. 1830. In Leonhard Jahrbuch 1832, Seite 437.

Becker, G. W., Meine kleine Seereise oder die Fahrt nach Helgoland. Leipzig 1836.

Berges, Philipp, Aus Helgoland. Kieler Zeitung.

Berliner Archiv der Zeit, 1795, Seite 17—19.

Bötticher, Nachricht von der Insel Helgoland, 1699. (In J. F. Camerer. I. Bd.)

Black, W. G., Heligoland and the islands of the North Sea, London 1888.

Bremen, von, Adam, Historia ecclesiastica, Bremisch-Hamburgische Stiftsgeschichte, Kap. 3 und 10. 11. Jahrhundert.

Camerer, J. F., Vermischte historisch-politische Nachrichten, Flensburg und Leipzig 1758—62. Darin 1. m. Laß, J., Ganz zuverlässige Nachricht von der itzigen Beschaffenheit 2c. der Insul Heilig- oder Helgoland, 1753. Band I, Seite 1—66 und 189—232. 2. Petri Sarii, Beschreibung des Helgolandes. S. 233—256. 3. Nachricht von der Insel Helgoland im Jahre 1699. Mit Karte. Seite 256—286.

*Clarke, E. D., Travels in various countries of Europe, Asia and Africa, London 1816—41.

Clarus, Helgoland in medicinischer Hinsicht. (Beiträge zur praktischen Heilkunde) Band I, 1834.

Crell, R., Helgoland. 1883.

*Decken, F. v. d., Philosophisch-historisch-geogr. Untersuchungen über die Insel Helgoland oder Heiligeland und ihre Bewohner. Hannover 1826.

Dührssen, Nachricht von der Badeanstalt auf der Insel Helgoland, Hamburg 1833. Meißner.

Edlefsen & Mushardt, Beschreibung von Helgoland. (Hannoversches Magazin 1764.) S. 1104—1112.)

Flechsig, Bäder-Lexikon. Seite 437—39, Leipzig. J. J. Weber.

Frenkel, Auf Helgoland, Reiseerinnerungen, Gifhorn 1883. Schulze.

Godeffroy, Helgoland. (Neues Jahrbuch für Mineralogie von Leonhard & Broun.) Jahrg. 1835, S. 412.

Görner, Nach Helgoland. Humoristischer Führer. 6. Aufl. Hamb. 1883. Verlagsanst. Richter.

Halenbeck, Nach Norderney und Helgoland. Bremen 1883. Kühtmann.

Hallier, Die Vegetation auf Helgoland. Hamb. 1861. Meißner.

— Helgoland. (Nordseestudien.) 1869. Derselbe Verlag.

Hasselmann, Versuch einer Beschreibung der Insel Helgoland. 1790. (Schleswig-Holst. Provinzialberichte, Jahrg. 4 u. 5.)

Harrwitz, M., Helgoland einst und jetzt. (Nach Danckwerth.) Berlin 1891. M. Harrwitz.

Heikens, H. F., Memorabilien, Helgoland und die Helgoländer. Oldenburg 1844.

Hille, K. Chr., Die Heilquellen Deutschlands und der Schweiz. (4. Heft. Die Nord= und Ostseebäder.) Leipzig 1838.

Hirsch, Arnold, Helgoland als Seebad in gesundheitlicher und sozialer Beziehung. Hamb. 1852.

Hoffmann, F., Einige Bemerkungen über die Vegetation und die Fauna von Helgoland. (Verhdlg. d. Ges. naturf. Freunde in Berlin 1824, Band I.)

Hoefer, Edmund, Helgoland. Küstenfahrten an der Nord= und Ostsee. (S. 126—133.) Stuttgart, Union.

Homeyer, E. F., Reise nach Helgoland.

Jensen, Christian, Helgoland. (Schleswig=Holstein meerumschlungen in Wort und Bild. S. 393—397. Kiel 1896, Lipsius & Tischer.)

Knoblauch, B., Helgolandia oder Chorographische Beschreibung der Insel und Festung Heylige Land. Hamburg 1643.

m Kobbe, F. v., Briefe über Helgoland nebst poetischen und prosaischen Versuchen in der dortigen Mundart. Bremen 1840.

*Lappenberg, J. M., Über den ehemaligen Umfang und die alte Geschichte Helgolands. (Ein Vortrag in der Versammlung deutscher Naturforscher.) Hamb. 1830, Perthes & Besser.

Lampert, Kurt Dr., Die Vogelwarte Helgoland. Gartenlaube 1897, Nr. 12.

*Lipsius, Adolf, Helgoland, Beschreibung der Insel und des Badelebens. Mit 48 Abbild. und einer Karte. Leipzig, Adolf Titze.

*Lindemann, Dr. E., Die Nordseeinsel Helgoland in togographischer, geschichtlicher, sanitärer Beziehung. Berlin 1889. August Hirschwald. II. Aufl. 1890.

Meyn, Dr. L., Zur Geologie Helgolands.

Niemann, Handbuch der Schleswig=Holsteinischen Landeskunde. I. Bd. Herzogtum Schleswig, S. 201. Schleswig 1799.

m Oelrichs, P. A., Snake Jim Hollunder. (Wörterschatz zur Erlernung der Sprache.) Leipzig 1882.

m Oetker, Friedr., Helgoland. Schilderungen und Erörterungen. Berlin, Franz Duncker, 1855.

Ohly, Peter, Helgoland. Vom Fels zum Meer. 1890. Union. Stuttgart.

Olshausen, O., Zur Urgeschichte Helgolands. 1893.

Ranzau, Heinr. v., Cimbricae chersonesi descriptio novae etc. (In Westphalen monumenta.) Leipzig 1739. Seite 67.

Reinhardt, C. Von Hamburg nach Helgoland, Skizzenbuch. Leipzig. J. J. Weber.

Richter, A. L., Die Seebäder auf Norderney, Wangeroog, Helgoland, nebst topographischen und geognostischen Bemerkungen über diese Inseln der Nordsee. Berlin 1833.

Richters = Helgoland = Führer. Verlagsanstalt Richter. Hamburg.

*Röding, J. F., Album für Freunde Helgolands. (Dazu Atlas mit 10 Ansichten und 1 Karte, Hoffmann & Campe, Hamburg 1836.

Saul, D. Helgoland. Illustrierte Zeitung Nr. 2452. 1890.

Segel=Handbuch der Nordsee. Hamburg 1886.

*Schwerin, H. H. v. Helgoland. Historisk, geografisk undersökning. Med 2 Kartblad och 1 tafla. Lund. E. Malmström. (Lund Univ. Arskrift, Tom XXXII.)

*Smidt, Heinrich. Eine Fahrt nach Helgoland und die Sagen der Niederelbe. Zweite Ausgabe. Berlin 1840, bei Voß.

Tittel, E. Die natürlichen Veränderungen Helgolands und die Quellen über dieselben. Leipzig, Fock 1894.

Theen, H. Helgoländer Sagen. Am Urquell. V. Seite 233.

Uterhark, Winke für Badegäste. Helgoland. 1889. (gut.)

Wallace, Der unentbehrliche Begleiter nach Helgoland. Hamburg 1877. Goßmann.

Wehl, Ganz Helgoland für 10 Silbergroschen. Hamburg 1861. Behrendsohn.

— Fremdenführer auf Helgoland. Ders. Verlag.

Wöllny, Robert. Die Meeresalgen von Helgoland. 1880.

*Wienbarg, L. Tagebuch von Helgoland. Hamburg 1838.

*Wiebel, K. W. M. Die Insel Helgoland. Untersuchungen über deren Größe in Vorzeit und Gegenwart, vom Standpunkte der Geschichte und Geologie. Hamburg 1848.

[Anonyme Schriften.]

E. L. Die Abtretung Helgolands an Deutschland. Illustr. Ztg. Nr. 2461 1890. J. J. Weber.

— Deutschlands jüngste Erwerbung: Helgoland. (In Über Land und Meer. Band 64, 1890. Seite 806.

— Helgoland. In Franz Hofmanns Neuer Deutscher Jugendfreund. 38. Band 1883. Stuttgart. Schmidt & Spring. Seite 24 bis 29.

— Jens Petersen, Der Helgoländer. Daselbst Seite 30—31.

II. Karten.

Camerer, J. F., Charte von der Insel Sylt und angrenzenden Gegenden. (Den sechs Schreiben Camerers vorangestellt. Leipzig 1756, vergl. I. 2.)

Cuttlipp, Karte von Heligoland. Herausgegeb. von der Engl. Admiralität. 1855.

Dickinson, S., Chart of the Harbour of Heligoland from an actual Survey etc. 1808. London 1809.

Dröhse, F., J. Meyers Karte des alten Nordfrieslandes bis an das Jahr 1240. 1878 Tondern und Westerland, F. Dröhse.

— Karte der Insel Sylt. (In I. 2.) Derselbe Verlag.

Geerz, F., Historische Karte von den nordfriesischen Inseln, Nordstrand, Pellworm, Amrum, Föhr, Sylt 2c., der kontinentalen Marsch zwischen Hever und Königsau, sowie von der friesischen Vorgeest. Redigiert für die Zeit von 1643 bis 1648 mit besonderer Berücksichtigung der vor dem Jahre 1643 untergegang. Köge, Kirchen, Ortschaften 2c. Berlin 1888. Im Selbstverlage des Verfassers. [Für Schlesw.-Holstein zu beziehen von H. Eckardt (in Kiel).]

— Historische Karte von Helgoland aus dem 17. Jahrhundert. Berlin 1887.

Hansen, C. P., Die nordfriesischen Inseln. Leipzig 1859, J. J. Weber. (Vergl. I. 2.)

— Karte der Insel Sylt. Nach eigenen Messungen, sowie älteren und neueren Sylter Dorfprotokollen und Feldkarten mit Berücksichtigung der Mejer'schen Karte über das Amt Tondern in Danckwerths Chronik von 1648, entworfen 1866, berichtigt 1891. Garding, Verlag von H. Lühr & Dircks.

— Antiquarische Karte der friesischen Norder- und Strander-Harden, oder der Wieding- und Böckingharde, wie sie 1240 und später waren, samt der Insel Nordstrand und deren Resten, wie selbige von J. Mejer um 1240 u. 1649 angegeben und von andern 1870 gefunden. Entworfen 1872. Selbstverlag der Witwe Hansen in Keitum, Sylt.

— Antiquarische Karte der friesischen Bergharden: Die Insel Sylt, Föhr und Amrum um 1240 nach Meier. Entworfen 1872. Selbstverlag der Ww. Hansen in Keitum auf Sylt.

Happelius, Grundriß der Insull Helgoland. 1713.

Holzhauer, Karte von Helgoland. Herausgegeben vom Hydrographischen Amt in Berlin. 1883.

Jensen, Christian, Die nordfriesischen Inseln wie sie waren und wie sie sind. (In „Nordfriesische Inseln." I. 1.)

Jensen, H. N. A., Das alte Nordstrand vor der Flut vom 11./12. Oktober 1634. (Siehe: Versuch einer kirchlichen Statistik. Flensburg 1841. II. Lfg. Vergl. I. 1.

Johansen, Chr., Antiquarische Karte der Insel Amrum. Kiel 1861, Kommissions-Verlag der Akadem. Buchhandl.

Lindemann, E., Karte von Helgoland im Jahre 1845 (nach Prof. Wiebel) und 1889 (nach Dr. Lindemann) in Lindemann Helgoland.

Mejer, Johannes, Landcarte Von dem alten Nordtfrieslande, Anno 1240, Tafel 13.

— Landcarte von dem Nordtfrieslande in dem Herzogthumbe Sleßwig, Anno 1651, Tafel 13.

— Nordertheil vom Alt-Nordtfrießlande bis an das Jahr 1240. Blatt 14. Diese drei Mejer'schen Karten sind in Danckwerths Landesbeschreibung von 1654, Siehe I. 1, enthalten.)

Mejer, Johannes, Newe Landtkarte von der Insull Helgelandt 1649, Helgelandt in annis Christi 800, 1300 und 1649. (In Danckwerths Chronik.)

Geerz sagt: „Alle Karten, welche nach 1652 bis zum Jahre 1807 über Schleswig erschienen sind, gründen sich auf die Mejer'schen Karten."

Meyn, L., Geologische Karte der Insel Sylt und ihrer nächsten Umgebungen. Berlin 1876, Neumann'sche Kartenhandlung.

Mitchell, Joh., Chart of the Island of Helgoland.

Nerong, O. C., Karte der Insel Föhr. (In: Föhr früher und jetzt und im Führer, Siehe I. 3.)

Norie, J W. A., Chart of the eutrances to the Elbe and Weser, the Ems, Jahde, Eyder and Hever, with enlarged Plans of Cuxhaven and Heligoland London 1833, 1840,

Papen, A., Karte von Helgoland. 1830.

Reinke, J. T., en Lang, J. A., Zee-Kaart vant Helgoland op Verlangen der Hamburgischen Commercie Collegie opgenomen int Jaar 1787. Dieselbe Karte mit Ansichten, Weimar 1807. Dieselbe Karte, revidiert by J. W. Norie, London 1809.

Reimann, Aus R.'s Spezialkarte. Karte vom schleswigschen Wattenmeer und Nordfriesland. (Vergl. I. A.) Glogau 1865, Carl Flemming.

Rodowicz, Karte von Helgoland. Mit Cartons. Berlin 1849, Simon Schropp & Co.

Schuback, E. W., Karte von den Mündungen der Elbe und Weser nebst einem Teile der Nordsee. Herausg. von der hochlöbl. Schiffahrts- und Hafen-Deputation in Hamburg 1825. Neue Auflage 1831.

Traeger, E., Hooge, Nach der Meßtischplatte gezeichnet. (Siehe I. 5.) Stuttgart 1892, J. Engelhorn.

Uterhark, Plan von Helgoland 1886.

Warnstedt, Fr. v., Charte der Insel Föhr und Amrum, der Halligen Nordmarsch, Langeneß, Oland, Gröde und der nächsten Umgebung. (Siehe I. 3.)

— Karte von der Insel Föhr 1823. (S. I. 3.)

Weigelt, G., Karte der nordfriesischen Uthlande sonst und jetzt. Hamburg 1858. (Siehe I. 1.)

— Karte der Insel Föhr. (Siehe I. 1.)

Wessel, Karte von Helgoland. Aufgenommen 1793.

Westphalen, Facies Friesiae Septentrionalis ante adventum Majorum. (Eine Karte von Alt-Nordstrand mit Oland und Habel.)

> Gehört zu einer Beschreibung Nordfrieslands von Peter Sax in Westphalens Monumenta inedita. Band I. Seite 1343. (Vergl. I. 1.)

Wiebel, K., Charte der Insel Helgoland mit ihren Klippen. Aufgen. im Jahre 1844/45 v. 1:15000.

— Küstenkarte der Insel Helgoland. 1:3000.

> Beide Karten in Wiebels Schrift. Herold. Hamburg 1848.

Wohlers, C. M. Accurate Pas-Kaart en Afteekning vant Eyland Helgeland. Geteekent int Jaar 1772.

— Zeekaart van het Eyland Helgeland. Geteekent 1775.

Würzburger, Eugen, Die Halligen nach den Seekarten der kaiserl. Deutschen Marine und Angaben von Traeger. (In Traeger, Die Halligen der Nordsee.) (Vergl. I. 5.)

[Anonym.]

—** Helgoland, Darstellung der Größe und Gestalt der Insel im Jahre 800, 1300, 1649 und 1830. Hamburg 1834 bei Behrendsohn.

— The Island of Helegoland, on a large Scale, with Views of the Land. London, Norie.

— Charte von Helgoland und der Düne. Hamburg 1840. Hoffmann & Campe.

— Abriß der Insull Hellgeland, wie solches von der Elbe Seiten anzusehen. Hamburg 1714 bei Wierings Erben. (In Lindemann.)

— Inseln und Halligen zwischen Husum und Föhr. (Im Reglem. des Wyker Bades.)